カバー・扉　アートワーク　小山泰介

VISION DRIVEN INNOVATION

ひとりの妄想で未来は変わる

プロローグ——歴史は数多くの無名戦士によってつくられ、その無数の挑戦が編まれて歴史となる

すべては、モヤモヤから始まった。

Kの社会人としてのキャリアは、常に〝自分探し〟の連続だった。大学時代、法学部の授業に興味をなくした彼は、「自分のキャリアは、自分でつくる時代だ」という自己責任・成果主義をよしとする時代の空気のなかで、大した経験もない自分を深掘りして、意識高くシンクタンク、コンサル、議員事務所など、複数のインターン経験で〝キャリアデザイン〟をして外資系メーカーに入社した。

最初の会社は、採用人事のお兄さんの宗教的ともいえる採用ブランディングで、学生の間では評判になったところで、「自分の市場価値を上げるうえでは最も近道。5年でその価値が最大化できる」という触れ込みだった。しかし入社してみると、Kを待ち受けていたのは前年比10%増、15%増という必達の売上利益のゴールを、どれだけ超えられるかを巡って競争するトーナメント型のマーケティングゲームの世界だった。その後、一度昇進という短期的な目標を達成した彼は、有名アスリートたちがオリンピックを終えたあとにモチベーションを維持するのが難しいように、完全に勝ち抜きゲームをプレイし続ける意義を見失い、生き方を模索するようになった。

そして当時、漠然と考えていた〝人を生かしたい〟という想いを胸に、自らのキャリアの礎になったマーケティングと、個人的に勉強していたコーチングや組織開発などの人を生かす知見を現場で実践できる場として、日系の大手老舗メーカーに転職することを決意した。そのメーカーは過去、独創的な商品で世界を席巻した会社であり、グローバルの仕事ができるという意味でもやりがいがありそうだった。彼が、日本企業でキャリアをゼロから再スタートしたのは20代後半だったが、いま振り返るとKが20代のキャリアを歩んだ2000年代は就職氷

河期だった大学生のときとは打って変わって好景気だったらしい。それに気づいたのは、転職した翌月にリーマンショックが起こり、前年比20％減、30％減という信じられない数字が並ぶ業績を見たときだった。新聞では、どの会社も数百億から数千億円単位の損失という記事を報じており、そんな時期に安定した会社で職を確保できたことは幸運だったのかもしれないと思った。

しかし、Kがモヤモヤし始めるまでにそんなに時間はかからなかった。リーマンショック後に大規模な早期退職という名のリストラが始まったのもその一因となった。条件的にKは応募できないようだったが、転職組の彼が入社後、親しくなった〝心ある〟先輩たちは、先を競うように早期退職制度で辞めていった。外資系で育ったKにとって、日本企業での日常会話は、誰も本音で話していないものに思えた。退社後の飲み会に参加しても、人事や同じ部署のゴシップばかりで、すでにできあがっている同僚の輪に入っていけない。かといって、前職のように自分をギリギリまで追い込まないと乗り越えられないような高いハードルを課してくる環境でもなかった。

ほどなくKは、社外活動に目を向けるようになり、前職では数えるほどしか足を運ばなかった異業種・異性交流会への参加に精を出すようになった。そして、会社というフィルターを通さない交流会の場を通じて、共通の友人の紹介で同じ社内の同世代たちとつながることができた。外で出会った同世代のエンジニアたちは、前職にはいなかった面白いヤツらばかりだった。彼らは、現場でモヤモヤした気持ちを抱えながらも、カメラや音楽などの文化的な趣味を楽しみながら前向きに働いているようだった。

そんな彼らに共通していたのが「自分で商品をつくりたい」「自分の技術を、世の中に送り出したい」という想いだった。ある意味、〝純な人たち〟が多かったのかもしれない。外資系育ちで、職場では武器と鎧《よろい》を装備して戦うのが当たり前だったKは、次第に彼らと夜な夜な酒を酌み交わしながら愚痴を言い合ったり、それに飽きると会社をもっとよい場にするための未来の話をしたりするようになった。

Kにとって運命的ともいえたのが、静かな研究者・宮本くんとの出会いだった。彼は、有名な研究所に所属していた〝モノづくり魂〟をもった男で、非常に物腰が柔らかく、モノづくりについて異常に詳しかった。しかも、自分でも手を動かせる、Kがいままで会ったことのない同世代の逸材だった。ところが不思議なことに、彼は能力があるにもかかわらず、当時は口を開けば「あ、すみません」ばかりだった。いやいや、そんなに悪くないのに……。もっと自信をもてばいいのにと思った。

宮本くんも、Kと同様に社外活動に励んでいた。彼は当時、家事支援のロボットをつくっており、そのプロトタイプ（試作品）を見せながら「僕のやっている研究は、いつ世の中に出るんでしょうね」というボヤキを聞いたことがある。彼いわく、いくら研究・開発をして社内発表会で見せても「すごいね」のひと言をもらうだけで、宮本くんにとって商品化の道は少年漫画の名作『ドラゴンボール』の〝蛇の道〟よりも遠いようだった。同年代にこれだけの才能が埋もれていることに、Kはその会社がかつて革新的なモノづくりで一世を風靡した歴史を感じる半面、社外では輝いているように見える同世代たちが、会社の話になると途端にモヤモヤしてしまうことが気になっていた。伝統と社会の期待を背負ったその会社で働くことは、偉大なるシステムの歯車になることなのだろうか？　自分ひとりが、何を言っても、どんなことをしても会社を変えることは難しい。誰も言葉にはしないが、常にそんな重苦しい空気が漂っていた。Kはそう考えてしまうのを自然なことだと思いつつも、日本のトップクラスの才能が生かされていないことに強い憤りを感じ、自分の無力さを痛感することになった。

宮本くんはエンジニアでありながら、社外では会社の肩書とは関係なく、勉強会を開催していたこともあり、人をつなぐのが得意だった。いや、正確にいうと、内気な彼もそうした活動を通して人のつなぎ方のノウハウを我流ながらに覚えていったのだ。彼の周りには普段の日常業務のなかでは到底出会わないような面白いエンジニアが多数集まっており、彼らの会話は未来の可能性を感じさせるものだった。みんな所属はバラバラで、各々の部署では話せる人がいない〝はぐれもの〟同士だった。Kは、彼らと親しくなるにつれ、その研究や製品の一つひとつに、熱い想いやそれを生むまでの悲喜交々《こもごも》のストーリーがあることを知った。当時、市場を分析するマーケティングという立場だったKからすると、そんなストーリーがあったことは考えてもいなかった。彼らが言うには、エンジニア→マーケティング→海外営業と受け渡される大企業のベルトコンベアのような部署間調整のなかで〝主観的な物語〟である想いは削ぎ落とされ、〝客観的な消費者データ〟に基づいた戦略に翻訳されてマーケティング側の自分に伝わっているらしい。そしてKは、現場の想いをそのままの熱量でマーケットに届けるために何をしたらいいいか、考えを巡らすようになった。

そんなある日、五反田で、宮本くん主催の〝面白い人たち〟が参加するランチ会があり、そこには後に起業家として世の中に羽ばたくことになる同世代6人が集まっていた。そこでKは、宮本くんがリアルの世界とバーチャルの世界を融合する新型ゲームコントローラーのプロトタイプを社内の仲間数人とつくっていることを知った。宮本くんはそのアイデアに懸けていて、世に出すために奔走しているようだった。突然、届いたSNSのグループへの招待メッセージは、宮本くんが仕込んでいる商品を応援する非公式グループで、Kはそのアイデアに可能性を感じる一方、面白いアイデアであっても個人的な創作として行っているうちは品質上の限界があり、社内の役員を説得しても理解を得るのは難しそうだとも思っていた。普通に、社内でやっていても商品化される道はないだろう。何とか世に出す方法はないのか？

当時、宮本くんは「誰でも気軽にモノづくりをできる部室をつくりたい」という想いを抱いていた。リーマンショック後の不況が一旦落ち着き、「ワイアード」US版編集長のクリス・アンダーソンによる『MAKERS－21世紀の産業革命が始まる』（NHK出版）が出版され、新たなモノづくりのかたちが生まれようとしていた。宮本くんは、高性能な3Dプリンターなどがあるプロ仕様の工作機械が揃った工作室が社内にあれば、モノづくりのスピードが上がると考えていた。彼には、自分と同じように社外活動をしていて、その工作室に入り浸るメンバーの顔が思い浮かんでいたのだ。

そんなとき、Kと宮本くんは周囲のモノづくりの仲間たちと一緒に、非公式のイベントとして「闇研展」を開催することにした。社内では、エンジニアたちが上司に隠れて机の下で勝手につくっていたプロトタイプを通称〝闇研〟と呼んでいた。こうした試みを応援してくれる人たちは案外多く、ダメもとで会社公式の展示場の貸し出しをお願いしてみたところ、すんなり認められたのにはちょっと驚いた。さらに、ふたりがストレートに「会社がもともっていたモノづくりの魂を再現できる場をつくりたい」と口にすると、だいたいの課長さんや部長さん、時には〝お偉いさん〟たちですら、助け舟を出してくれるのだった。

しかし、こうした仲間とのやりとりには限界があった。そんなとき出会ったのが、海外赴任から帰国したばかりの下田さんだ。彼女は、Kと宮本くんと同じアラサー世代で、3ヵ国語に堪能。アメリカの大学でMBAを取得して入社し、早々に海外赴任の機会を得て、その成果が認められ、若くして本社経営企画部に抜擢された才女だった。下田さんは、同部署に配属されてすぐ「99%がリストラの話で、未来志向の議論がほとんどされていない」ことに危機感を抱いているようだった。彼女はいわゆるエグゼクティブキラーで、有名OBたちとつながりをつくりながら、経営陣と個人的に飲みに行き、本音を探っていたらしい。普段は鎧をつけている役員も、社外ではひとりの中年のおじさんに戻る。彼らは、日常の役員会議では出世競争でライバルにあたるほかの役員に足元をすくわれる怖さもあり、不確実なことは口にできないものの、非公式な場では本当は未来のことを話し合いたい胸の内を明かしてくれたという。下田さんは、大企業の役員を務めることの難しさと、自由に議論できない難しさを感じるとともに、若い世代がそういった空気を壊して現場を打破する役割を担うべきだと考えていた。

そんな下田さんが、闇研展を訪れたのは社内の同僚の口コミがきっかけだった。そこで彼女は多くの同世代エンジニアたちが放つ圧倒的なエネルギーを浴び、それまでのキャリアでは感じられなかった熱い想いが込み上げてきたという。主催者のK、宮本くんと意気投合するのも早かった。闇研展のような新規事業が生まれる場所を、会社に認めさせたい。必要なのは現場が自主的に参加できる新しいモノをつくる場であり、つくる人たちを育てる仕組みを会社が支援することなのだ。3人は、すぐにつくり手ファーストの〝場〟と〝仕組み〟を、誰が、どうやって実行するかまで細かく決め、現場発の魂がこもった新規事業創出のプロジェクトを経営陣に提案することを誓い合った。下田さんは役員へのアクセスと人脈をもち、宮本くんはつくり手とのコネクションをもっている。そしてKは、世界最先端のイノベーションマネジメントやデザインの方法論を習得していた。3人が考えていたパズルのピースが、ぴったりとハマった瞬間だった。

会社にも変革のうねりが来ていた。高山社長はリストラの連続でモヤモヤのエネルギーが沸点を超えようとしていた矢先、全社員に「このままでは、生き残れない」という危機感を共有するメッセージを通達した。いつの間にかKが入社したころに感じていた社員の自信過剰さはなくなり、現状を直視して会社を変えていこうと考える人が増えたようだった。そんな追い風のなか、外部のさまざまな支援者の力（虎の威）を借りながら、業務時間終了後、宮本くんが連れてきたエンジニアや、数少ない新規事業を自らの力で切り開いた強者、はたまた各事業部のビジネスコンテストの担当だったハブ人材的な人たちと夜な夜な顔を突き合わせながら、「新規事業を起こそうとする人にとって、いまの会社の仕組みの何が障害になるのか？」「どんな環境が新規事業のスピードアップに必要なのか？」などの議論を重ねていった。

社内で新規事業がうまくいかない理由を分析していくと、一人ひとりの状況こそ違えども、途中でストップしてしまうのには共通の原因があった。〝事業部制の縦割り文化により、既存事業のビジネスモデル外のアイデアを投資する仕組みがない〟〝事業部内の事業化プロセスが欠如している〟〝内製主義で外部との接点が最後まで欠如している〟〝冒険をしにくくなる、高い売上目標が最初から設定されている〟〝既存事業のミスを許容しない制度が新規事業の足かせになっている〟など、課題は山積みだった。

事業部制にせよ、ＮＤＡ（秘密保持契約）にせよ、工数管理にせよ、既存の事業の効率を上げるためにつくられた仕組みは、ムダを省き失敗を未然に防ぐものの、結果として新たなものを生み出す余白や偶発的なアイデアを殺している。これは、時間軸を短期の成果だけに絞れば極めて理にかなっているが、長期目線でいうと企業の新たなものにチャレンジする活力を奪う原因にもなっていた。しかし、こうした構造がある限り、既存の組織のことをただ責めることに意味がないし、それぞれに役割がある。その強みをお互い生かし合う環境と、相互のつなぎ方をつくるにはどうしたらいいのか？　〝デザイン思考〟や〝リーンスタートアップ〟に関する海外書籍が翻訳され、国内でも多くの同世代たちが、いままで机の下でやっていたプロトタイプを世に出すために動き始めていた。その数はもはや5人や10人ではなくなっていた。なかでも、３Ｄプリンターを活用した新たなモノづくりモジュールをつくっていた荻野くんや、脳波測定を活用したデバイスに取り組んでいた大山さんは、それぞれの部署で密かに商品化に向けた仕込みをしていて、Ｋたち３人が構想する仕組みの実現を喜んでくれる人がすでにいることを確信することができた。

しかし、現業の現場ではメーカーが過去に磨き上げてきた洗濯機などの家電や、クルマのような調達→企画→製造の流れが決まり、ベルトコンベア式で受け渡していくウォーターフォール型の生産プロセスとは相性が悪く、その考え方をそのまま使うことはできない。一方、これから大きくなるであろうソフトウェアやクラウド型のアプリケーションなど、デジタルで新しいユーザー体験をつくる場にはスピーディーに具体化していく方法論が必要だった。方法論は提供できる。ただ、圧倒的にそれを活躍させる〝創造の場〟が足りていなかった。

Kたちにとって幸運だったのは、当時の社長の高山さんが、若い人の意見を直接聞きたいと考える経営者だったことだ。現場の数字だけを見ていても未来は見えてこない。〝新たなものを生むためには多くの失敗をするものだ〟という、つくり手の世界を理解していたものの、当時は現場の声が社長の耳に入りにくい環境だった。

新規事業のほとんどは、既存の事業会社のなかで行われる。しかし成果が出にくいこうしたプロジェクトは、既存の枠組みのなかで行うのではなく、それを生み・育てる場（＝生態系）をつくることが重要になる。ところが、20万人余の社員を抱えるその会社には、新規事業創出を目的にした組織がどこにも存在しなかった。

そこでKたちは、高山社長に既存事業の延長にはない新規事業づくりを専門のミッションとする、戦略部署を立ち上げるためのプレゼンテーションを行うことにした。部署設立の目的は、〝新規事業の生態系＝エコシステムをつくること〟。社長自身もちょうど未来をつくる取り組みの必要性を感じ、現場のエンジニアと対話するために定期的に実施していた「CEOトーク」により、現場の若いエンジニアが密かにアイデアを隠しもっていることに気づいていたようだった。新規事業をつくる取り組みの仕組み化の提案は、天の時を得ていた。そしてKたちが全身全霊をかけて臨んだ2カ月に及ぶプレゼンは、数回の議論の末に社長に承認され、社長直轄の新規事業を生み出すビジネスエコシステムデザイン部が立ち上がることが決まった。下田さんがリーダーになったその部署は、社内に存在する人材を生かしたうえで、そのアイデアの孵化支援に注力し、最小限の人件費で回す、支援型の軽いスタッフ部門としての位置付けだった。中央集権型ではなく、現場が権限と情報をもち、ネットワークでつなぎ、支援することで、現場の創造性と情報をもとにスピーディーに意思決定を可能にする。Kのなかでこの仕組みは、有無をいわせずネットワークでつながってしまった予測しにくい時代の第二の経営、複雑系のマネジメントを老舗大企業で実践するという実験でもあった。

大きなインパクトにするためには、組織を広く巻き込んでいく必要がある。保守層にも応援してもらうためには、どういう旗印を掲げるのがいいのか？ そこで着目したのが、存在意義の追求だった。会社の経営理念は"世界一自由な創造の聖地となる"というものだったが、これが受け手の都合のいいように解釈され、さまざまな場面で"このプロジェクトは自由な創造にあたるかどうか？"という神学論争に使われ、創造を妨げているケースもあった。そのため、入社当時のKにとっては、歴史や伝統はむしろ足かせになると感じていた。ところが、経営理念に記されていた"世界一自由な創造の聖地を、共創時代に合わせてつくり直す"というストーリーとともに、具体的なプランを熱く語ると、部門を問わず多くの人が応援してくれた。DNAに根ざしたストーリーは、世代を超えて多くの人を巻き込む力になると思えた出来事だった。

いわゆる仕込み期間に時間がかかったのとは対照的に、一度承認が下りると一気呵成にプランを実行することを求められた。そこで、ビジネスエコシステムデザイン部は「クリエイティブエッジ（通称CEプログラム）」という、新規事業を生み出すビジネスオーディションや、事業のタネを育てる6カ月のインキュベーションプログラム、教育やシニアといったさまざまなテーマで、新規事業のアイデアを社内外で発想し、ビジネスモデル化するワークショップを行う場など一連のプログラムを用意。公募により集まった有志たちの妄想を事業化するための支援を行ったが、これらのプログラムは少人数で一気に同時立ち上げをすることを迫られた。

とても回らない業務量を助けてくれたのは、構想段階で巻き込んでいた多くの仲間だった。彼らは上司には内緒で打ち合わせに参加し、現場を手伝ってくれた。また、新規事業の応募は全社員が対象ではなかったものの、社内を広く巻き込むことも必要だった。内部に抵抗勢力をつくらないためだ。そこでプログラムを設計する際に、人事を巻き込んでデザイン思考研修を用意し、仮に新規事業のタネがまだなくてもテーマを探索できる予備軍の人も入ってこられる余白を残しておいた。その結果、30代の現場リーダークラスを中心に、すぐに職場を離れられないものの、感度の高いメンバーにスタートアップの挑戦の精神が遺伝子のように、社内のあちこちに広がっていった。

CEプログラムは、新たなスタートアップ文化を既存組織に広げるのに大きな役割を果たすことになった。第1回の新規事業コンテストでは、もともと闇研展でプロトタイプを展示していたエンジニアを中心とした仲間たちが質の高いアイデアを競い合い、そのユニークさが社内で知られるようになった。こうした取り組みは、社内外で大きな反響を呼び、導入後、この機敏かつ柔軟に対応する企画・開発の手法は、新規事業に限らず、組織の創造性を高めるうえで必要だという空気が伝播した。そのおかげで、Kは社内のさまざまな事業部からリーンスタートアップやデザイン思考を教えてほしいという依頼を受けるようになった。

まだ20代の若手が次々と新規事業のリーダーとなり、それによって最年少課長も誕生した。一方、実力のある年配エンジニアたちも刺激を受け、新たなチャレンジに参画する熟練エンジニアも出始めた。そして、過去のお蔵入りになっていた技術をもう一度、復活させようという動きも起こった。たかが、一企業の30代社員3〜4人が集まって行った取り組みが、さまざまな人の支援と共感により、当時、大規模リストラを発表していた社内の空気を変えることになったのだ。

Kは、プログラムを立ち上げた当時、複数の業務を兼務し、非公式に新規事業支援を行っていた。どの部署にも、問題意識をもっている人がいる。彼らに足りないのは、新たな取り組みを行っていいという〝正当性〟をもったノウハウだった。CEプログラムは、いままでの前例を踏襲した仕組みに疑問をもっていた各部署の未来を憂う人にとって、行動を起こすきっかけとなったと思う。

役員肝入りのビジネスオーディションと一般社員が参加できるデザイン思考、ビジネスデザイン研修が発表されたことで、社内の空気が変わったようだった。現場の企画職や若手のエンジニアが積極的に参加し、その反応を見た管理職層も新たな取り組みを行う場所をそれぞれの部署のなかでつくろうとした。そして常に関係性が悪く、批判的だったメディアも、その全貌と魂がわかるにつれ、だんだん好意的に変わっていった。そのきっかけのひとつとなったのが、理念を体現するラボスペース「CEファクトリー」の誕生だった。このスペースは〝自分たちが自由にモノづくりができる部室〟という、当初の妄想を具体化したもので、社員のDIYによって完成した。そして、社内外からさまざまな問題意識をもつ人たちが集まる場となり、〝メイカーズ〟コミュニティが育っていった。そして、新たなアイデアソン・ハッカソンが頻繁に開催されるようになり、その後は年間200件近い応募が殺到。クラウドファンディングによって新たな事業を世に問いながら検証する取り組みが生まれていった。

このCEプログラムの設立は、大きな話題となり、その活動に刺激を受け、新規事業を生むための仕組みを導入した企業は数知れない。下田さんは、このプログラムのリーダーとして、会社の新規事業のキープレイヤーとして、最年少で部門長に抜擢された。当初は、内部からのアイデアを引き上げるかたちで始まった取り組みは、スタートアップ投資ファンドと融合し、新規事業を生み出す大企業の仕組みとして進化を遂げたのだ。宮本くんは最初、Kと一緒に場づくりと仕組みのアップデートに徹する支援の立場に徹していたが、立ち上げが落ち着いたタイミングで、数年来の悲願であったロボット型ゲームコントローラーを使った新しいゲームを開発し、CEプログラムを通して自ら新規事業を創出。クラウドファンディングの成功を経て、正式ゲームデバイスとしてリリースすることになった。ほかにも多くの社内起業家たちが、このプログラムを通じて大小複数の事業を立ち上げ、こぞってクラウドファンディングに挑戦した。それまでは大企業では個人が名前を出して活動することは広報的にNGであり、それが初期に共感を得られない理由にもなっていたが、彼ら・彼女らの顔をSNSや雑誌、新聞などのメディアで見る機会が日増しに多くなったおかげで、地道ながら共感者が増えていき、エンジニアも表舞台に出やすくなった。

多くの事業部で、部署で、新規事業をやろうという機運が高まり、〝ミニCEプログラム〟のようなチームをつくろうという動きができた。その多くは、オリジナルのCEプログラムほど若いエネルギーに満ちあふれたものではなかったが、予算と、能力をより抱えているエンジニアたちが動くことになった。当時、Kがいた会社は事業のリストラと規律ある投資を行っていたタイミングだったが、CEプログラムがつくった空気が、筋肉質になった事業に創造の機運をつくり出したことは間違いない。そして数年後、一時は歴代最低まで下がった株価が数倍に跳ね上がることになった。

Kは、立ち上げが一段落したある日、この取り組みを振り返っていた。宮本くんと初めて会い、構想を話してから3年。CEプログラムには、どういう意味があったのだろうか？　すべての始まりは、宮本くんとの出会いだった。そして、同世代のなかに眠るタネを何とか世に出したいという、モヤモヤと憤りの感情だった。

プログラムを立ち上げる過程でKが得たのは、多くの仲間だった。転職直後は、巨大なシステムのなかの歯車のひとつとして、人と人との生の会話ができる環境ではほとんどなかったのが、いつの間にか多くの仲間、いや戦友と一緒に、会社の未来を自分事として、生きた物語を語れるようになっていた。

僕らは、生きた生身の人間だ。同じ職場で、心がなく、ただ歯車の役割を演じているように見える人も、生き物として生きられる場所があれば、その人が本来もっているエネルギーがおのずと出てくるはずだ。僕らは機械じゃない。一人ひとりが創造性をもった生き物なんだ。ただ、大きな仕組みのなかで生きていると、いつの間にか誰でも歯車になってしまう。もっというと社会自体、大きな歯車のようなものかもしれない。しかしそんななかで、一人ひとりがもつ妄想を起点に、創造力を引き出していく、生き物が、生き物として生きられる環境をつくることは、多くの人々の人生を彩り、創造を生むに違いない。次は自分自身の妄想を具体化する場を、自分の手でつくろう。

そこから、Kの長い旅が始まることになった。

※この話は、事実をもとにしたフィクションである。

目次

Vision Driven Innovation —— 創造と変革の36の智慧

従来の縦割りトップダウン構造の組織のかたち

生産する組織
《機械型OS》

生産する組織とは、
規模の経済によるモノの生産性の
最大化を目指す

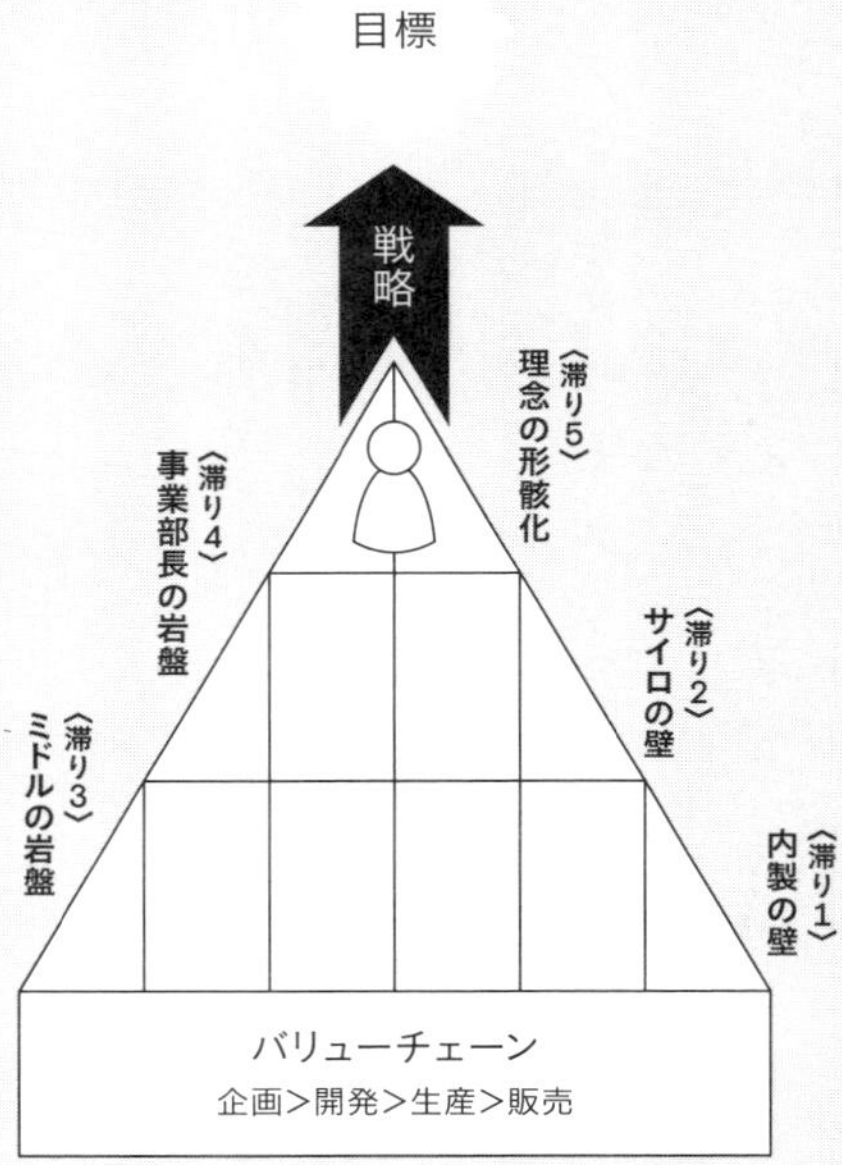

OSのタイプ

駆動の仕方
インセンティブによる目標

価値のつくり方
効率的な分業

方向性の決め方
トップダウンで決まる戦略

業務の回し方
効率性を最大化する改善

創造のエッセンス

人

1 妄想を引き出し、熱を吹き込む
2 ともに企む仲間をつくる
3 辺境に眠る妄想を発掘する
4 組織外の仲間から自信をもらう

場

5 場と間をつくり出す
6 創発を生みやすい土づくり
7 情報の全体像を可視化する
8 1.5歩先の旗を立てる

意志

9 ムーンショット型ビジョンをつくる
10 過去ー現在ー未来をつなないだ新たな文脈づくり
11 言葉と物語によって魂を入れた意志にする
12 会社のタイプに合わせて意志をブランドに

創造

13 独創を最大化する共創
14 多様性から未来を創発する共創ファシリテーション
15 生んで間引く創発型戦略
16 目的に合わせた創造の方法論の使い分け

創造する組織
《生き物型OS》

創造する組織とは、
多様性による持続的知識創造の
最大化を目指す

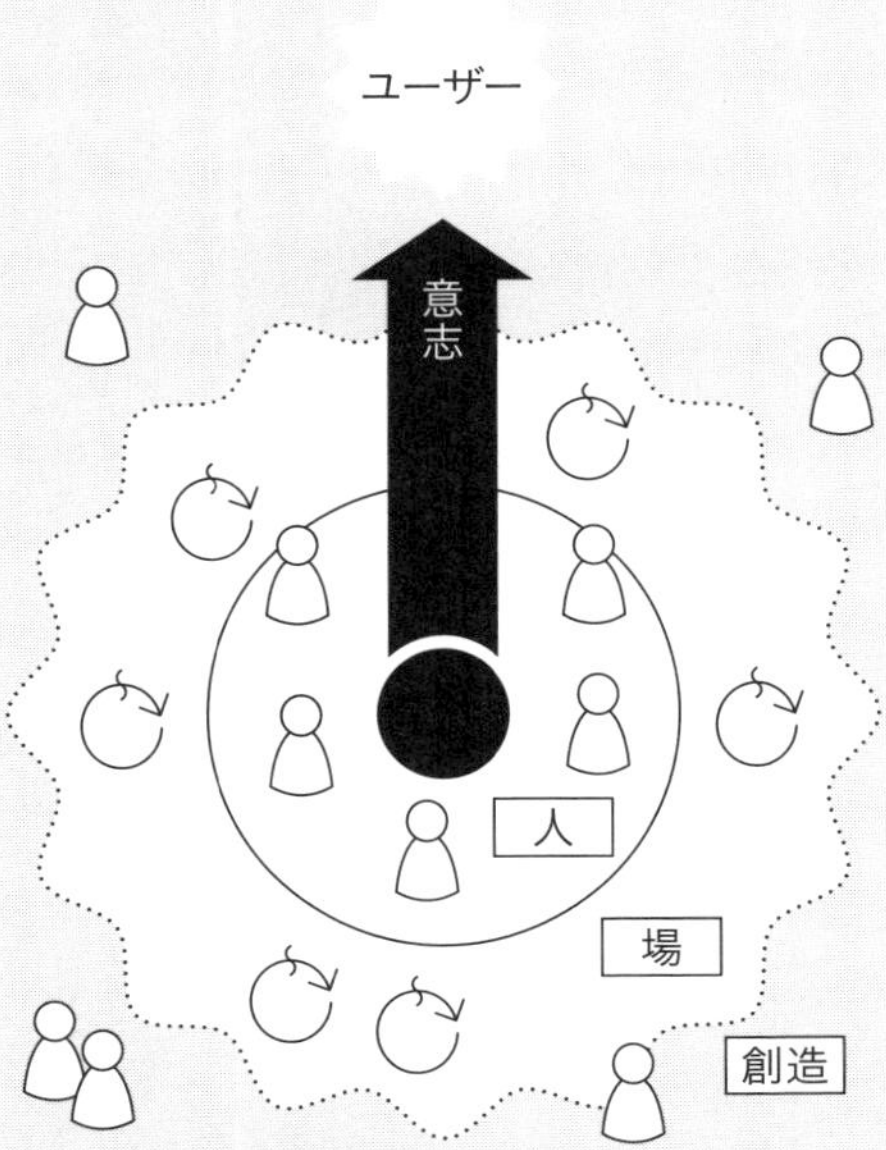

情報インフラ（AI／IoT etc.）

OSのタイプ

駆動の仕方

内発的動機を生む人

価値のつくり方

創発する場

方向性の決め方

ボトムアップで生まれる意志

業務の回し方

新たな知識をともに生む創造

これからの時代に必要な組織のかたち

革新のツボ

0→1　辺境でのアングラ活動

組織を越えた仲間づくり

1 空き時間を利用して外に出る
2 勉強会や研修を仲間づくりの場にする

1→10　部門横断の公式活動化

部門横断のコミュニティづくり

3 1.5歩先の戦略的テーマ設定
4 ハブ人材の開拓
5 マメな文脈共有と参加を促す仕組み

予算獲得による公式活動化

6 役員レベルのスポンサー獲得
7 人事などの間接部門と一緒に予算化

10→100　革新の運動体をつくる

共感を呼ぶ空気づくり

8 大義をストーリー化して発信
9 小規模の実験による成功の可視化
10 外部メディアへの仕込み

正当性を高める戦略組織化

11 経営企画と動き、戦略部門化を目指す
12 イノベーション感度の高いトップを招聘
13 イノベーション型KPIの設定

100→∞　革新のスケールアウト

事業成長の仕組みづくり

14 Big Data と Thick Data による投資エビデンス
15 ビジネスモデル革新に注力する
16 10Xの戦略と改善の併用
17 可能性が見えた段階で集中投資

意義の伝道

18 事業部、販社共同での価値探索
19 トップによる意義の啓発
20 ツールやノウハウの共有

The best way to predict the future is to invent it.
未来を予測する最も確実な方法は、それを自分で発明することだ。

Alan Curtis Kay
アラン・カーティス・ケイ

第1章

創造の生態系を生むレシピ

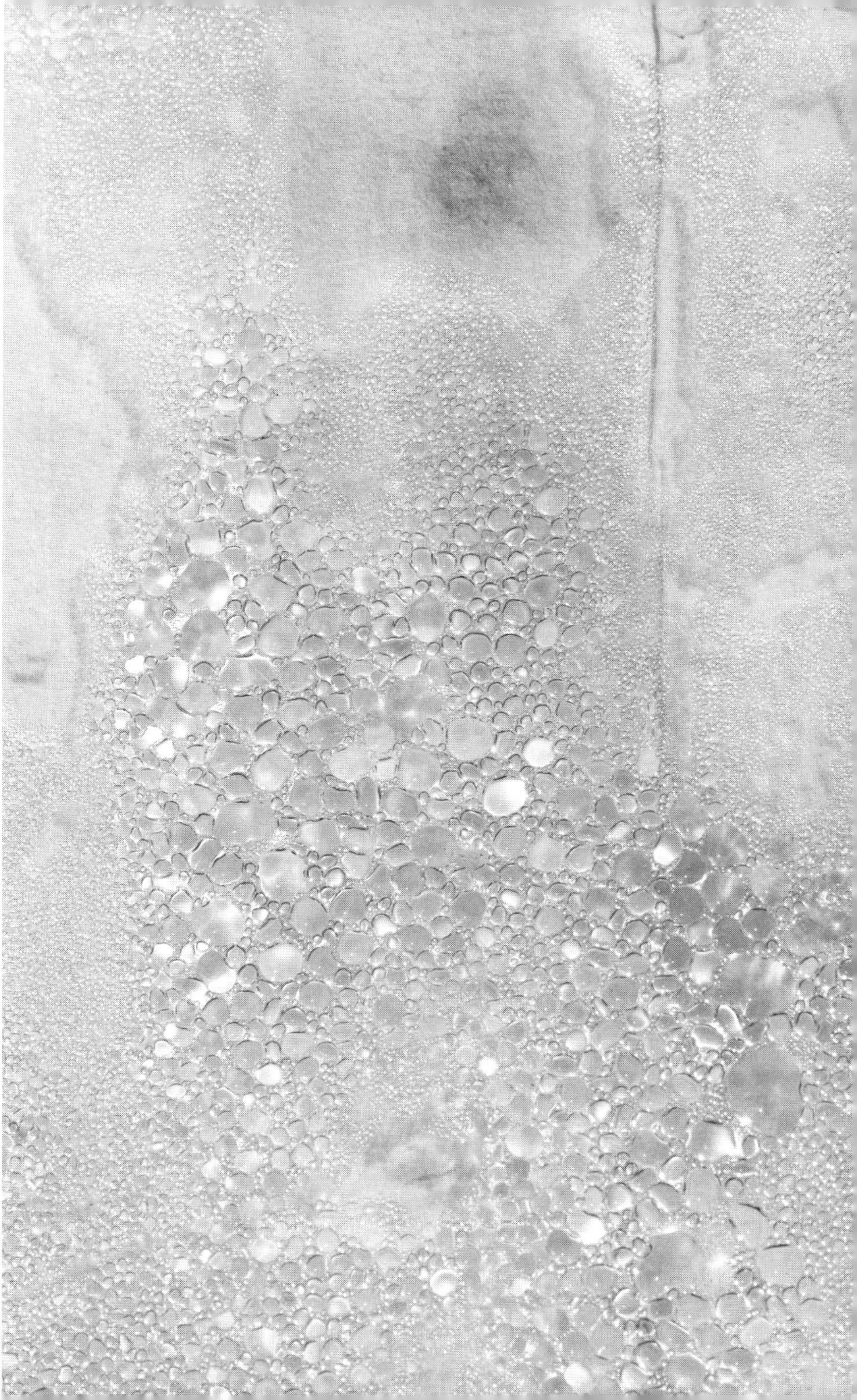

あなたのイノベーション活動は生きているか？

いままでのやり方を踏襲していても、未来はないような気がする。経営層や上司は答えをもっていないまま変革やイノベーションの号令を出しているが、実際に現場で行っている施策は小手先の変化としか思えない。本当は、根本的に新たなモデルをつくらないといけないのではないか。

僕は戦略デザイナーとして、2015年に共創型戦略デザインファーム、BIOTOPE（ビオトープ）を創業し、IT、放送、メディア、キャラクター、スポーツ、食、まちづくり、宇宙など、さまざまな分野の〝未来創造〟にかかわってきた。企業において〝イノベーション活動〟と呼ばれる取り組みは、冒頭のようなことを感じたひとりの人間のモヤモヤした気持ちが、妄想へと発展し、その青写真を描くために構想を練ることから始まるケースがほとんどだ。創業当初、このモヤモヤをバネにした創造のムーブメントは、まだ企業や組織の辺境で一部の感度が高い人だけが感じていたものだったのが、いまやブームとなって裾野が広がり、一気にイノベーションはメジャー化した感がある。この背景には、冒頭のようなモヤモヤのエネルギーが日本中のビジネス界を覆い、蓄積されていたこともあるのではないか。これはなにもビジネスの世界に限ったことではない。教育や医療などの公益性の高い分野でも、こうした活動が浸透してきている。

イノベーションをメジャーに押し上げる原動力となったのは、起業家、企業内起業家（イントレプレナー）、社会起業家など、自らの想いを羅針盤にして、新たなモデルを実践し始めている挑戦者たちだ。さらにここ10年で、スタートアップの生態系が育ち、大企業とともに新たな協業をする環境が生まれるなかで、〝機能不全〟に陥った古い仕組みやモデルを刷新する挑戦がしやすい環境が整った。それに伴い、イノベーションを構想するための思考法やマインドセット、ノウハウなども広がってきている。ビジネス界におけるイノベーションの対象分

郵 便 は が き

料金受取人払

葛西局承認

8137

差出有効期間
2020年12月31日
まで（切手不要）

134-8740

日本郵便株式会社
葛西郵便局 私書箱20号
日経BP読者サービスセンター

『ひとりの妄想で
未来は変わる』係 行

ご住所	〒□□□-□□□□ □自宅 □勤務先 （いずれかに☑印を） （フリガナ） TEL（ ） —
お名前	姓（フリガナ） 名（フリガナ）
Eメールアドレス	
お勤め先	（フリガナ） TEL（ ） —
所属部課名	（フリガナ）

※ご記入いただいた住所やE-mailアドレスなどに、DMやアンケートの送付、事務連絡を行う場合があります。このほか「個人情報取得に関するご説明」（https://www.nikkeibp.co.jp/p8.html）をお読みいただき、ご同意のうえ、ご記入ください。

より良い作品作りのために皆さまのご意見を参考にさせていただいております。ご協力よろしくお願いします。(ご記入いただいた感想を、匿名で本書の宣伝等に使わせていただくことがあります)

A. あなたの年齢・性別・職業を教えて下さい。
年齢(　　)歳　性別　男・女　職業(　　)

B. 本書を最初に知ったのは
1. テレビを見て(番組名　　)
2. 新聞・雑誌の広告を見て(新聞・雑誌名　　)
3. 新聞・雑誌の紹介記事を見て(新聞・雑誌名　　)
4. 書店で見て　5. 人にすすめられて　6. インターネット・SNS を見て
7. その他(　　)

C. お買い求めになった動機は(いくつでも可)
1. 内容が良さそうだったから　2. タイトルが良かったから　3. 表紙が良かったから
4. 著者が好きだから　5. 帯の内容にひかれて
6. その他(　　)

D. 本書の内容は
1. わかりやすかった　2. ややわかりやすかった　3. やや難しかった　4. 難しかった

E. 本書に対するご意見・ご感想、ご要望などありましたらお聞かせください。

ご協力ありがとうございました。

野は15年ごろを境に、アプリやECなどによるインターネットのユーザー体験を中心にした軽いイノベーションから、AI（人工知能）、IoT、デジタル変革など、企業のインフラそのものを再構築する重いイノベーションへと潮目が変わったように思う。

スタートアップの世界でも、インターネットによりユーザーと企業とを新しいかたちでマッチングさせるようなビジネスモデルから、AI、ロボティクス、生命科学、宇宙といったR&D（研究開発）投資を伴う「ディープテック」と呼ばれる分野が中心になり、技術をユーザー価値に翻訳したうえで、社会に実装するというハードルの高いものになってきている。新たなコンセプトを構想することから、新たなコンセプトを広げるために組織を変化させ、社会に実装していくイノベーション実践へ——イノベーションは〝構想〟から〝実践〟の時代に入ったのだ。

企業内イノベーションの世界では、新規事業と既存事業は「混ぜるな、危険」とよくいわれ、これはイノベーション活動の現場では常識のひとつとなっている。そもそも、このふたつの世界は回っている原理が異なるのだ。それは〝管理〟と〝創造〟という、いわばウィンドウズとマックのような違い……。いや、それ以上の隔たりがある。だから、新しいコンセプトの事業は、既存の組織を巻き込む段階で、大きな溝に直面することになる。これは〝組織〟を〝社会〟と言い換えてもいいかもしれない。既存の社会システムと新しい技術を使った仕組みは、必ずといっていいほど衝突する。それゆえ、イノベーションの実践には既存システムを回す管理と、新規コンセプトをつくる創造というふたつの世界を融合する智慧が必要なのだ。

創造の世界の代表が、起業家だろう。既存の常識とは違う新たなビジョンをもった個人の創造の営みから生まれるスタートアップは、常に変化しながら成長し続けることが求められる。特に、創業初期段階では前例のない挑戦の繰り返しであり、変化を生み続けることは日常だ。起業家にとってみれば、同じルーティンを繰り返すことは、つまらなくて耐えられない。好奇心のため、事業成長のために、常に既存のモデルをハックしながら、そして、時には勇気をもって壊しながら、創造的破壊を繰り返していくのがその原理なのだ。

一方、すでに事業が回っている多くの企業や行政は、管理の世界だ。全体の秩序を保ち、安定した成果を出し続けなければならない世界では、トップダウンの戦略立案と組織への秩序立てた落とし込みがその本流であり、どんなお題目が掲げられようとも、その組織体や仕組みを守ることが目的となりがちだ。そのため、地続き的に徐々に進化する改善による漸進的イノベーションは起こっても、一気に飛躍するような急進的イノベーションは、あくまでも辺境のものと位置付けられる。

しかし、ここ数年でこの状況は大きく変わってきたように思う。構造の違うふたつの世界が溶け合い、互いに融合し始めているのだ。まずは大きな組織のなかで、スタートアップ型のボトムアップの創造による新たな動きが起こっている。オープンイノベーションをはじめとする方法論や、新規事業インキュベーターなどの制度、コーポレートベンチャー・キャピタル（通称CVC）といったファンドの活用は、これまでは起業家に代表される小さなプレイヤーたちの動き方だった。それを大企業が、こぞって取り入れるようになったのは興味深い出来事である。

この変化を呼び込んだのがインターネットの社会インフラ化だ。かつてトップダウンの組織は、情報の流れを効率化させるためにヒエラルキー構造をつくり、トップが情報を独占していた。そうすることで全体を把握し、指令を与えていたのだが、それこそがパワーの源でもあった。ところがインターネットは、これまでトップが独占していた情報の流れを変え、それを分権化させた。各々がもっている情報を内外問わず交換し合うことで、いままで組織のなかで独占していた壁がなくなり、個人同士の新たな結合が生まれやすくなったのだ。オーストリア・ハンガリー帝国（現チェコ）生まれの経済学者ヨーゼフ・シュムペンターは、著書『経済発展の理論』（岩波書店）のなかで「イノベーションは新結合によって生まれる」と喝破したが、インターネットがインフラ化するということは、新結合を生み出すイノベーションが常態化するという動きにつながる。新たな当たり前として、いままでにないものを生むゼロイチの思考法、つまりクリエイティブ思考が標準として求められるようになったのはそのためだ。

僕は15年に『21世紀のビジネスにデザイン思考が必要な理由』（クロスメディア・パブリッシング）を上梓し、

デザイン思考を入り口に、大企業、老舗企業、スタートアップ、NPOなど、幅広い現場で創造を支援するプロジェクトを実践してきた。イノベーションの必要性が広く現場に浸透し、デザイン思考をはじめとしたさまざまな未来創造のニーズが増えてきたのも、まだ創業して4年のBIOTOPEがさまざまな業界の一流企業と仕事をする機会を得られた理由だと思う。そうした現場でのイノベーション構想と実践の試行錯誤のなかで、創造文化を広げ、メジャー化させていくためには、現場において乗り越えなければならない壁がいくつかあることがわかってきた。

ゾンビのようなイノベーション活動が生まれるわけ

イノベーション活動がメジャーになるなかで、旧態依然とした組織がイノベーション活動を推進する動きが出始めているが、その多くはうまくいっていない。ボトルネックとなっているのは、既存の大きな仕組みでは動きが遅いことだ。トップダウンで「イノベーションを起こせ！」というようなケースで、いざそれを実践しようとすると、さまざまな壁にぶち当たる。「イノベーション力が足りないから、デザイン思考を導入したい」というような、方法論ありきの相談を受ける機会があるのだが、うまくいかないイノベーション活動のほとんどは、〝誰のものでもない、分厚い企画書（資料）だけができあがる〟〝アイデアは多く出るが、その後つながらない〟〝細かいユーザー向けのニッチ商品など小さくまとまってしまう〟〝デザイン思考のワークショップを行ったが、現場では使えない〟〝社内で支持を得られず、社内の前例や慣習とぶつかったときに足止めを食らう〟といったパターンで滞ってしまう。誰も本気で未来をつくろうとしていないのに、惰性でやっている〝ゾンビのような〟活動になってしまう理由として、以下のような課題が挙げられる。

課題　人の不在――主人公が誰もいないプロジェクト

「イノベーションが必要だから」というようなトップダウンの号令によってプロジェクトが始まり、初対面の人たちが互いの部署の利害を調整しながら進めていくイノベーション活動からは、魂のこもったプロダクトやビジネスは生まれにくい。イノベーションチームのメンバーが、さまざまな部署の利害調整をしながら妥協してつくったものは総花的で分厚い企画書となり、一向にかたちにならず、担当役員の変更とともに立ち消えになってしまいがちだ。一方、そのテーマを自分事化している人は、実践しないと意味がないため、決裁資料をつくることよりも、完璧でなくてもいいから少しでも企画を前に進めようとする。そうした自分事化した主人公がいないイノベーションプロジェクトは、前に進まない。

課題　場の不在――新たに生んだものを育てていく場や仕組みがない

新規の取り組みは、多様な意見から出てきたアイデアをもとに、生き残っていく強いアイデアを育てていく営みである。ひとつも失敗できない雰囲気が漂うなか、新しいものを考えろというのは、謝罪会見をしている芸人に「お前ら、何か面白いことを言え！」と迫るようなものだ。逆に、ゆるく楽しく、面白い人が自発的に集まって遊ぶことができる場をつくれば、放っていても面白いものは〝生まれてしまう〟。また、イノベーション活動は、その実現までに100以上の壁を乗り越える必要があるが、それを促進させる場や仕組みがあることで、新しいタネは生き残りやすくなる。

課題　意志の不在――出てきたアイデアがまとまらない

新しい取り組みを具体化していく初期は、アイデアがまとまらないという現象が起こる。アイデアをまとめるには「なぜ、やりたいのか？」「どんな問題を解決したいのか？」といった強い想いが必要だが、発散したあとに周囲を納得させながら意志を込めていくには、数字で客観的に説明可能な意思決定ばかりをしている環境では難しい。一方、「なぜ、そのプロジェクトをやるのか？」といった意義やビジョンを常に話し合っているチームでは、アイデアをまとめるためのより大きなビジョンや普遍的な存在意義に帰着し、自然に多様な人が自律的に動きだすようになる。

課題 つくり方の不在——自分たちの課題に合った創造の方法論が使えていない

質のよいものをつくり出すには、圧倒的な熱量をもった個人の独創によるアイデアのタネを、共創を通じてブラッシュアップしていくことが必要だ。デザイン思考のような多様な人の視点を活用してアイデアを生む共創の方法論は、その前提として強い意志を育む独創が欠かせないのだが、それが両立できている例は必ずしも多くない。また、同じ創造でも、5～10年の長期の時間軸でビジョンづくりや技術開発を行う場面と、1～3年の中期の時間軸でサービスや事業をデザインするものでは、方法論がそもそも異なるため、テーマや事業ドメインに合わせてこれらを使い分ける必要がある。こうした方法論をうまく使えているチームは、自分たち流にカスタマイズしたつくり方をもっている。それを独自のツールキットとして共有することで、創造がスケールしていくのだ。

課題 組織とのすり合わせができない——効率性を大事にする既存組織

新たな取り組みは、既存の仕組みのなかで生きている人にとってはムダで遊んでいるように見える。また、失敗を最小限にするための法務・知財・予算・社内承認プロセスなどの〝コンプライアンス〟は、創造の世界で不可欠なスピードを落とすブレーキになりかねない。これを陸上競技にたとえるなら、スタートアップが100メートル走をしているのに対し、既存の組織が障害物競争をしているようなものである。隔たる根本的な考え方の違いを乗り越えて、新規のタネを既存の組織のなかで生かしながら育てていくのは難しい。これらを実現するためには、既存の組織とは別の場で新しいタネを育てる場をつくり、それを既存の仕組みに接木《つぎき》していく必要がある。

これらの課題は、なぜ起こってしまうのだろうか？　僕なりの意見を述べさせてもらうと、そのイノベーション活動に生命が吹き込まれていない、つまり生きていないからだと思う。僕は大企業のサラリーマンから独立して、自分の会社を経営するようになったのだが、このふたつの世界を回す原理はまったく別物だ。イノベーション活動は、一人ひとりの個人の創造からしか生まれない。自分がゼロからつくった会社は、自らが新しいアイデアを生み続けなければ死んでしまう。だから、生き残るために必死でやるし、自分のなかから生まれてくる創造のエネルギーがその動力となる。しかし、サラリーマンだったときは、誰かがつくった仕組みのなかで管理された歯車であり、与えられた役割をしっかり達成することを求められるため、出しゃばりすぎるとうまくいかない。

そうした人が起業家として独立したり、社内で新規事業に取り組んだりするのは、機械の歯車が「明日から人になれ」と言われるようなものだ。それには個をなくし、外の情報をもとに自分で判断するアウトサイド・イン（Outside-in）の世界から、個人の妄想や主観を外に出して進むためのインサイド・アウト（Inside-out）という別のベクトルが必要なのだ。既存の組織のイノベーション活動は、この違う動力源で動く新たな世界に対応したマインドセット、すなわちOSをアップデートしないまま進めてしまうプロジェクトが多く、それが失敗を生む根本的な原因になっているのだと思う。まずは、そのふたつの世界の原理の違いを見比べてみよう。

△から〇へ変わる組織のかたち

イノベーションでは仮想敵になりがちな〝管理〟だが、かつてはそれなりに合理性があり、時代の要請によってつくられた組織モデルとして、確固とした成功実績を築いてきた。管理は、産業革命によって生まれたモノをつくるための会社、つまり「生産する組織」を合理的に運営するための手法である。それに対して、イノベーションの世界における〝創造〟は、情報革命によって生まれた知識やアイデアをつくるための会社、すなわち「創造する組織」における日常の営みといえるだろう。この変化の要が、左ページ下の図にある〝△から〇へ〟の移行となる。

メーカーなどの20世紀型の大企業の経営の基本になっている科学的管理法に基づいた組織を、生産する組織と呼ぼう。管理という言葉の由来は、アメリカの技術者で経営学者のフレデリック・テイラーが20世紀初頭に提唱した「科学的管理法」をもとにしている。産業革命以前のモノづくりは、職人の技術に頼る部分が大きかったため、製品の仕上がりにばらつきが生じていた。それを解消するために発明されたのが、生産機械を導入し、職人の技術を分解したうえで、工場内で働く労働者の動きを定義し、管理することで、モノの生産を最大化するためのシステムだった。これが産業革命によって生まれた、生産する組織の特徴である。

まずは資本家であるトップが資本を投じ、設備を整備して、トップダウンで生産目標を決める。そして短期間で安定して目標に達するために、役割をもった部品として各工程に人を割り振り、給料というアメと罰則というムチを使って管理する。ここでの価値は、できるだけ仕事を標準化し、機械とそれぞれの役割、すなわちジョブ・ディスクリプションを細分化した分業により、生産の安定化・最大化を図ることであり、労働者にはそのために給料やボーナスという外発的なイ

目的	生産する組織 規模の経済による生産性の最大化	創造する組織 多様性による持続的知識創造の最大化
OSのタイプ	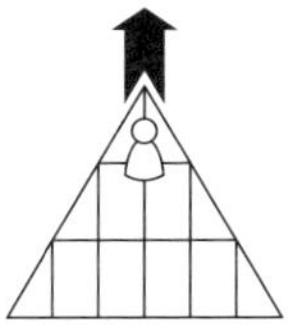 《機械型OS》	 《生き物型OS》
駆動の仕方	インセンティブによる目標	内発的動機を生む人
価値のつくり方	効率的な分業	創発する場
方向性の決め方	トップダウンで決まる戦略	ボトムアップで生まれる意志
業務の回し方	効率性を最大化する改善	新たな知識をともに生む創造

生産する組織と創造する組織の違い

ンセンティブを与えて気持ちよく働いてもらうようにする。方向性はトップが定めた戦略によって一元的に決まるし、企業目標の達成度を評価するための重要業績評価指標（ＫＰＩ＝Key Performance Indicator）も、その一元的な尺度を職掌に合わせて分解するのが望ましい。そして一度、トップダウンで設計されたシステムが決まったら、それを再現可能なように改善していくことになる。

つまり、ここではモノが主役で、トップ以外は、その偉大なるシステムの歯車の一部であるほうが合理的だ。そのため、金銭的な報酬で人のモチベーションを維持しようとするし、営業の成果表彰なども部品であることを気づかせないための智慧といえるだろう。結局、ひとりの感情をもった人としての全体性は、組織にとってはまったく関係なく、むしろ秩序と効率を阻害してしまうムダでしかないのだ。このような組織は、経営者を頂点にした△形のかたちとなる。経営者は、このシステムのなかでは唯一方向を指し示す意志をもった人であり、すべての情報を集め、定めた戦略を、それぞれの組織の役割に合わせて目標を設計し、その達成状態を管理していくことで、末広がりのヒエラルキー型組織ができあがる。

一方、創造する組織は、グーグルをはじめとしたＩＴ企業のような分散型の組織モデルだ。クリエイティブな活動は、長期的に新たなアイデアや事業などを通じて、新たな価値を生み出し続けることを目的とする。生産のための設備は人であり、人の内発的なエネルギーによって駆動するため、突如としてすごいアウトプットが現れることもあれば、気分が乗らないとアウトプットがゼロのこともある。ひとりで創造するのが得意な人もいるが、多くの場合は新たなものを生み出したい多様な人が出入りする創造の場において、インスピレーションを与え合い、お互いの活動を刺激し合う。野心的なビジョンや、腹に落ちたミッションなどの意志の向かう方向性が明確になったときに、よくいえば自律的、悪くいえばバラバラのベクトルが一気にまとまっていく。アイデアとアイデアの偶然の出合いにより突然変異を生む創造が、その営みの中心だ。このような組織は、コアとなる人を中心につくられた場に、全方位からソースが集まる◯形のかたちになる。

イノベーションの現場の常識が、既存の管理型の人に理解されないのは、このふたつの世界がまったく違っていることと、それらがどう違うのかが共有されていないからだと思う。管理の常識は、創造の非常識。イノベーション活動を活発化させるためには、まずはその新しいOSで成り立っているエッセンスを理解しておく必要があるだろう。

創造の生態系を生んでいくイノベーション

僕の経営するBIOTOPEは、ひとりの妄想や想いに熱を吹き込み、クリエイティブやデザインの力で、彼らが思い描いた未来をかたちにする支援を行う〝共創型戦略デザインファーム〟だ。僕らが一緒に働くのは、現場であれ、経営者であれ、自らが妄想をもち、次の社会の未来をつくることを志すビジョナリー（またはその卵）である。その仕事は、単に新しいコンセプトやモノをデザインするだけではなく、〝ビジョン・ドリブン（VISION DRIVEN）〟な大きなビジョンを実現させるために、創造OSをもった場を広げ、仲間やパートナーを巻き込んで生態系をつくりながら、点から面へと波及するネットワーク型の創造と革新に伴走することだ。

クライアントチームの妄想を引き出すことから始まり、それをビジョンに落とし込み、会社、事業、サービス、イノベーションエコシステムといったかたちにして社会に実装させる。心理学や組織開発の知見を使い、各々の理想と現実とのギャップを埋めるための道筋を見つける戦略と、その実現のためのコンセプトやプロダクト、サービス、ビジネスを、クリエイティブの方法論を使ってデザインし、具体化する、いわば〝ビジネスとクリエイティブの交差点〟が、僕らBIOTOPEの立ち位置だ。取り組むテーマは、経営者や事業のトップとともに、企業のDNAであるミッション／ビジョンをつくり、理念型のブランディングを行っていくこともあれば、R&D部門と一緒に技術で人間を幸せにするようなビジョンを描いたりもする。また、新規事業や商品、サービスのコンセプトをつくったり、新規事業の生態系やラボといった新たなものが生まれる場をデザインしたりと、実に多彩だ。僕らはこうしたさまざまなビジネスの現場を通じて、困難があっても止まらない取り組みに、ある共通のパターンがあるということに気づいた。かたちになっていくイノベーションは生き物の生態系を育てていくようなものだ。妄想家の個人の強烈な想いを起点に、場をつくり、ビジョンを発信し、そこに新旧のさまざまなプレイヤーを巻き込んだ新たな生態系を形成し、創造しながら社会に変化を起こしていく。

本書では、僕がP&GやSONYなどの企業のなかの人として、そしてBIOTOPEとしてかかわった、分野を越えたイノベーションの現場で、クライアントの方々との共創と実践を通して学んだ〝前例のない取り組みを、ひとりの妄想を起点に実装していく、創造と革新のための現場の智慧〟を紹介したいと思う。

第2〜5章では、創造OSの生態系を生み出すために不可欠な〝ビジョン・ドリブン・イノベーション（＝創造の生態系を生んでいくイノベーション）〟の4つの創造のエッセンス——人、場、意志、創造について、「創造の16の智慧」を紹介していく。

創造のエッセンス

【人】辺境に眠る妄想家に仲間との出会いをつくる

【場】次のアタリマエを育てる創造の土壌をつくる

【意志】生活者、会社、社会の文脈を紡ぎ直し、根っこのある意義を発信する

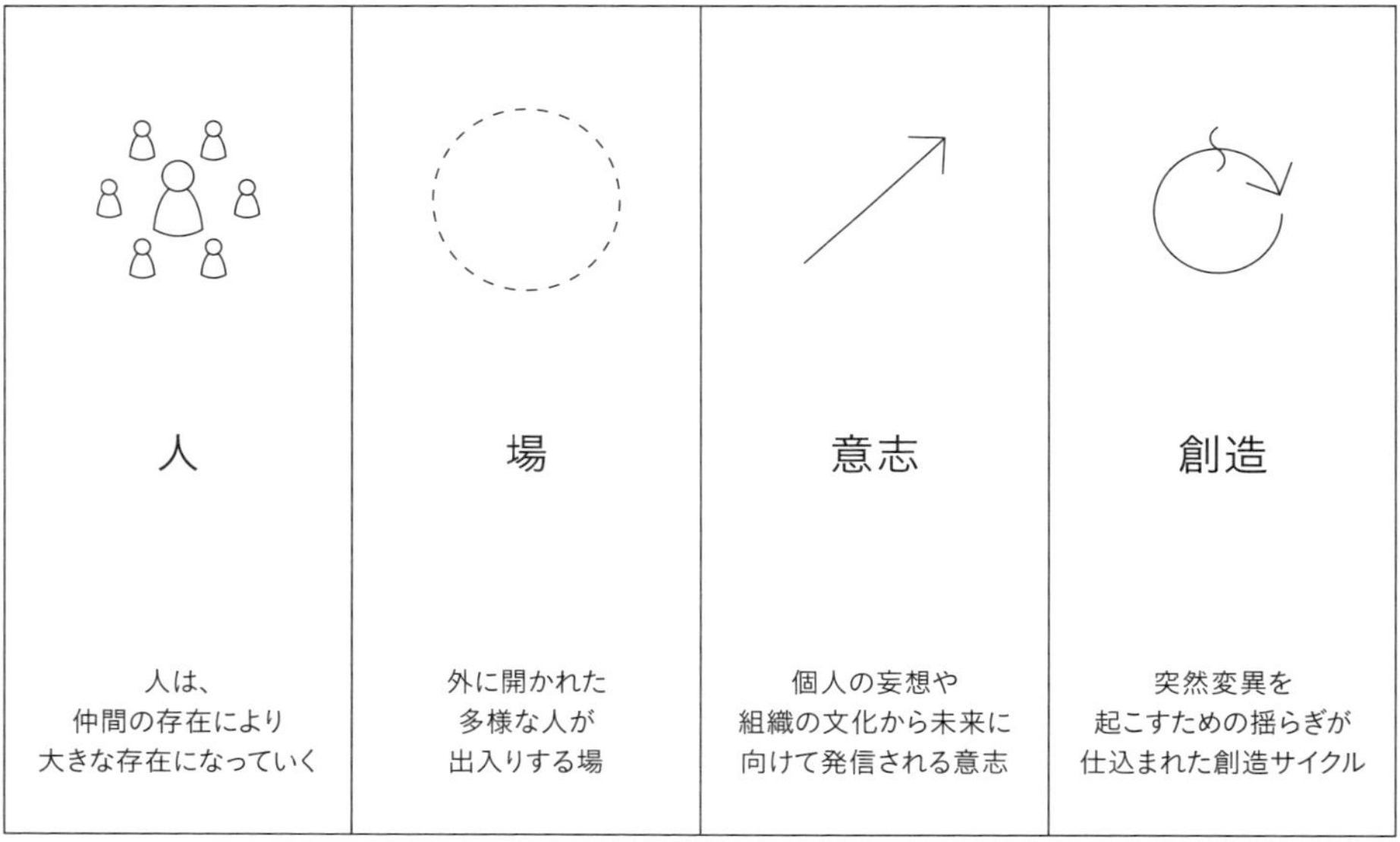

人	場	意志	創造
人は、仲間の存在により大きな存在になっていく	外に開かれた多様な人が出入りする場	個人の妄想や組織の文化から未来に向けて発信される意志	突然変異を起こすための揺らぎが仕込まれた創造サイクル

創造する組織を生みだす4つのエッセンス

【創造】自分たちに合った創造の型をつくる

既存の組織に所属しながら、会社や組織のなかで新たな取り組みを仕掛けるときは、ゼロベースの創造だけではなく、すでに存在するものを新しいモデルに変えていく〝革新〟が必要となる。一方、既存の仕組みが回っている組織のなかには、新しいものを生み出す阻害要因が存在する。第6章では、特に既存組織内からの未来創造を志す組織内イノベーターのために、「機械型組織が創造を阻む5つの滞り」とともに、イノベーションの段階ごとに新たなモデルを既存の組織を巻き込み、接木をするツボ「革新の20の智慧」を紹介する。

革新のツボ

【組織】機械的組織の5つの滞りを超え、新たな回路を発火させよ

第7章では、創造と革新の活動をスケールして持続可能な組織にしていくため、人、場、意志、創造というう4つのエッセンスが組み合わさることによって生まれる生態系的な創造する組織の経営モデルを、現場の

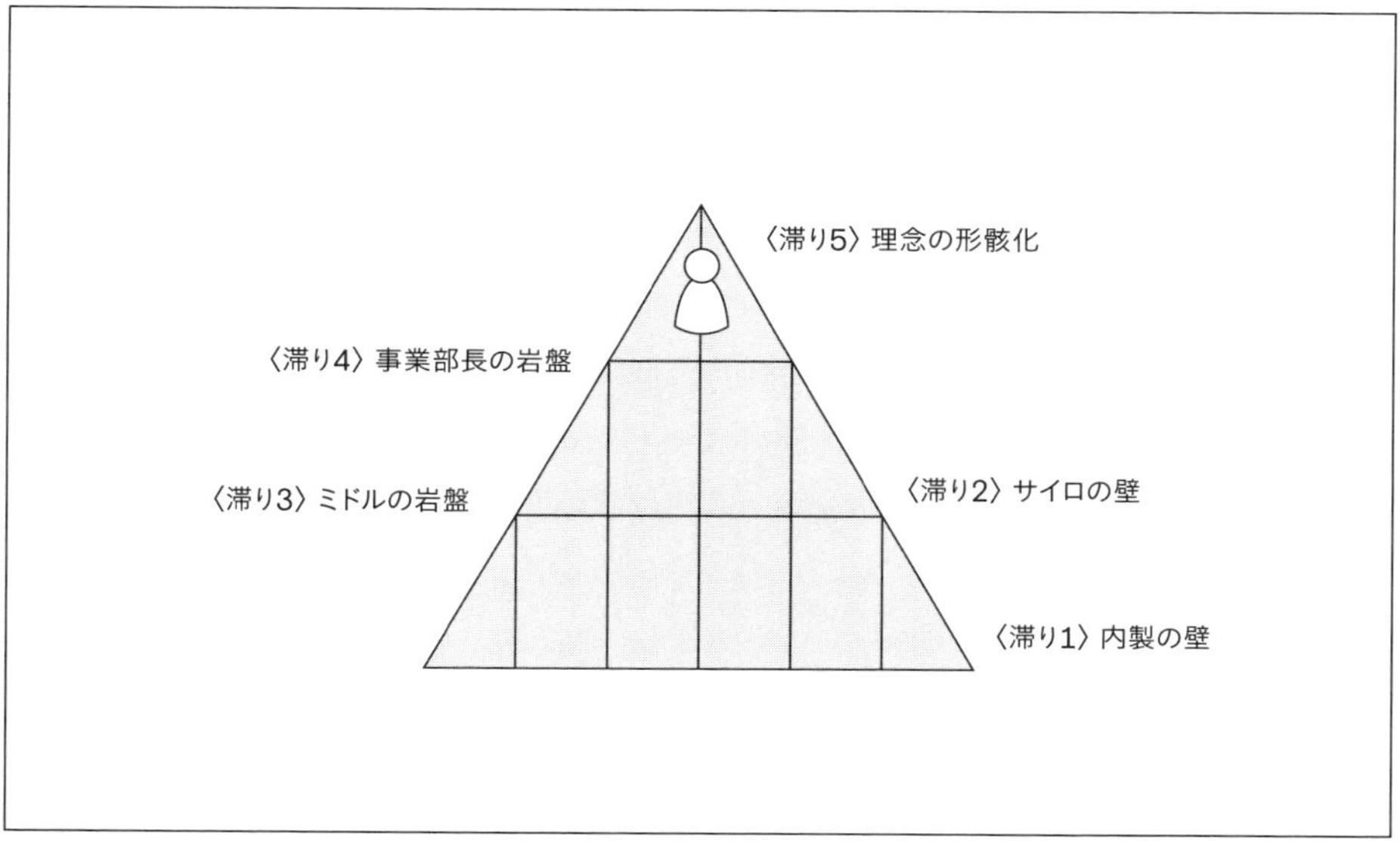

機械的組織の創造を阻む５つの滞り

イノベーターの道標として提示したいと思う。現場で仕込んでいる新たなイノベーションは次世代の経営モデルの原型になりうる。その未来の可能性を感じていただけたらと思う。

この本は、会社の現状にモヤモヤしている誰かが、仲間を巻き込んで妄想の実現に向けて歩きだすきっかけになればと思い、BIOTOPEでイノベーションプロジェクトを実践するうえで気をつけている実践智の共有のために執筆した。各章ごとに複数の実践の智慧を紹介しているが、最後にそれを具体化するための参考文献も掲載しているので、自分たちの課題が明確な人は、併せて参照してみるといいだろう。また、各章終わりのコラムに、仲間と一緒にできる簡単なエクササイズをいくつか用意した。この本を共有し、一緒にそれを行うことで、アクションを起こすきっかけとなれば本望だ。

COLUMN

機械の世界と生き物の世界の原理

「生産する組織」と「創造する組織」のふたつの世界を分ける原理は、機械の世界と生き物の世界の違いにたとえられる。機械の世界と生き物の世界の違いをシンプルにいうと〝再現可能性〟に対する考え方の違いだ。

機械工学の世界は、モノ＝無機物を対象に扱い、同じ環境の条件においては、あるインプットをしたら同じアウトプットになるという、予測可能な再現可能性を重視する。再現可能性の敵となる外部環境の影響はできるだけ排除するため、外界から閉ざした環境をつくり、あるインプットに対するアウトプットが再現可能で予測できるものにする。産業革命モデルの会社は、最終的にモノという無機物をつくることをゴールにしているため、モノづくりの再現可能性のために、人は機械に合わせるという考え方をとる。

モノづくりは、人と機械の分業によって効率的なフローをつくっていくため、人に求められるスキルは一様なほうがいい。生産性を最大化させるために、戦略という一元的な基準を定めることで短期間のうちにパフォーマンスを向上させ、そのフローを改善しながら効率を上げていく。このような世界では、人が中心にはいない。個人の想いで異常値的なことをやったら、それは生産効率の最大化という意味ではマイナスなのだ。

それに対して、生命科学の世界は、人をはじめとした生き物＝有機物を扱う。生き物は一見外見が同じように見えても、常に細胞が生き死にを繰り返し、自らを生み出しながらも、そのかたちを保つオートポイエーシス（自己創出）である。つまり、細胞は常に変わり続けながら、そのなかでひとつの秩序を保ち続ける。創造する組織は、細胞のように有機的で、アメーバのようなかたちだ。中心に核としてのDNAがあり、ミトコンドリアで覆われている。細胞壁はあるが、外との情報がつながっているような状態をイメージしてほしい。そして生き物の特徴は、外との双方向の矢印（相互作用）によって、外界から情報を得て、自分たちの進む方向を決める、予測不可能な複雑系的なシステムである。

　創造する組織は、この生命科学的な世界とよく似ている。エネルギーの源泉は、いろいろな人が潜在意識として抱える欲望やイメージを具体化して、そのDNA（＝文化的遺伝子）を世に残したいという、内発的な生命のエネルギーだ。DNAは、常に新たな組み合わせによってエラーを起こしながら、異常値をつくり続けるという特徴をもっているが、種の生存確率を上げるためにチャールズ・ダーウィンとアルフレッド・ウォレスが説いた「自然淘汰説」と同じく、たとえ多くが滅びたとしても、環境に適応した生物が子孫（創造物）を残していく。要するに、一見ムダとも思える多くの創造は、全滅のリスクを避けるためでもあるのだ。

　このふたつの世界は、まったく違ったOSで成り立っている。あなたがいる組織は、どちらの法則で動いているだろうか？

	機械の世界 （機械工学的）	生き物の世界 （生命科学的）
	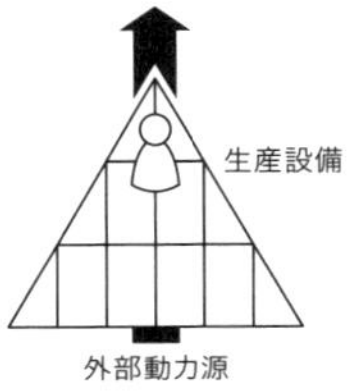	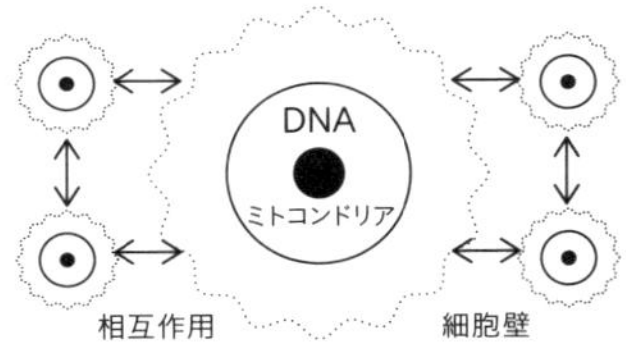
形	一度設計したら形が変わらない無機物	自然に形が変わる有機物
外との境界	境界を設け、外界からの影響を遮断する	外界との境界がゆるく、影響を受ける
動き方	同じ条件で同じ方向へ再現可能に	外部環境との相互作用で再現不可能

機械の世界と生き物の世界の原理の違い

第2章

【人】辺境に眠る妄想家に仲間との出会いを

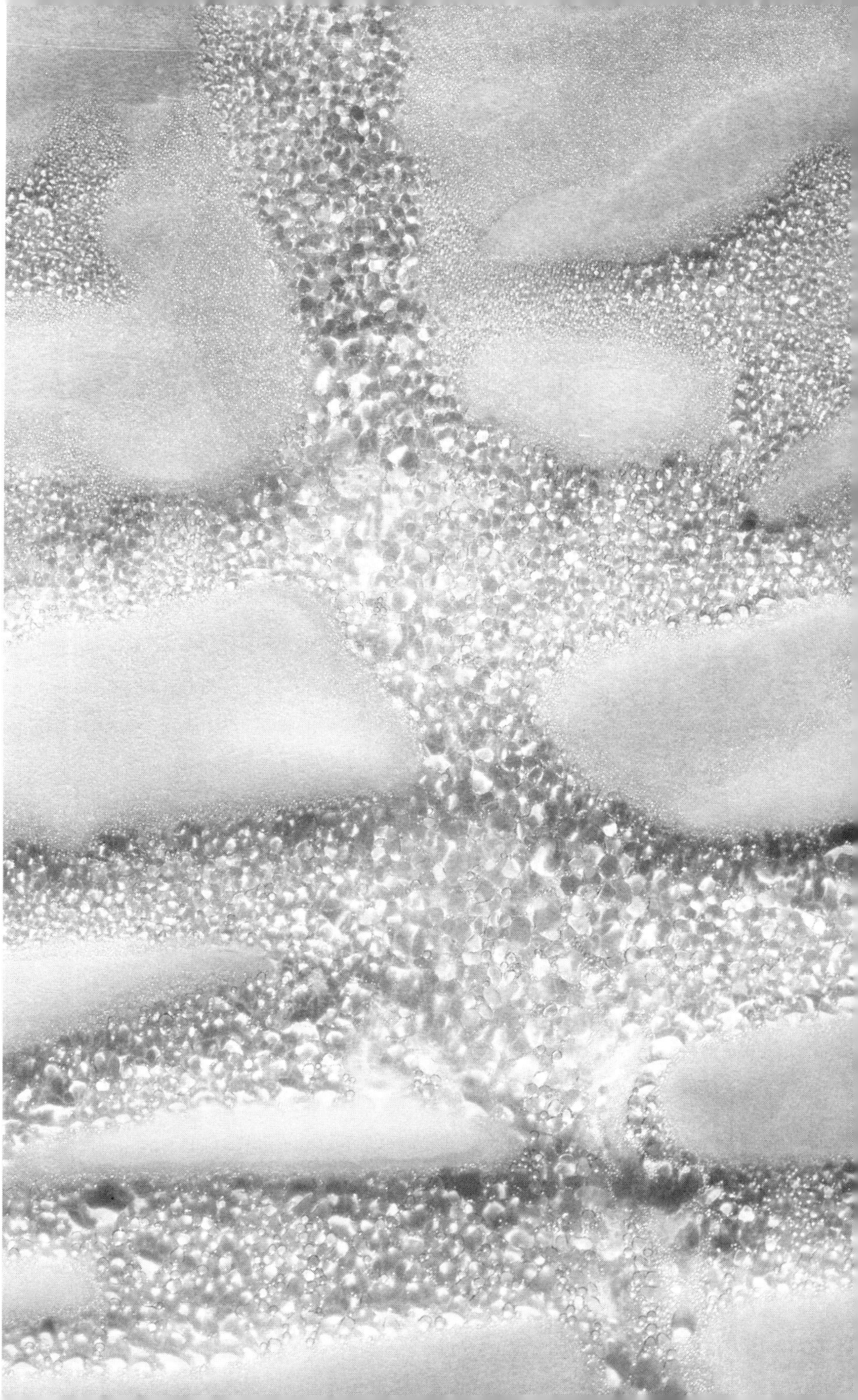

妄想から始める「イノベータージャーニー」

もし、あなたが「組織と人の能力は、どちらが優先されるべきか？」と問われたら、どのように答えるだろうか？

①組織に貢献するために自分の能力をつける

②自分の能力に合わせて、組織をつくり直す

多くの人は、直感的に①と答えるだろう。しかし、これは時と場合による。すでにビジネスモデルができあがり、オペレーションを改善することで回っている組織の場合は〝組織は、戦略に従う〟のが一般的だ。トップが立てた戦略に合わせて組織構成を決め、役割に合わせてそれぞれ人をはめ込んでいく。それが多くの企業においては常識だろうし、そのなかで最大限に価値を発揮する動きをするのが、組織人としての矜持でもある。ただ、この考え方は、経営陣などの組織モデルの設計者がつくった仕組みがあり、人が部品として与えられた役割を果たすことが前提となる。こうした機械設計の世界観でつくられたモデルは、それを再現可能に回していく限りは、合理的だ。

一方で、イノベーションの現場で実践を積めば積むほど、この常識が正しくないことに気がつく。既存の仕組みが立ち行かなくなっているなかで、新しい仕組みを創造する必要がある世界では、〝戦略は、組織に従う。組織は、人に従う〟。新規事業や、スタートアップの世界では、事業オプションが複数ある場合、事業性や会社の戦略適合性も重要だが、経営者や事業リーダーとの相性が合っているかどうか、というのが最終的に成功か失敗かに影響することが多い。ここでいう相性とは、その人のモチベーションや、好き嫌い、得意な戦い方などの特性を指す。これは、新たなものを生むときは、人が自らの妄想を起点にした創造エネルギーを最大限に駆動する

ことで、新たな価値を生み出す、という生き物の世界における法則が成り立つ。

ここで難しいのは、組織は戦略に従うという世界では、部品として与えられた役割を全うすることを求められるため、誰が、どんな動機で、どんな世界をつくりたいか（＝美意識）というような〝主観〟は出さないほうがいい。しかし、新しい取り組みに携わるようになった瞬間、これらの主観がその原動力になっていく。生き物は、シンプルなDNA配列を何度も複製しながら大きな個体をかたちづくっていくように、創造においては、プロジェクトを始める初期〝言いだしっぺ〟が、誰が、どんな動機で、どんな世界をつくりたいかにより、ほぼ無意識に原型が決まり、それが何度も複製され、後々の事業や組織のかたちになっていくものだ。

数多くのイノベーションプロジェクトを支援してきたが、経験則的にうまくいくプロジェクトとうまくいかないプロジェクトかの判断基準は比較的、容易だ。プロジェクトリーダーやメンバーが、「自分は××したい。なぜなら〇〇だから」という一人称で話す人が多いプロジェクトは成功し、「部門のミッションが××だから、〇〇する」というプロジェクトは非常に苦戦する。自分たちという〝人〟が最大のリソースだというマインドセットの変化をできているチームかそうでないかは、主語で見分けられるし、部品として過ごしていた人がこの主語で話をするOSのアップデートには少しステップが必要だ。

現場の感覚では、イノベーションとは、ひとりの妄想を起点に、その熱意が必要なチームをつくり、チームの総力で数々の壁を乗り越え、最後まであきらめずに粘り強く取り組んだ結果、世の中に届いたものだと思う。ボトムアップ型の場合は、この主観で動く人であることは多いが、それでも、いままでの機械の組織のなかで動いていたOSを引きずってしまうことが多い。トップダウンの戦略によってつくられた特命チームによって進んでいくイノベーションプロジェクトでは、その主観の欠如がより起こりやすい。

BIOTOPEで、ゼロから新たな構想を立ち上げ、イノベーションプロジェクト化して具体化する支援を数多くしてきた経験から、僕は大企業であっても主観を大事にする生き物型OSへの転換は時間をかければできると考えている。そして、もともとは一部の役割を果たす部品であった人がイノベーターになっていく成長段階を「イノベータージャーニー」と名づけた。まずは、それぞれのフェーズでどのように成長していくのかのモデルを紹介しよう。

【0→1】独創によるビジョンをつくるフェーズ

最初は、妄想が構想=ビジョンに変わっていくフェーズだ。このフェーズでは、個人がひとりで既存のモデルに違和感を感じて過ごしているものの、自分が何を理想だと思っているのか、あるいはその理想と現実とのギャップが明確になっていないことが多い。「こういうことをやってみたい！」とワクワクし、前に進める推進力をつくるためには、自らの考えていることを振り返ったり内省する余白をつくり、価値観を共有する2〜3人の仲間に壁打ち相手になってもらう。モヤモヤの背景にある自分の理想=ビジョンはどのようなものなのか、そして何ができるかを、まだふわふわした段階でブレストするのが望ましい。そもそも自分がやりたいこと自体が明確化されていないため、よいアイデアかどうかよりも、個人の主観から生まれたもの=独創によって妄想を具体化して、自らの理想状態を構想に変えていくことが重要である。必要なのは、自分だけが面白いと思ったそのふわふわしたものを具体化できる余白やキャンバスと、壁打ちの相手だ。この時期は、

妄想 —独創力→ 構想 —共創力→ 企画 —協業力→ 実装 —分業力→ 経営

	0→1 ビジョンづくり	1→10 コンセプトづくり	10→100 ビジネスモデルづくり	100→∞ 経営モデルづくり	
考えていること	自分が考えていることは大したことない？	可能性は感じているがどんな価値があるのか？	つくっているものが社会的に意義がある？	市場の全体像が見えないなかどう大きく成長させるか？	
必要な活動	壁打ちの場	仲間コミュニティとつくる場	世の中に協力者を見つける実験の場	市場との絶えない対話と成長の仕組みづくり	
成長のきっかけ	企む仲間との出会い	ひとり目のユーザーとの出会い	意外な複数のユーザーとの出会い	10Xにする視座をくれる人との出会い	

イノベータージャーニー

ビジョン思考やアート思考など独創を促進する方法論の採用も有効である。

【1→10フェーズ】共創によるコンセプトづくりフェーズ

一度、主観でかたちにしてみた構想を、世の中の誰かの問題を解決するコンセプトに変えるフェーズ。このフェーズにおける課題は、自分が考えていることが〝誰かの役に立てる!〟という価値の実感をもてるかどうかだ。組織の内外を問わず、その構想に可能性を感じた人たちと一緒に、どんな人に、どんな価値を届けられるのかを考える。多くの分野の人たちと共創することで、いままで自分の所属していた組織のバイアスでは気づいていなかった新たな価値の可能性が見つかり、仲間であるコミュニティと一緒にコンセプトを体現する初期プロトタイプを一度つくったら、その検証を繰り返すことで前に進んでいく。この時期は、デザイン思考やリーンスタートアップなどの方法論を試してみるといいだろう。

【10→100フェーズ】協業によるビジネスモデルづくりフェーズ

企画したコンセプトの意義を、社会で検証してみたうえで、インパクトを最大化させるためのモデルを設計していくフェーズ。ここでの課題は、実際に企画やサービスのベータ版(プロトタイプ)が「誰かの役に立って、もしかしたら多くの人が必要としているかも」という実感を得ることだ。このフェーズでは、実証実験やベータ版での公開、クラウドファンディングなど、早めに一度、実際の社会との接点をつくると、意外なユーザーと出会い、自分のプロダクトやサービスが、より多くの人の価値になりえるという確信をもてるようになる。このタイミングでは、そのプロダクトやサービスがビジネスとして回るモデルをつくり、共感度の高いビジネスパートナーや実装できるチームメンバーを開拓し、お互いが〝Win-Win〟になれるモデルをつなど、考えていく協業力が重要になる。この時期はアジャイル開発やサービス・ビジネスデザインなどの方法論が効果的だ。

【100→∞フェーズ】分業による経営モデルフェーズ

最後は一度、社会で検証して得た学びをもとに、それを実装し、インパクトを継続的に与え続けられる経営モデルをつくるフェーズだ。この時期の課題は、いかに早い段階で「僕らのプロダクトは、この人たちのためにある！」という事業の顧客層と彼らが求める価値をチームで確信できるかだ。ここでは、初期の市場から得られた声やデータをベースにしながら、チームが継続的にユーザーの声からプロダクトやサービスを改善できる仕組みをつくり上げていく分業力が重要になる。ただし、注意点はユーザーの声をただ聞くのではなく、ユーザーの声をヒントにその事業の価値を10倍にするためには、という「10X」の思考実験を両立させていくことが大切だ。この時期は、「グロースハック（ユーザーから得た製品やサービスについてのデータを分析し、改善してマーケティングの課題を解決していく手法）」や「リーンマネジメント（製品の生産工程を徹底改善して効率化を行い、より付加価値の高い商品・サービスを提供する手法）」などの方法論が効力がある。

僕の経験だと、いまでは有名になった起業家や、イントレプレナー（企業内起業家）も、必ずひとりで始めた時期がある。一度、成長し、世の中に出てくると最初からイノベーター的な気質をもっていたように見えるが、誰もが最初は孤独なモヤモヤからのスタートであり、ユーザーや仲間、パートナーとの出会いによって自信をつけたことで、イノベーターと呼ばれる結果に至るのだ。だから、仮にあなたがいまの時点で自信がなくても問題ない。この章では、最初の大きな一歩となるイノベーターの卵が組織のなかの部品から、創造OSをもった人になっていくための智慧を紹介しよう。

創造の智慧１　妄想を引き出し、熱を吹き込む

僕らが、最初にお客さんの相談に乗るとき、そのイノベーションプロジェクトがかたちになりそうな筋がいいものかを見分けるひとつのポイントが〝自分事化〟の度合いである。それは、わたし（I）、を主語にしているか、自分ではない誰か（THEY）を主語にしているかを見れば一目瞭然だ。前例のない取り組みがうまくいくかどうかは、究極的には〝誰のプロジェクトか〟によるところが大きい。スタートアップの世界において、特にアーリーステージでは、事業プランよりも人が見られるが、その人がどの程度の熱量をもっているかが伸び代を決めることが多い。熱量は、ある程度生まれもったものではあるが、もともと熱量をもった人でも、わたしが主語になっていないときは、不完全燃焼でモヤモヤしている。モヤモヤを感じるというのは、一般的にはマイナスだと思われがちだが、むしろ理想の状態と現実とのギャップと、それに対してアクションができていない状態によるストレスであるため、このエネルギーをうまく使うと、自分事化された新たなビジョンをもった人に変わるきっかけになる。

モヤモヤした人を着火させるために有効なのが、仲間の妄想を引き出し、ビジョンをぶつけ合い共有することだ。BIOTOPEでは、誰もがもともと内に秘めている妄想を〝引き出す〟ことを、すべてのプロジェクトの起点にしている。妄想は、黙っていると単なるモヤモヤだが、一度質問され、即興でも言葉として口に出すと、それ自体がエネルギーをもつようになる。また、自分の語った妄想は相手への刺激となり、相手のエネルギーを増幅させる。それを相互に行うことで、集団として熱をお互いに上げていく関係が生まれる。既存の組織のなかでは、〝客観性のないもの〟の代表である妄想はまず話されることがないし、人によっては内に秘めたものは他人に話さないリアリストも多い。しかし彼らも、きっかけをつくると着火するし、そうなると熱が伝播するサイクルが始まる。妄想をうまく引き出すために、必要なスキルは〝問う〟ことと〝表現する〟ことである。

まずは〝問う〟ことから説明しよう。僕は、自分自身のやりたいことがある妄想をもった人と仕事をするのが

好きだ。そういう人と働くことで、自分自身のエネルギーや栄養分をもらっている。そういう人と話をする際、問いの部分で大事にしているのが、〝未来の可能性に焦点を絞った質問をすること〟と、そのうえで〝現状に感じるモヤモヤや違和感は何か？〟を聞きだすことだ。

コーチングのような「何をやりたいのですか？」とか「なぜやりたいのですか？」というような〝5W1H〟で始まるオープンな質問を通じて、壁打ち相手として考えを引き出していく手法は基本だが、潜在イノベーターである妄想家がいちばんうれしいのは、未来の可能性の解像度が上がっていくことでワクワクする体験だ。そのためには、ポジティブ心理学による「アプリシエイティブ・インクワイアリー」と呼ばれる問いかけ方法が有効である。これは「最近、何が面白い？」「過去のあなたが最も輝いていた最高の体験は？」「その体験からわかるあなたの強みは？」「あなたの強みを最大限に生かしたらどんなことができると思う？」「それは社会にどんな変化をもたらす可能性があると思う？」といった、その人がもつ関心や強み、将来の可能性に焦点を絞った質問をするのが特徴で、一人ひとりがもつ潜在的な想いを、問いかけに即興で答えてもらうことによって表出させる。ここでのポイントは、即興〟を大事にするということだ。やりたいことは、ひとりで考えていてもなかなか出てこない。普段、自分が考えている思考の枠組みのなかだけで考えてしまうからだ。むしろ、誰かに質問をしてもらい、即興で答えることで自分が思ってもみなかったイメージや物語が出てくる。可能性に焦点を絞った質問をされることで、その人の理想のイメージの輪郭が見えてくるのだ。

理想のイメージがボンヤリとでも見えたら、今度は現状とのギャップについての問いかけだ。モヤモヤしたり、何か怒りや、そこまでいかなくても違和感を感じたりする状態というのは、無意識に理想の状態と現状との差を感じつつ言語化ができていない状態を示している。いきなり違和感やモヤモヤを聞くと、単なるガス抜きや飲み会の愚痴になってしまうことも多いが、理想の状態を聞いたうえで「理想の状態との現状とのギャップは何か？」「そのギャップに対してどのような感情をもっているのか？」「どう行動していきたいか？」というような質問をすることで、そのモヤモヤのエネルギーをプラスの行動の動力に変えていくことができる。これらは、誰かに徹底的にインタビューしてもらうのもいいし、チーム内でペアをつくってインタビューし合い、その内容を全員に共有することで言語化できていなかった妄想に熱を込め合うのもいいだろう。

ＢＩＯＴＯＰＥでは、このような「ポジティブインタビュー」に加えて、言いだしっぺであるプロジェクトリーダーについては、過去のキャリアの棚卸しをしながら、過去―現在―未来をつなぐ物語をつくっていく「ストーリー型振り返りワークシート」などの手法も活用している。

次に、〝表現する〟ことについて説明しよう。問われることは、あなたが潜在意識にある妄想を具体化するのに有効な手段ではあるが、それはまだ即興で見えたビジョンのかけらにすぎない。僕の経験上、妄想やビジョンは、具体化して一部でも可視化をすれば、無意識に空白になっている部分を埋めようとするので、その絵を完成に近づけていくためのヒントを脳が勝手に探し始める。ビジョンの解像度を上げて表現し、できれば目に見えるところに貼っておくことで、未来に向けて焦点が定まる。ビジョンを表現することで解像度を上げていく方法論については、僕の前著『直感と論理をつなぐ思考法 VISION DRIVEN』（ダイヤモンド社）でそのフレームワークや20近くの日常でできるエクササイズを紹介しているので、参照していただけたらと思う。

特に、イノベーションの現場でビジョンを表現する際によく使うのが、鉛筆とスケッチブックを用意し、未来の理想の状態をスケッチブックに10分程度で描く「ビジョンスケッチ」や、10年後に自分たちのプロジェクトが成功し、新聞の第1面に取り上げられたことを想定してその記事をつくってみる「未来新聞」など、あるフォーマットを決めて理想の未来を具体的に表現してみるといい。一度、ビジョンを表現したら、それをほかの人と共有することで、自分自身のモチベーションも上がる。チームでそのエクササイズをやると、誰かの熱量が大きくなり、それに影響を受けて他の人の妄想のタネも競って発芽することが多い。このような妄想を共有し、ビジョンを描く少人数のビジョンパートナーをつくっていくのは、初期の独創ステージでは非常に有用だ。

＊ 参考文献：『ポジティブ・チェンジ～主体性と組織力を高めるＡＩ～』（ヒューマンバリュー出版）

創造の智慧2　ともに企む仲間をつくる

新規事業を立ち上げる際に、部門や部署などのハコからつくることがあるが、現場の感覚でいうと、最初に必要なのは組織ではなく、仲間だ。

組織として活動をする場合、事前に計画を立て、計画と照らし合わせて進めていかないと〝説明責任〟がとれない。しかし、新しいものを生み出す現場では、当初の想定どおりにいかなかったり、逆に想定を超えたスピードで進んでしまったりすることで、時に、いやかなりの頻度で事前に立てていた計画の変更を迫られる。そんなときに、頻繁な計画の変更に耐えうるのは、フローが決まっている組織ではなく、お互いにやりたいことを共有している、人と人との血の通った言葉で支え合える少数精鋭の仲間である。最初は、3〜4人で企みを一緒にするコアとなる仲間をつくり、最終的にプロジェクトに関わる人全員にその熱量と、濃い人間関係を広げていくチームデザインを行うといいだろう。

チームビルディングの重要性は広く知られているが、現場ではそこまで重点を置いて実践されていないことが少なくない。せいぜいキックオフ時に「アイスブレイキング」を行う程度がほとんどではないだろうか。僕の経験上、スタートアップと大企業におけるイノベーションプロジェクトの最大の違いは、〝誰とやりたいか〟をどれだけ重視できるかという点だ。スタートアップの場合は、創業者やチームがメンバーを自由に選べるし、実際に中心となる人物の魅力で人が集まる場合も多い。「なぜ、その仕事をしているのか?」「どんな商品やサービスが好きなのか?」「なぜ、いまその仕事をしているのか?」「このプロジェクトで達成したいことを、ひとつだけ挙げるとしたら何か?」といった、お互いの情報の大部分が、共有された状態でスタートをする。

ところが大企業の場合は、そうはいかない。まず、自分が一緒に働きたい人を選べるケースはかなり稀だ。結果的に、ほかの部署の上長からアサインされたチームが、キックオフミーティングで「はじめまして」ということも少なくないだろう。また、プロジェクトの進行は、定期的に1〜2時間程度集まって決めていくケースが多いが、そうすると打ち合わせの場は他部署の他人との情報共有か調整になり、熱度がこもらない。部署間の調整はとても大変で、他人事での調整を繰り返していたら、本当は市場やユーザーの視点からこうすべきだと思っていても、その面倒を乗り越えようというエネルギーが湧いてこないからだ。

後述するNHKエデュケーショナルの成見由紀子さんのケースでは、「創発カフェ」という新規事業創出の場をつくりながら、初期はその準備の打ち合わせの過程で、若手で巻き込みたいメンバーに声をかけたり、技術系のグループ会社であるNHKテクノロジーズの新規事業担当を巻き込んで、企画を一緒に考え、場をつくった。まだ自由度が高い初期に、一緒に企画を練る体験を繰り返すことで、大企業であっても仲間はつくることができる。むしろ、プロジェクトをつくるプロセスそのものが重要であることも多いが、これはプロジェクトを単なるゴールを達成するものではなく、新たな伝説をつくるつもりでできるかによる。

BIOTOPEではプロジェクトを始めるときに、「未来脚本」をつくることが多い。個々人が、半年から1年後に見ていたい理想の状態のキーワードを、何でもいいから書いてもらう。そして、それを時間軸上に並べ、年表のようなかたちにまとめながら、自分たちが大成功した場合の物語の脚本を書いていき、どのタイミングで、どんな状態になっているのが理想的なのかという筋書きを妄想からつくる。一度それをやってみると足りない施策や人、リソースなどを洗い出すことができる。未来脚本は3カ月～半年後に振り返ってみると、だいたいそこで物語化した取り組みは実現できていることが多い。

大事なのは初めから誰かのビジョンに乗っかるのではなく、一人ひとりがアイデアを出し合い、それをもとに議論をしていくことであり、この段階では、ビジョンは仲間から影響を受けて変わってもいい。インディーズのバンドが夢を語り、スタジオでだべるようなノリで、好きなことをやりたい人が集まって、仲間をつくっていくフェーズともいえる。

創造の智慧3　辺境に眠る妄想を発掘する

企業内の公募制の新規事業インキュベーションプログラムは、ここ数年、多くの業種の会社が取り組んできた。僕自身も立ち上げにかかわったり、過去10を超える新規事業づくりのやサポートをしてきたが、その企画時に必ず出てくるのが次のようなセリフだ。「うちの組織にはイノベーター人材がいないんです」。僕の経験だとどんな組織にも、潜在的なイノベーター人材は必ず3～5%くらいの割合で存在する。中小企業であっても、最低ひとりはさまざまな難題にもめげず、いまの会社を変えて自分の信じる未来を本気で創造したいと思っている人はいるものだ。大きな組織になると、より部品として飼い慣らされてしまった人が増えるものの、母数の人数は多いので、足し合わせれば頭数はそこそこになる。それにもかかわらず、なぜ、イノベーターは存在しないように見えるのか？　これは、存在しないのではなく、見えてこないのだ。

現在はスタートアップのリスクが下がったため、能力の高い若手の人材ほど早めに大きな組織に見切りをつけて独立したり、ベンチャー企業に転職してしまうことが少なくない。企業内に残るイノベーター予備軍は、組織の辺境に生息していることがほとんどだ。エリートコースに入ったり、メイン事業のエースになってしまうと、社内の文脈にどっぷり浸からざるをえないうえに優遇もされるので、その境遇に満足しやすい。30代に突入し、エースと見込まれた人材は、会社にとって重点プロジェクトにアサインされる。これは企業のなかで出世コースに乗るか、乗らないかという勝ち負けの分かれ目という見方もできるが、イノベーションの世界では逆の法則が成り立つ。むしろ比較的優先順位の低く、管理がゆるいマイナーな事業や部署にアサインされたり、出世コースに乗っていない＝辺境にいる人材に潜在イノベーターのタネが埋もれている可能性が高いのだ。

辺境にいると、会社の文脈に縛られずに自由に新しいことを試したり、会社の文脈とは違う文脈との接点をもちやすい。デキる人材のなかでも、それを知っている人は確信犯的に〝変わった人〟であるかのように自らブランディングをして、中央から距離をとる人もいる。こういう人は辺境にいるので、人事も情報を把握できておらず、会社をあげてイノベーションのシステムをつくろう、といったトップダウンのプロジェクトでは〝見えてこない〟のだ。

ある企業の新規事業づくりのデザインの際に、社内のどこにアプローチをするかという議論になったことがある。組織内の人を自律性ごとに、〝燃油層（すでに自らのビジョンをもって動いている）〟〝不燃油層（ビジョンは明確ではないが、動きたがっているため、少しのきっかけで発火する）〟〝炭化層（現状に満足し、何を言っても変わらない）〟に分け、おそらく数%しかいない燃油層にターゲットを絞ることにした。初期の段階で、彼らを徹底的に燃やすプログラムを設計思想に置くことにしたのだ。燃油層の人は、意識的に、もしくは無意識に自分のビジョンをもっているために、自ら動いている。問題は、その人がエネルギーをどこで発揮するかだ。多くの場合、感度のいい人ほど組織内の文脈とのギャップは大きくなり、社内では仲間を見つけられず孤独を感じている。往々にしてそういったイノベーター予備軍は、外部にアウトプットの機会や自分の考えていることを認めてもらう承認欲求をもっている。

燃油層に対してアプローチをするためには、プログラムに参加してもらう段階で、自由応募型や、ビジネスプランのピッチ、プロトタイプの展示など、やる気のある人だけがスクリーニングされるようなハードルを〝踏み絵〟として設けることが必要だ。ある程度、熱量が大きい人しか参加できないハードルがないと、熱量の小さい参加者が増えてしまい、結果として場に熱が生じない。BIOTOPEでは、日本サッカー協会（JFA）の「JFA Youth & Development Programme（JYD）」と一緒に、サッカーの普及浸透活動のビジョンづくりの「JYD未来デザインラボ」というプロジェクトを実行したことがある。プログラムを募集する段階では、ハードルが高いと十分な人材が集まらないのではないか、という懸念もあった。しかしJFAについての燃油層は、サッカーが好きで、サッカーの社会的意義を本気で考えたいというインサイトがあったため、その社会性を本気でかたちにするプログラムというコンセプトを打ち出した。プログラムのポスターなどもしっかりとデザインして、本気度を出すことで、本業があるなかでの参加にもかかわらず、結果的には公募で十分に熱の入ったメンバーを集めることができた。

初期のタネを生むために重要なのは、いかに濃度と熱量をもった燃油層の人を集め、彼らを発火させるかにかかっている。こうした人材を発掘するためには、〝類は友を呼ぶ〟のたとえどおり、少し目立っている各世代のイノベーターに周囲の仲間を連れてきてもらうのが有効だろう。同世代の視点では、ユニークなことを考えている人が誰かは案外わかっているものだ。また、そのコンピテンシー（高い業績や成果につながる行動特性）を人事的に広く分析するうえでは、何度もイノベーションを繰り返し起こせる「シリアルイノベーター」の分析も参考になる。

＊　参考文献：『シリアル・イノベーター「非シリコンバレー型」イノベーションの流儀』（プレジデント社）

創造の智慧4　組織外の仲間から自信をもらう

新たな取り組みを行うチームは、理解者の少ないまま活動をスタートすることが多く、志はあっても、当初は確固たる実績も成功の証明をすることもできないので、自信の欠如が活動のスピードを落としてしまう場合が多い。組織内で「何、遊んでるの？」や「何をやってるのかよくわからない」という評判に出くわすたびにくじけそうになる。一部の自信家は「あいつらはどうせ理解できない器の小さいヤツらだ」というパラノイアモードに入れるのだが、多くの人はそうではないと思う。こんな時期に重要な役割をするのが、社外の人からの褒め言葉だ。通常はＮＤＡの関係上、プロジェクトが立ち上がる前に外部に情報が漏れるのは不都合だと考えがちなため、初期の構想フェーズで外の声を聞くことはよくないと思う人も多いだろう。もちろん、特許や意匠などの知財権利化できるようなものであれば保護することは必要だが、初期の妄想やビジョン、コンセプトのフェーズでは、そこまで具体的な面に突っ込まなくても議論はできるし、すべてがＮＤＡと考えてしまうと、大きな機会損失になると思う。

ＮＨＫエデュケーショナルの「創発カフェ」では、学びについての新規事業を学校現場の先生や教育系の企業と共創することによって新規事業のタネを生む取り組みを行ってきた。同社において、こうした社内の勉強会は講演会のかたちで始まり、グループワーク形式ですら初めて（！）という試みだったが、最初のワークショップは「NHK教育テレビのリソースをもってできること」というテーマでのアイデア出しから始めた。その後、次第にハードルを上げていき、VR技術を活用した新しい学びをプロトタイプしたり、視覚・聴覚障害者と一緒につくるパラリンピックの体験など組織内に共創の幅を広げていった。ここで、外の人と共創することには非常に強い効力がある。議論に外の人が加わると、内輪では熱量の小さい会話も、一時的に温度が上がるからだ。傍目《おかめ》八目《はちもく》、外の人はその会社の独自性や社内でいると気がつかないよい点が見えるため、議論を進めるなかで「うちの会社にそんな可能性があったんだ」というように、自分たちの長所を発見し、自信をもつことができることが少なくない。自分の妄想やアイデアに自信がつき、日常のいろいろな人に話せるようになると、新しい視点を得たり、人を紹介してもらったりして、一気にスピードが上がっていく。社外にも仲間をつくることは、スピードアップのうえで効果があるのだが、その実践の仕方はケースによっていくつかのパターンがある。大きくいうと、成功している会社とうまくいっていない会社でやり方が変わってくるのだ。

成功している会社は、自分たちでできるという自信があるため、外の力は必要に応じて使えばいいという空気がある。健全な会社は、自分たちの創造的な破壊をしていくために、定期的に外の力も入れてアップデートしていくバランス感覚をもっているが、なかには外に対して上から目線の傲慢な会社もあり、そういう会社は外の変化へのセンサーが鈍っているため、結果的には新しいトレンドに乗り遅れているケースが多い。こういった場合は、外の先進実践者に〝ガツン！〟と言ってもらうのが有効だ。現場のイノベーターからすると、外の実践者のやっていることは自分のやっていることの代弁であり、それが社内に認められやすくなれば、結果として自信を生みやすい土壌が生まれる。

一方、事業がうまくいかず危機感が醸成されている組織の場合は、現場が回っていないなかで自信を失っていることが多い。悪循環が生まれている会社では、管理職は惰性で回っている形骸化した仕事をやめられず、現場からは貢献価値が感じられていない。そのような組織では、社外の人を交えたワークショップなどで、一緒にアイデアを考えていく共創する場をつくるといい。外の人は自分たちが思っている以上に、自分たちの価値を教えてくれる。その結果、現場の人が自分たちの強みを知って自信を取り戻したり、組織自体が前向きなことを話せる雰囲気に変わって、風通しがよくなったりするものだ。

もともと大きなシステムの一部の役割を担っていた人が、ひとりの妄想をもった人になって動き始めるまでにはエネルギーがいる。しかし、ここを丁寧に行って一度仲間ができて走り始めたら、ピアプレッシャー（組織や集団などの仲間からの同調圧力）があっても簡単に止まらなくなる。まずは、あなたの旅路を一緒に歩んでくれる仲間を見つけよう。

＊参考文献：『イノベーション・ファシリテーター――3カ月で社会を変えるための思想と実践』（プレジデント社）

ひとりから始めた新しい公共メディアの学び事業づくり

——NHKエデュケーショナルの外部共創型新規事業提案の仕組み「創発カフェ」

成見由紀子（NHKエデュケーショナル 事業推進室コンテンツ事業開発部〈デジタル推進室〉・主任プロデューサー）

Eテレでも知られるNHKエデュケーショナルは、NHK本体から委託され教育系コンテンツを開発・制作する事業を中核とする。そのため、プロパー社員は自発的に企画を立案する機会が乏しく、制作も主にTV番組に限られていた。一方、番組コンテンツを核とした新事業の立ち上げが経営課題として浮上しているのに、各部署が縦割りで、コンテンツを活用する妨げになっている。課題意識をもった成見さんは、ひとりから組織横断型の新規事業提案のスキーム、「創発カフェ」を立ち上げ、豊富な教育コンテンツを新たな学びの事業に変える仕組みを始めた。

佐宗：成見さんとは、4年間という長いお付き合いをさせていただきましたね。改めて自己紹介をお願いできますか。

成見：わたしが所属しているNHKエデュケーショナル（NED）事業推進室コンテンツ事業開発部（現在はデジタル推進室）は、2016年にできたばかりの部署で、わたしを含めて専任は3人しかいません。ミッションは、これからの時代に必要とされる教育とは何かを考えながら、新しいコンテンツ事業を開発することです。インターネットと番組の連動や4Kや8K、VR（仮想現実）、多言語展開などを視野に入れ、新しい番組やコンテンツのつくり方を模索しています。

マス向けのテレビ番組という強みを生かしつつ、従来とは違う方法で多様なメディア向けにコンテンツを加工し、視聴者に届けることが大切だと考えています。

佐宗：どのような課題意識をもたれていたのでしょう

か。

成見：以前はディレクターとして番組を制作していたのですが、事業推進室へ異動になり、会社全体を見渡すことができました。

改めて会社を客観視すると、素晴らしいコンテンツ資産や制作力をもっているのに、それを十分に活用できていないと思うようになりました。また各部署が縦割りで、コンテンツを活用する妨げになっているのではないかと感じており、組織がそうした状態にあるのはもったいないと考えていました。

弊社はＮＨＫグループ以外の企業とゼロから共同開発することをあまりしてきませんでした。しかし、いまは異なる分野の企業や人がチームを組み、新しい知見を取り入れながらコンテンツを制作する時代です。弊社の現状を考えると、このままでは厳しいと思わざるをえません。

以前、ＳＮＳを活用した番組「写ねーる」を企画した際に、番組制作関連以外の企業とプロジェクトを組みました。このとき、アイデアを出し合いながら自分の想像を超える番組をつくり上げることができました。外部と協働することで、想定を超える発想を取り込めました。さらに、ＳＮＳと連動することで、視聴者のニーズに合った企画を実行できることを体感し、番組企画の方法論としてとても面白いと感じたのです。この経験があったので、他社と協力することがとても重要だと考えていました。

佐宗：そこで、一緒に創発カフェを立ち上げました。最初の会は、社内以外の刺激から新たなものを生み出すことにこだわってワールドカフェとアイデアソンを混ぜたような場づくりをしました。いま思うと、なぜ創造ではなく、創発という名前をつけたのですか。

成見：創発という名のとおり、さまざまな分野の人が化学反応を起こす場を目指しました。ただの勉強会で終わってしまうのは嫌だったので、社内の事業企画コンテス

NEDの社員とゲストに招いた外部企業の担当者がチームをつくり、コンセプトをまとめた。丸型段ボールを活用した即席の机で参加者の親近感を高めた

ト「大型事業開発提案」に応募し、具体的な成果を出すことを目指しました。

初年度には、弊社の資産を活用し、新しいコンテンツとビジネスモデルを開発するというテーマを設定しました。具体的には、他企業も交えたワークショップを実施し、新しいコンテンツのアイデアを出し合うことにしました。

社内でワークショップへの参加を呼びかけたところ、番組制作チームだけでなく、管理部門の人や役員も来てくれました。外部からは東京急行電鉄やリクルート、ベネッセ、ソニーといったさまざまな業界の企業の担当者が参加してくれました。

結果として、9つのアイデアがまとまり、そこから有望な4案をブラッシュアップして提案書にまとめました。さらに、それらを先述の大型事業開発提案に応募したところ、既存番組のキャラクターを活用した体験型の算数イベント企画の案で開発費を獲得できました。

新規事業を立ち上げる成果を達成しただけでなく、このイベントと創発カフェの取り組みで、わたし自身が社長賞を受賞できました。

佐宗：最初に成見さんから創発カフェについて相談を受けた際、「トップダウンではなく、ボトムアップで活動を広げていくにはどうしたらいいか」ということを話し合いましたね。ボトムアップで短期間に成果を出すことは難しいので、1年目は、ワークショップというかたちを取りつつ、NEDの社員がもってきたアイデアを実現するため、外部から人を集める戦略を採用しました。ボトムアップにこだわったのはなぜでしょうか。

成見：NHKから請け負う番組制作がほとんどで、弊社の社員は自分たちがゼロからやりたいことを考え、自発的に動いて実現するという開発の機会が少ないという問題があります。上司から命令されてやるのではなく、社員自ら考えてアイデアを出し、実現することの重要性に気づき、そうした意識が社内に広がることが大切だと考えました。

佐宗：ボトムアップの活動は、会社のなかでなかなか理解を得られないことが多く、立ち消えになりやすいと思います。そのため、創発カフェの活動をNED全体に広げるには、経営陣の問題意識と重なる部分が必要になると思いました。

その意味で、NEDの資産である学習コンテンツを活用した新しい事業モデルを考えるというテーマを設定することで、経営陣の問題意識と結びつく可能性があると思いました。

成見：そうですね。番組を書籍やDVDなどに展開する従来の事業が陰りを見せており、新たなビジネスモデルを考えなければならない状況にもかかわらず、それが社内からなかなか生まれてきません。この問題について経営陣も危機感を抱いていたことが、会社側の支持を得て、創発カフェの活動が次第に広がる要因になったと思います。

佐宗：1年目に成見さんが社長賞を取ったというニュースを聞いたときは、とても嬉しかったです。その小さな成功を起点に広げていった2年目でしたね。

成見：前年度と同様に、NEDの事業企画コンテスト「大型事業開発提案」に5つの企画を応募し、そのなかのひとつに開発費が割り当てられることになりました。

これは弊社とNHKメディアテクノロジー（MT、現在はNHKテクノロジーズ=NT）、外部スタートアップのランドスキップの3社による共同提案の事業企画で、VR（仮想現実）を活用して食農教育コンテンツを開発するものです。現在まさに開発中で、米づくりの様子を、360度のVR映像として撮影し、臨場感のある音響と組み合わせて制作しています。各社の強みとリソース、ノウハウを活用して互いに知見を高めながら、とても良いかたちで開発が進んでいると感じています。

佐宗：創発カフェが経営陣から注目され始めたなかで、この活動を広げていくには、NEDだけでは限界があり、社外からの〝浸透圧〟を効果的に使う必要があると感じていました。

成見：そうですね。外部とどう組んでいくかという課題が2年目には浮上していました。コンテンツのアイデアを出すまでは我々にもできるのですが、それを実現する技術や、事業化の方法がわかりません。それらをサポートしてくれる企業に参加してほしい。佐宗さんと議論するなかで企画とビジネス、技術という3つの役割をどう分担するかという課題が明確になりました。

佐宗：この時期、MTの当時の社長だった児野（ちごの）昭彦さんから依頼され、デザイン思考の社内研修をMTで実施しました。児野さんに創発カフェを説明すると、一緒にやろうと言っていただきました。その後、児野さんとNEDの掛川治男社長が会談し、両社が経営レベルで協力するというスキームがまとまりました。

成見：児野さんが自ら動いてくれたことが大きいですよね。これ以降、社内の見方が明らかに変わり、創発カフェの事務局にMTの担当者が加わり、NHKグループが連携できる体制が強化されました。

佐宗：16年度には、技術の観点からMOOC（インターネットを用いた公開オンライン講座）とeラーニング、VRとAR（拡張現実）、4K／8Kというテーマを設定し、それぞれの専門家から話を聞き、11月の大型事業開発提案に企画を提出しましたね。

こうした活動を通して、1年目と比べてどんな変化を感じましたか。

成見：VRを活用した食農教育コンテンツは、ゼロからつくるもので、本気で開発しています。番組制作と違って360度カメラを使った撮影などはこれまでに経験がありませんでしたが、MTの協力を得たことで、大きく進めた面があります。技術があることで、絵コンテで終わらせずに見えるかたちにできます。そうすると、役員にも見せられるし、自分たちの課題も明確になります。この違いは大きいですね。

それから、企画内容が大きく変わりました。1年目に開発費を獲得した体験型の算数イベント事業は、すでに放送した番組を展開したもので、既存のビジネスモデルに近い企画内容でした。それでも、番組制作の経験しかなかった社員が新しい事業を展開できたことが自信になり、大きく成長しました。

その波及効果として東急電鉄と一緒に食堂を使ったNEDカフェを運営したいといった斬新なアイデアが提案されるようになりました。これまでのNEDでは考えられなかった、実現可能かどうかわからないアイデアを口に出せる空気が社内に生まれてきました。

創発カフェが大型事業開発提案をサポートするということも理解され、活動しやすくなったことも大きな変化です。経営陣からも期待されるようになり、創発カフェが活動としてだけでなく組織として認められつつあるように感じています。

佐宗：これは、すごいことです。社員がボトムアップで始めた活動を見て、経営陣が課題として認識したのですから。何が経営陣を動かしたと思いますか。

成見：結果を出したことだと思います。小規模ながらも初年度に体験型の算数イベントを実現できたことが評価されたと思います。

この成果については、報告書を自主的に作成し、人事部や総務部にもっていき、活動内容をアピールしたことも社内の認知を高めるのに役立ちました。ソニーやリクルート、東急といった外部の企業が、教育に強い関心をもって参加している。その熱気を感じてもらえたと思っています。創発カフェの活動を通して、外部を巻き込んだスピーディーなコンテンツ開発のモデルを確立していきたいと思います。

STORY

新規事業立ち上げの壁を乗り越える仲間づくりのための創発の場

創発カフェは、成見さんというひとりの情熱をもった現場プロデューサーの想いから始まったプロジェクトだ。「つくって終わり」のTV番組制作ではなく、デジタル時代の「外部チームとともに、フィードバックをもらいながらつくる」という新しい番組制作を、多くの若手が実践してほしいという想いである。年々、テーマは進化し、関係者も生態系が広がるように増えていった。外部との共創は、NHKグループがもつ資産の可能性を職員が再確認する場になり、創発カフェの場は毎回、熱気にあふれた。食育×VRの取り組みは、学校での実証実験を経て、新たな学びの展示会にも出てくるようになっている。

社内の理解者が増えたことに加え、MTというグループ企業に仲間ができ、実際に制作までできるチームをつくれたことが、決して新たな取り組みに積極的とはいえない公共系企業のなかで、前に進めた理由だったと思う。成見さんは、グループ子会社という必ずしも自由度の高くない環境で、多くのメンバーを巻き込みつつ、ゼロから道を切り開いた。その過程ではくじけそうになったことも1度や2度ではなかった。新たな取り組みに付き物の摩擦を越えるのに欠かせないのは、仲間の存在だったと思う。

STEP 1
体験型の創発の場をつくる
共創によって広がる未来の可能性を考えるワークショップを講演の場で実施

STEP 2
プロジェクトのビジョンづくり
立ち上げメンバーに対する動機の問いかけ。ボトムアップによる事務局チームの編成

STEP 3
短期間で成果を出す座組み
社内の新規事業提案の仕組みにつなげる創発の場の運営

STEP 4
グループ会社を巻き込む
NHKメディアテクノロジー（現NHKテクノロジーズ）を巻き込み、開発体制を確保

STEP 5
一歩先の技術テーマの選定
教育とVRなど一歩先のテーマを設定、事業化の可能性を高める

STEP6
プロトタイプと展示
学校現場での実証実験と、新たな学びのカンファレンスによる展示会

STEP 7
戦略テーマでの展開
グループとしての経営課題である五輪をテーマに既存部署の巻き込み

このインタビューは「日経デザイン」2017年10月号、11月号掲載のものを再編集しました。内容、肩書は基本的に当時のものです。

COLUMN

同僚を仲間に変える「妄想インタビュー」

あなたは会社の同僚に、あなたが密かに思っている妄想の話をしたことがあるだろうか？　同じチームにいて、組織の目標に関わって、〝今後、何をしていくか〟〝いきたいか〟という話はすることはあっても、本当はやりたかったことについては、経営者以外、話をする機会は少ないのではないだろうか？　経営者であっても、日常の現実との戦いに時間を奪われて、自らが本当はやりたかったことを考える時間はそう多くない。そんなときに誰かに自分の妄想について質問されるのは自らの内的なエネルギーを充電し、未来志向にしていくためにいいきっかけとなる。

あなたのチームメイトを、自分の心に火がつくポイントと未来のビジョンを共有する仲間にするために、ペアによる妄想インタビューを試してみてほしい。ここでは、10分程度でできる「妄想インタビュー」シートを用意した。

妄想インタビューの実施の仕方

1 自らの構想に興味をもってくれそうな人に声をかける（目安6〜10人、できれば偶数）。
2 ペアになってもらい、インタビューシートを印刷し、ひとりに1枚ずつ配る。
3 10分1セットで、インタビュアーを決め、質問を読み上げるかたちでインタビューを行い、聞いた内容をメモする。質問される側は、ゆったりとした気持ちで考えることに集中する。10分終わったら交代する。
4 車座になり、自分がインタビューした人の話を聞いて印象的だったことをひとり1分程度で他己紹介する。

他己紹介が終わったあと、インタビューを受けた側はその他己紹介の感想を述べる。

5 全員の紹介が終わったあと、それぞれの妄想を聞いて感じた共通点やほかの人のビジョンで印象的だったこと、自分のビジョンづくりのヒントになったことを述べる。

妄想インタビューシート

インタビュー相手の名前

以下の質問を相互にして、目の前の人の妄想を引き出してください。
あまり深く考えずに直感的に出てきたことをお話しください。
インタビューする人は相手が言った内容をメモしてください。

Q1. あなたの子供時代の夢は何でしたか？

Q2. あなたが青春時代に憧れていたものは何でしたか？

Q3. あなたが過去最高に輝いていたのはいつ、どんなときでしたか？

Q4. あなたが、もし3年間の自由な時間と
100億円のお金をもらえるとしたら何をしたいですか？

Q5. それはなぜですか？

第3章

【場】次のアタリマエを育てる土壌をつくる

なぜ、肝入りの新規事業が失敗するのか

企業の変革期、戦略コンサルティング会社のグローバルなケーススタディを精緻に分析されたレポートを印籠に、トップダウンで肝入りの新規市場を開拓する匿名プロジェクトが始まる。こういう社運をかけた新規事業プロジェクトは、孫正義氏のような次の時代を自ら読み切り、身を投じられるような勝負勘のあるリーダーによって指揮されたものでない限り、うまくいかないケースが多い。売上・利益の最大化、効率化を最優先する事業体のような組織では、新規事業を始めようとすると「1億台売れて、○億円規模の新規事業をつくれ」「事業は遅くとも3年で単黒」というようなかたちで指令が出る。分業をもとに設計された組織のなかで既存の事業をやっている人たちは、その少数精鋭のチームが会社の運命を大きく変える大ホームランを放つことを願いながら、目の前の仕事を粛々と進める、というのが機械型組織における効率的な組織運営の仕方だ。しかし、実際にはこうならない。

そもそも、最初から大企業が次の柱として絵を描ける新規事業の多くは、すでにニーズが顕在化し、グローバルで市場が立ち上がっている場合がほとんどだ。逆にいうと、競合もその機会を理解していたり、すでに市場が形成されつつあるなかに参入する、レッドオーシャン（競争の激しい既存市場）であることを意味している。一方、そこまでニーズが顕在化しておらず、市場が立ち上がるかどうかわからないものこそ、ブルーオーシャン（競争のない未開拓市場）である可能性が大きいのだが、そのような市場は前述のような短期的な売上・利益では測れず、社運をかけたプロジェクトにふさわしいと役員会で合意することはまずできないだろう。

あのアマゾンも約10年間かけて黒字化したが、社会にインパクトの大きいイノベーションほど、初期は既存事業の指標だと失敗と判断されてしまうケースが多い。そうした空気が社内を覆っていると、説明不可能なまったく新しい事業モデルは、たとえ素晴らしいアイデアであったとしても、「どうせうちではできないから、言わな

いでおこう」と、思いついた本人である社員が各々の判断で勝手にその発想に蓋をしてしまい、そのうちに本当に存在しなかったものになってしまう。これが大きな組織において、新しいものが生まれなくなるメカニズムだ（ここでは大組織を例にしたが、社会と言い換えても同じことがいえるだろう）。

新たなものが生まれるプロセスは、生き物の世界が参考になる。生き物の生殖では、数限りない精子が最終的にたったひとつの卵子と結びつき、〝生まれる〟という現象を引き起こす。こういった生き残ったタネ（種）が強いという自然淘汰の法則は、新規事業にも当てはまる。分業によって、新規事業のために部署を設けるにしても、そこに必要なのは、一発逆転のホームランを放つために稀代のコンセプターと組むことではなく、多くのものが生まれる場をつくることだ。そして多くのものを生み出すには、自然に多様なタネが交わり、新たなチャレンジが生まれ、多くが死んでもその失敗がまた肥料になるような〝創造の土壌〟を用意することが肝心である。このような土壌は、企業内ならラボや研究所、スタートアップの世界ならインキュベーターというような場になるが、これらを既存の組織において運用する場合には、注意が必要だ。

既存事業は、同じアウトプットを再現性高く、ミスなくつくるというOSで設計されている。それゆえ、新たなものを生み出すために必要な遊びや失敗は、不良であり、悪だとされる。たとえ、その壁を乗り越える勇者がいたとしても、既存の組織では最終意思決定時に、決裁者により無意識に自分たちが成功してきた過去の成功モデル＝成功バイアスの影響を受け、いままでと違うモデルは筋が悪いと判断されてしまう。大きな組織の成功モデルは、過去のある環境でうまくいったことを示しているが、環境が変わったらむしろ変化への適合を妨げる原因になりかねない。多くの組織では、効率的に利益を出すことが絶対善になりやすいため、新規を生み出す〝一見ムダに思えるもの〟に人材を投資するには、一定の割合のリソースを常に新規に張ろうという経営者の意思決定が必要だ。

既存事業では、効率性を最大優先で運営するため、既存事業のなかで新規事業を育成しようとすると、①事業規模が大きい既存事業と比較され、リソースの優先順位が下がる　②決裁者が新しいビジネスモデルを評価できない　③品質管理・広報・開発など、前例を壊した新しい挑戦をするための社内調整コストが膨大にかかる、といった課題に直面する。これらは特に、最初の【0→1】の構想ステージや【1→10】の企画ステージの大きな足かせとなる。一度、この初期ステージを乗り越えられると、既存事業がもつ販売チャネル、クライアントとの接点、研究開発のネタや特許などが価値になるのだが、そこにたどり着く前にほとんどのタネが死んでしまう。こうした環境下では、前例のなかったはずの取り組みは、調整コストを最小化するために、たいていが〝見たことがある落としどころ〟になってしまう。

日本企業においては、R&D投資として世界3位となる総額17兆円の資金が、こうした新しいものを生み出す場に投入され、R&D部門がそれを一手に引き受ける構造になっている。また、イノベーションが「技術革新」と訳される日本では、イノベーション案件のほとんどがR&D担当役員にアサインされるが、R&D部門は研究テーマを深掘りする「象牙の塔」になっている場合が多く、タコツボ化しており、多様性から新たなものを生む「創造する組織」のOSとは程遠い運営がされている。さらに、こうした研究所では研究者個人がそれぞれの専門性をもち、その専門性を深掘り（知の深化）するために多くのリソースを割いているが、都心近郊の生活感の薄い〝R&D村〟に位置するため、日常生活のなかでユーザーや社会ニーズと出合う機会が生まれにくい。深化させてきた技術を、ユーザーニーズやほかの技術シーズと混ぜ合わせて、孵化させる多様性のある場が足りないのだ。

BIOTOPEは、NTT先端技術総合研究所と将来の研究テーマ探索のために分野横断の研究者と生活者を交えた技術の活用法を共創する場をつくるプロジェクトを支援している。研究者にとって自分の研究を普段会わない人からとらえ直してもらい、自分がもっている技術を専門用語を使わずに伝える場は、新たな視点を見つけるきっかけとなる。こうした固まってしまった視座の転換をするというのは、イノベーションのひとつの本質的な営みといえるだろう。そのために必要なのが場なのだ。

場は、秩序を壊すための新たなスペースだ。逆に、新たな場が存在しないと、新たな秩序は生まれない。新たなものを生み出す場をつくるためには、まずは組織のなかのどこかに〝間〟＝〝余白〟をつくり〝場〟＝〝創造〟のキャンバスをつくることがスタートになる。本章では、次のアタリマエを育てる土壌をつくるための智慧を紹介しよう。

創造の智慧5　場と間をつくり出せ

イノベーション活動の初期段階では、できるだけ多様な人が交じり合う場をつくることから始めるのが、遠回りに見えて近道だ。この場は、新たなモノ・コトを生み出し続ける知識創造の価値の泉と考えるのがいい。場づくりの方法としては、簡単なところでいうとバーチャルな勉強会、組織横断の非公式のコミュニティ、研究機能をもった開かれたラボなどさまざまなかたちがあるが、この場を設計するうえでいちばん重要なのは、思ったことを即興でしゃべり、やってみてから考える、というジャズコンボのような空気感をつくることだ。

既存のビジネスの世界では、これが正しい法則だとわかっている前例や、過去の事例をもとに結果の予測を行い、意思決定をすることが多い。この環境に慣れてしまうと、再現可能性を証明してからでないと意思決定をしないという文化が醸成される。逆にいうと、前例のない異常値的な取り組みをやってみる推進力は衰えてしまうのだ。新しい取り組みは、常にすべての情報が見えていない段階で、全体像の仮説を立てながらやってみて検証しようという不完全ななかで即興で前に進めていく必要がある。これは科学の世界で「仮説推論」と呼ばれる仮説づくりの科学的思考法のひとつであり、即興を許す感覚は、この仮説推論型の思考を推進するために強力な力となる。

もうひとつ大切なのが、その場が多様な人が交わりやすい環境であることだ。オープンイノベーションという言葉が広がっていったのも、会社組織という似た人の集まる環境のなかで多様性を生む場が必要になったことが大きい。早稲田大学ビジネススクールの入山章栄教授は「知の探索と知の深化」という概念を提唱し、日本型の組織が知の深化に集中し、探索の機会が少ないことを指摘しているが、放っておくと知の探索の場はムダに見えるため消えていく。意識的に場をつくり続けないといけないのである。僕が自分の会社に「ＢＩＯＴＯＰＥ」と名付けたのも、組織の辺境にある人工の多様な生物生息空間が、イノベーションを起こすうえで重要だという信念に由来しているからだ。

既存事業のガチガチに工数管理され、張り詰めた空気のなかで、上司に「何か面白い、ぶっ飛んだことを考えろ」と言われても、いいアイデアが浮かばないのは当然だ。まったく違うことを考えるには、心の余裕（余白）＝間が必要である。新規事業は、一見ムダに思える余白や、役に立たない（ように見える）人付き合いなどが創造の源泉となる。既存事業に時間をとられすぎて新しいことを考える余裕がなくなっている組織では、いくらこういった場をつくっても活用されなくなることが多い。この場のつくり方としては、下の図のように〝外から取り組む vs 内から生み出す〟〝既存事業部内で育てる vs 新規事業部をつくる〟という４種類の場づくりの戦略がある。

グーグルやスリーエムが行っている15～20％ルールは、既存の事業とのシナジーを創出するために、内から生み出す力を高めるとともに、この場と間を常に既存の組織内に確保しておくための取り組みだ。ただ、こうした取り組みを実践すると結局、現業１００％、

どこでタネをつくるか ＼ どこで育てるか	既存事業部	新規事業部
内	ルーティン型 ・20%ルール（3M／Google） ・イノベーション パイプライン（P&G）	出島型 ・企業内アクセラレーター（SONY SAP／Panasonic Game Changer Catapult）
外	CVC型 ・社外アクセラレーター ・CVCファンド付き（NTTドコモ・ベンチャーズ／東急TAP）	コンソーシアム型 ・コンソーシアム（シスコCHILL） ・テーマ特化型ラボ（IKEA SPACE10）

場と間のつくり方４類型

新規50％で、合計150％で頑張るという時期が来たりするのも事実である。働き方改革の流れには反するが、新しいものが実際に生まれるとき、生みたいときというのは、脳がフロー状態に入っており、時間感覚を忘れてしまうような状況が起こる。15％ルールの実質的な効果は、組織内に本業以外のプロジェクト参加を認める文化があるという宣言がなされており、それによって肩身が狭くなるような空気を生まないということだろう。これは、比較的自社事業がうまくいっていて投資余力がある企業において有効だ。

一方、SONYの「Seed Acceleration Program（通称SAP）」や、パナソニックの「ゲームチェンジャー・カタパルト」のような企業内アクセラレーターは、社内の力を使って新規事業を生み出す専門の場を外につくる出島的な戦略だ。長期的に、社内から生み出す地力をつくるという意味では、仮に短期的に成果が出なかったとしても会社の創造風土づくりとしてこのような取り組みを行うことは、変わり続ける時代に対応し、生き残り続けるためには必要な施策といえるだろう。特に、自社のR＆Dに豊富な人材がいる会社や、もともと企画が好きな人が集まっているような会社には相性がいい。

また、オープンイノベーションにより、スタートアップと大企業の協業が進むなか、外から取り込むという選択肢ができたのが、この10年の大きな変化だ。企業がファンドとなって、外部のスタートアップを支援したり、投資をするCVCの取り組みも進んでいる。前者ではNTTドコモ・ベンチャーズや東急アクセラレートプログラムなどがよく知られ、自社に資産がある会社はこのようなスキームを使いながら、外部と接点を継続的につくることは効果的だ。BIOTOPEが支援したクライアントの事例でいうと、クックパッドが料理の力で社会課題を解決するスタートアップを支援する「クックパッドアクセラレータ」プログラムなどがある。後者のCVCは、インフラと投資余力がありつつ、自社で事業を生み出すことが難しいインフラ系や投資系の企業において使用されることが多い。

日本国内では比較的事例は少ないが、新規事業の育成の場を社外でつくり、それを社内に取り込むようなケースもある。アメリカのネットワーク機器会社シスコシステムズの「CHILL」や、スウェーデン発祥の家具量販店IKEAの「SPACE10」などは、いずれも企業が外部にバーチャルあるいはリアルのラボをつくり、さまざまな企業を巻き込みながら新規事業のタネを共創している好例だ。これは、企業のテーマが社会課題解決などの公益色がより強い場合に使いやすい手法である。

＊参考文献：『イノベーターになる 人と組織を「革新者」にする方法』（日本経済新聞出版社）
『オープン・イノベーションの教科書――社外の技術でビジネスをつくる実践ステップ』（ダイヤモンド社）

創造の智慧6　創発を生みやすい土づくりをする

「創発」とは、複雑系の理論に使われる用語で、〝1＋1＞2〟というように、多様な要素が集まることでそれ以上の結果を生むことを指す。外との交差点に多様な生き物が交差する場と間をつくることに成功したら、次は継続的に新たなものが生まれてくる文化をつくる段階だ。この創造文化づくりは、農業における土づくりにたとえるとわかりやすい。有機農業において、土の中にいる多様な菌の栄養素がその後、何年間も収穫量に影響するように、場に創造のための栄養を蓄えておくことは、創発の起こりやすさや持続性を左右する。

イノベーションの現場で、この新たなものが生まれやすい土壌をつくるために押さえておいたほうがいいのは、①関係性をいかにデザインするか　②創発したくなる環境をいかにデザインするか　③コミュニティをデザインするリーダーシップをどう発揮するか、の3つである。ここでは、それぞれについて簡単に紹介したい。

①関係性をいかにデザインするか

創発が生まれる土壌に重要なのは、そこに集まるメンバーが個人的に好きなものや、偏愛ともいえる趣味を引き出し、共有することだ。自分のプライベートと思える偏愛を開示することは、それぞれのメンバーが〝ありのままの自分でいてもいい〟という受け入れ姿勢をつくることであり、好きなものをつくってもいいという、創造性のスイッチを押す大事なステップとなる。社内ブログで自分の偏愛の紹介をしたり、オフィススペースに個人の偏愛の選書や展示スペースを設けるのもその方法のひとつである。

次に重要なのは、その場では〝何を出してもいい〟という心理的安全性の高い雰囲気をつくることだ。最近では「心理的安全性」というキーワードが市民権を得たこともあり、グーグルなどでは組織内にこうした場をつくることを大事にしているが、通常の事業組織では〝論理的でないといけない〟〝正しいことを言わないといけない〟という圧倒的なプレッシャーが働いている。一方、イノベーションが生まれる環境づくりにおいて大切なのは、〝変なことをしゃべり合って、とりあえずノリでやってみたら、うまくいった〟という文化があるかどうかだ。

このヒントになるのが、組織行動学の権威であるマサチューセッツ工科大学（MIT）のダニエル・キム教授の提唱する「組織の成功循環モデル」（下の図）だ。組織として、チャレンジに積極的なパフォーマンスを生もうとしたら、まずはお互いのことを深く知り、何でも話せる関係をつくることが最初のステップとなる。そういった関係ができると、バ

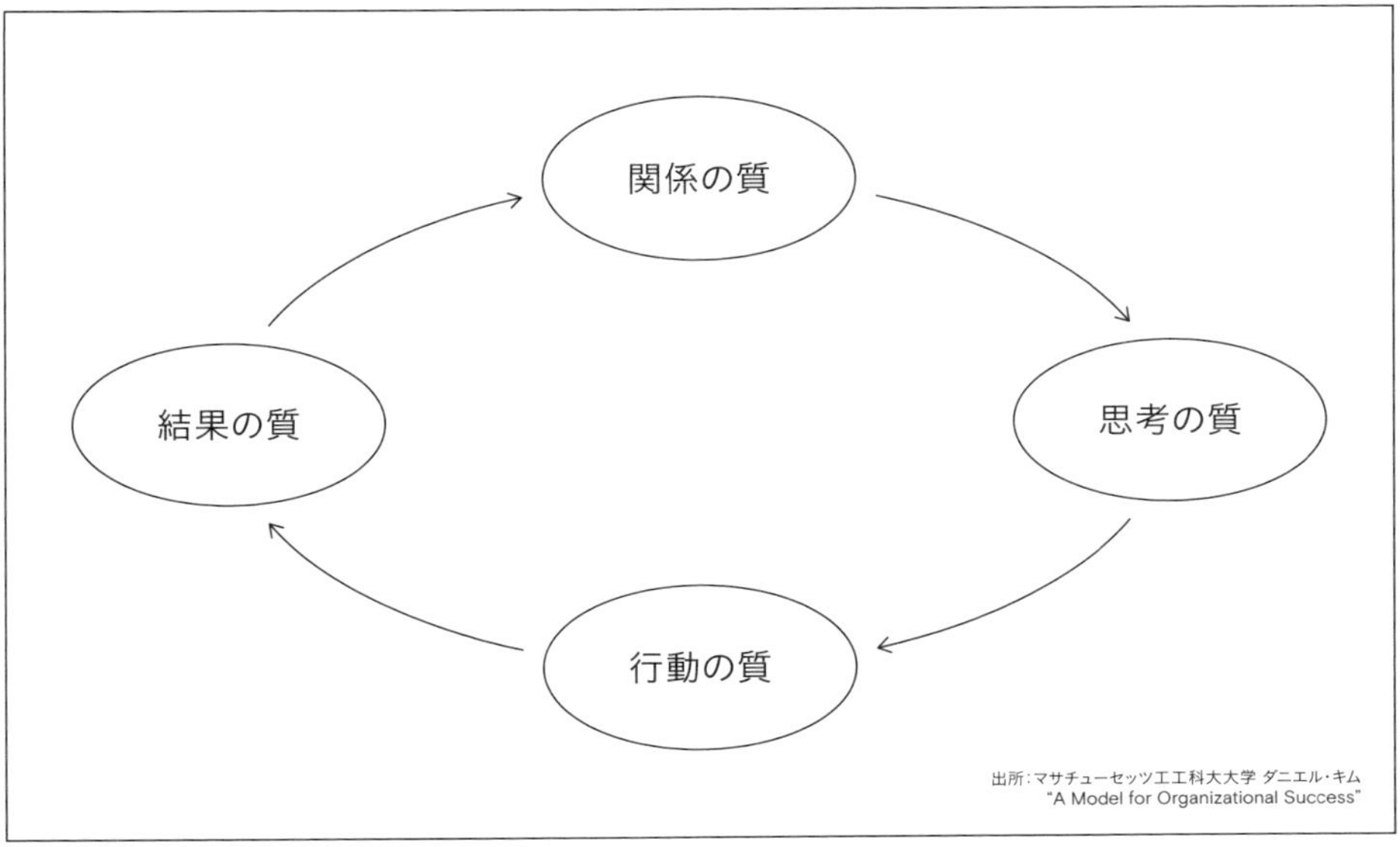

出所：マサチューセッツ工工科大大学 ダニエル・キム
"A Model for Organizational Success"

組織の成功循環モデル

カげたことや荒唐無稽なことでもとりあえず口にしてみたり、そもそもの前提に疑問を呈するような深い思考ができるようになる。そして、そこから新たな視点が生まれやすくなり、チームとしての思考の質が上がる。思考の質が上がると、とりあえずこの仮説の意見を聞くために誰かに会ってみようとか、プロトタイプをつくってみようという行動が起こる。そして行動の数が増えると、成果も出やすくなる。組織として、リスクチャレンジをお互いに促進し合うような文化をつくることができれば、個人の能力が生きる長期的な好循環が生まれていく。これが、まずは「関係性のデザイン」に投資するという組織の成功循環モデルの考え方だ。

それに対して、成果を短期的に最大化するために高いKPIを分解して、アクションを起こしていくモデルがある。しかし、このモデルは「TODO」の量が膨大になり、時間の余白がなくなる。余白がなくなると思考の質が下がり、組織のなかの関係が悪くなるという逆の悪循環が生まれてしまう。特に、イノベーションのような取り組みは、当初は成功というものが自明ではない。〝目標必達〟の短期成果達成型のマインドセットで始めると、不安をお互い増幅し合ってしまい、他責の連鎖に陥りやすいので注意してほしい。

これを組織内の習慣として実践するためには、〝誰かの話したことに乗る〟マインドセットを植え付けるのがいいだろう。たとえば打ち合わせのアジェンダも、事前に準備しつつ、その場で出た意見をホワイトボードに書き出しながら、それに合わせて進め方を変えていくと、即興を大事にしている場であることがみんなに伝わる。

こうした文化をつくる簡単な方法としておすすめしたいのが、打ち合わせの最初か最後に、いまの率直な気持ちや最近面白かったことを各自が自由に話す「チェックイン・チェックアウト」の習慣である。これは、その場で思ったことや感じたことを順番に発言するというルールなのだが、即興でものが言える雰囲気をつくる土壌づくりにもなるし、主観でオーケーなのだから、この場では何を話してもいいという空気をルールとしてつくり出せる。打ち合わせは頻繁に行うものなので、組織の文化醸成のために大きな繰り返し効果があり、非常に効果的だ。最初は、沈黙に耐えられなかったりして気恥ずかしいかもしれないが、むしろ沈黙を恥ずかしがらなくなるというのは、即興を大事にしている土壌ができ始めたサインだ。そうした場を仕切るマネージャーなどには、ぜひとも実践していただきたい。

②創発したくなる環境をいかにデザインするか

脳科学的にいうと、新しいアイデアは、ずっと考えていた課題が、思考がゆるんで偶然別の刺激と脳のなかでつながることによってひらめくのだという。新たな取り組みをしていると、つい昼も夜もずっと同じテーマを考え続けていたということも少なくない。オフィス空間のデザインに投資をするのは金銭的なインパクトが大きいが、大規模な投資をしなくても、日常の行動のデザインを変えるためにちょっとした工夫をすることで、投資対効果の高いアウトプットを得られるのが、人が最大の生産設備である〝創造の世界〟の特徴である。時には、あえて気分をゆるめ、一見関係ないように見える五感の刺激を脳に与えることで、ひらめきを生みやすい環境をつくることはできる。

優れた作物が育つ土は、目に見えないいろいろな菌がいる。デザインされすぎたきれいな環境ではなく、余白を残しておき、メンバーがそれぞれ手を加えたり、外部の人が少し乗りやすくなるような環境デザインをすることが、結果的に豊饒な創造文化の土壌を生むことになる。そして、そこから生まれる熱意が、結果的に周囲に伝播していきやすくなる。ここで工夫できるのは、以下のような点だ。

リラックスした環境をつくるために――五感を刺激する環境（音楽、オブジェクト、お菓子）

オフィススペースはきれいすぎず、メンバー一人ひとりの好きなものや、自分たちが手がけた作品、プロトタイプなどが転がっているのが望ましい。あまりに整理整頓されていると、人は汚すことに罪悪感を感じるため、結果的に整然としているが偶発的な刺激が少ない環境になってしまう。デザインファームやクリエイティブな会社のオフィスには、一見関係ない本や雑誌、ゲームなどが置いてあったりするが、ほどほどに遊びがあり、無意味なものが転がっているくらいの空間がちょうどいい。

その場の即興の会話を知的生産に変えるために――ホワイトボードや付箋など

普段、話している内容を、思いついたときにその場で書き留められる環境を用意するのは、即興で生まれたものをアウトプットに変えていくために有効な手段だ。付箋とペンが入ったボックスを机の上に用意したり、移動式の立てかけ型ホワイトボードを用意しておくと便利だろう。

フラットな会話を生み出すために――イスやテーブルの並べ方

ＢＩＯＴＯＰＥが打ち合わせのときに最も大事にしているのが、ミーティングルームのレイアウトだ。大企業の役員室や、大学によくある階段教室などは、1対多で権威のある人が多くの人に正しく伝えるという設計思想でつくられている。会議室におけるコの字形の部屋や、クラスルーム型の部屋もそう。基本的に、ヒエラルキーがなく、一人ひとりの距離が近く、全員の顔がお互い見えるようなレイアウトで話すことが創造性を生み出すことにおいては大前提となる。

一人ひとりが本音で話しやすくするために――グループサイズは3〜4人程度を基本単位とする

自由闊達な議論をするうえで最適なグループサイズは、3人もしくは4人だと思う。それ以上の人数になると、話す人と話さない人の差が激しくなる。経験則上、3人はふたりが話しているところに、比較的寡黙な人が仲裁するようなかたちの会話になるため、普段は黙っている人も話しやすく、結果的にチームの考えていることを覆すような議論がしやすい。

③コミュニティをデザインするリーダーシップをどう発揮するか

場づくりにおいて非常に重要なのが、場にいるみんなを気持ちよくするための環境を整え、人と人とをつなぎ、新たなものが生まれるのを支援する「カタリスト」や「コミュニティマネージャー」と呼ばれる存在だ。

例えば、パナソニックがロフトワークやカフェ・カンパニーとともに渋谷に開設したオープンイノベーション拠点「100BANCH」では、同社経営企画部の則武里恵さん、SONYがSAPの一環として運営する本社1階に設けられた「クリエイティブラウンジ」では、放課後のモノづくりサークル「品モノラボ」の主宰者でもある田中章愛氏など、コミュニティのハブとなるリーダーが存在する。

そうした共創型リーダーシップは、押し出しが強い人だとうまくいかない。なぜなら、場においては参加する人自身がゲストでもあり主役でもあるため、リーダーの個性が前面に出ている場だとその信者しか集まらなくなる。むしろ、つくり手が集まる場は、つくり手側のマインドをもった献身的なカタリストがいたほうが場が活性化し、何かが生まれやすくなる。一見、成果が見えにくいが、このような人材は多くの人を生かしたり、育てたりするため、いなくなるとマイナス効果が大きい。生物界でいう希少種だが、生態系のバランスを保つキーストーン種のように欠かせない存在なのだ。

彼らが大事にしているのは、〝ゆるいノリ〟のリーダーシップだ。あえて、決めすぎない。しっかりしすぎず、少し抜けているくらいのほうが、周囲が助けてくれるため、結果として場自体が活性化する。また、人と人とをつなぐことを楽しそうにしていることもポイントだ。特に外部から入ってきたゲストが気持ちよく過ごせる環境は、新入りの人をコミュニティのなかで興味・関心が近かったり、化学反応が起こりそうな人にスムーズに紹介するというコミュニティマネジメントの日々の行動がとても影響する。

また、コミュニティのなかでの創発を起こすためのイベントやワークショップなどの企画をしたり、共創ファシリテーションをするスキルがあるとなお強い。BIOTOPEでは、コミュニケーション型インキュベーションオフィス「Impact HUB Tokyo」（世界45都市に展開するImpact HUBのひとつ）の立ち上げに参画した経験のある小林泰紘がこのテーマを探求しており、カタリストのタイトルで、コミュニティづくりやリーダーシップを研究している。こうした役割は、自分は答えをもっていないが、答えは正しい人が正しいプロセスで議論をすることで生まれてくると信じて、自分もチームも答えを知らない〝探求型の問いかけ〟により、チームの思考の質を上げていける人が向いている。この内容については、第5章で詳しく触れようと思う。

こういった人材は、もともとはイノベーター的資質のある人が、一時的に場づくりを通じて人脈とリーダーシップを磨いている過程であることが多い。そのため、タイミングが来たら場づくりリーダーを卒業し、自分のテーマで勝負するようになるが、その際にはここで蓄積した知見と人脈が大きな助けになる。ピッチなどの場と並び、イノベーション人材における登竜門的な場だといえる。

＊参考文献：『ワークショップ・デザイン――知をつむぐ対話の場づくり（ファシリテーション・スキルズ）』（日本経済新聞出版社）

創造の智慧7　情報の全体像を可視化せよ

「協働」というのは、ＩＴ技術によって情報の共有の仕方に革命が起きたことで生まれた新しい群れ方だ。１９８８年にＭＩＴのトーマス・マローン教授による「What is Coordination Theory?」という論文で、ＩＣＴ技術によって多様性のある集団が集合知をつくることが可能になったことが明言され、今後はＩＴ技術を使い、情報の全体像を共有したかたちで集団をつくることで、集団での協働と集合知を生む、いままでにない働き方ができることが広く知られることとなった。

多様性のある集団が一体になって意思決定をしていくためには、その集団が共有する場に情報が共有されている必要がある。アクションを起こすための情報だけではなく、その背景となる文脈が共有されればされるほど、全体として優れた意思決定ができる。場づくりのノウハウをいろいろ共有してきたが、ある程度の場の土台をつくったら、その後はむしろ情報共有がされていれば、場はその人によってかたちを変えて、柔軟に最適な形状に進化していく。各細胞がバラバラに動きながら、全体として統一感をもっている状態を「自己組織化」と呼ぶ。粘菌は最もシンプルな細胞の構造であり、それぞれがお互いに別の個体なのに、全体として最も賢い動き方ができるという生き物だが、それには、実は粘菌は細胞膜がなく、お互いに情報を共有し合っていることによって全体最適が成り立つという理由がある。組織のメンバーが自律的に動く「ティール組織」などを研究していても、プロジェクトや組織の情報は、極力全体で共有するという考え方で運営されている会社が多い。「いまどき、メールではなく、Slackを使うべし」などといわれるが、この背景には効率的な情報伝達よりも、全体への情報共有に優先順位をおくことで創造をより加速させようという狙いがある。メールというツールは、一人ひとりにいちばん効率的にメッセージを届けるためにつくられているのに対し、ビジネスチャットのSlackやSNSは、情報を取得するためには、そこにアクセスして見たい人が見るという思想でつくられている。全部の情報を共有するのは、短期的に効率が悪くなるため、この情報共有のスタイルは、実はかなり大きな変化だ。打ち合わせの議事録も結論だけ書くものは、情報伝達の効率化が目的だが、全文を漏れなく記載するのは背景を共有し、全員にアクセス可能にすることを目的にしている。Slack、Dropbox（ファイル共有）、Google Drive（コラボレーション型ソフトウェア）、Zoom（多拠点オンラインミーティング）、Backlog（タスク管理）など、無料で使える可視化と協働の環境には積極的に投資をすべきだろう。セキュリティが気になる場合には、ビジネス版でセキュリティが強化されている同等のアプリケーションも存在するのでIT担当者に問い合わせてみてほしい。

創造の智慧8　時代のうねりをとらえる1・5歩先の旗を立てよ

場を活性化するうえで欠かせないのが、時代の波を先取りし、大きなうねりになったときにうまくとらえられる〝筋のいい〟テーマを設定し、旗を立てておくことだ。そこには、「なぜいま、この場をつくるのか？」という〝文脈〟が重要で、イメージとして時代の1・5歩先くらいのテーマに絞ってみるといい。これは逆にいうと、〝誰もが知っているテーマや切り口は扱わない〟ということになる。この感覚は、僕が一般のいわゆるマスの消費者を対象とするP&Gで消費財のマーケティングをしていたときと、テクノロジー感度の高い消費者を対象とするSONYで企画の仕事をしていたときの違いから学んだ部分だ。P&Gにいたときは、とにかく誰にでもわかるテーマ、わかる話し方をしないといけないと思っていた。自分の話していることが誰かにわからないというのは、わかる話し方をしていない自分が悪いという考え方だ。SONYに転職してからテクノロジーとの接点をもつなかで、実は世の中の流行りは小さいうねりが海岸に近づくにつれて波になり、くずれていくようなものだということを知った。バズワードになって、経済誌や新聞に載るようなテーマは、サーフィンでいうと波がくずれているような場所で、もはや追っても遅いことが多く、どこで波をとらえるかという戦略が必要になる。

とらえておきたい波のひとつめは、技術の「ハイプ・サイクル」（特定の技術の成熟度や採用度、社会への適用度を示す図）という小さなうねりだ。テクノロジーはその普及前の初期に、業界内で一気に注目を浴び、加熱する場面がある。数年前はIoTやAI、最近でいうとブロックチェーンや量子コンピューティングなどがそれにあたるが、学会や論文、インフルエンサーのブログが起点になり、テクノロジー系のオンラインメディアや「ワイアード」などの感度の高い媒体が取り上げる。ハイプ・サイクルのポイントは、一度、業界で注目を浴びたあとに、過度な期待の反動で幻滅期に入る。「いまさら、こんなキーワードを言ってるの？」という状態だ。このフェーズでの波のとらえ方は、ハイプ・サイクルの波が来る前の技術に着目し、ずっとその分野で研究を積み重ねてきた技術者や研究者と協業し、ハイプが来るのを待つことにある。そして、いざハイプが来たら、一気に投資をすることで、スタートアップや新規事業における投資を得られやすい環境をつくる。そして、バズワードになり、ブームが終わったあとの幻滅期に、着々と持続可能な技術投資や事業モデルを構築し、マス市場に向かう際に残っている数少ないプレイヤーになることだ。世界有数のリサーチ&アドバイザリー企業のガートナーが、毎年テクノロジーのハイプ・サイクルを発表しているので、それに注目しておくことをおすすめする。

もうひとつが、市場における「キャズム」（市場に製品・サービスを普及させる際に発生する障害）超えという大波だ。ハイプ・サイクルがまだR&Dの段階で、消費者向けではないのに対し、市場のキャズムとは新たな技術が一般人の生活に浸透していく段階だ。有名なテクノロジー浸透理論である「イノベーター理論」によると、だいたい市場の16%を占めるといわれるイノベーターやアーリーアダプター（初期採用者）層に浸透したうえで、アーリーマジョリティやレイトマジョリティなどのマス層に普及していくという。ここでは、このマス層に浸透する前の市場浸透率が5〜15%前後の段階の市場を狙うのが、筋がいい。このなかの一部は、劇的なコスト減や、大きなプレイヤーの市場参画、政策などによって突然マス化する。その前の段階で投資をしておくのだ。もし、すでに大波になることが見えているのなら、それは大きな投資ができるプレイヤー以外は乗りこなせない。新しい波をとらえようとしたら、まだ見えていないうねりを見つけ、それに継続的に乗り続けて、あるタイミングで大波に変わるその瞬間を待つ。こういう感覚は、P&G時代にはあまりなかった感覚だが、イノベーションに携わるうえでの視点として非常に重要だと思う。

波を見る目を肥やしつつ、会社で実践していくには、経営計画と、世の中の波のギャップを見ていくといい。自扱うテーマは、世間のトレンドになりそうでいて、自社にも数年以内に波が押し寄せるにもかかわらず、経営計画に入っていないようなものが望ましい。会社の経営計画は、中期戦略として発表されている公開資料で判断するか、経営企画や事業企画を巻き込めるならなお新鮮な情報を得られるだろう。

たとえば、BIOTOPEが丸紅のIoTの取り組みを支援し始めたのは2015年だった。業界的にはまだ「デジタルトランスフォーメーション」が叫ばれ始める前にスタートできたことで、一気にその流れに

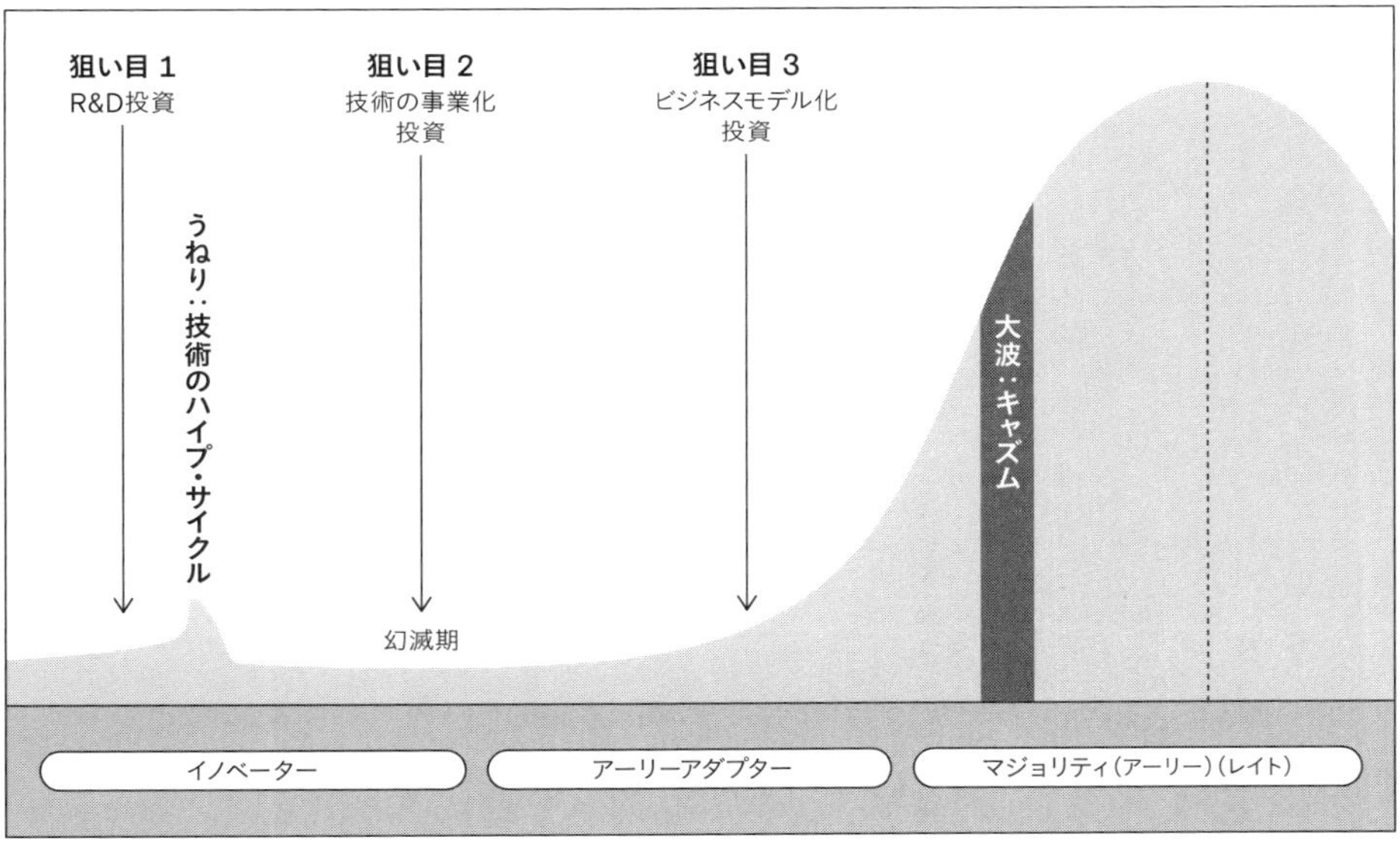

イノベーターのための波のとらえ方

乗ることができた。NHKエデュケーショナルでは〝VR×教育〟のようなトレンドを、JFAのJYDでは〝SDGs（持続可能な開発目標）×スポーツ〟というテーマを仕込んだ。これらは、いずれも社会の一部では注目され始めているものの、その業界のメインストリームには入ってきていなかった段階でのテーマ設定だった。このようなタイミングでは、感度が高い人は外のトレンドに触れながら、自社の旧態依然とした文脈に絶望感を抱いている状態だ。しかし、最近はトレンドのスピードが速いため、思っていたよりも早くその波は経営レベルに到達する。1・5歩先のテーマというのは、ちょうどその変化に経営陣が気づいたとき、自社のなかにボトムアップでのタネがすでに存在している状況をつくるためだ。

ひと昔前は、シリコンバレーが世界のイノベーショントレンドの発信地であり、日本にはそれが2〜3年遅れて到達していたため、シリコンバレーのトレンドを移植・翻訳して日本にもち込む「タイムマシンモデル」でもうまくいっていた。しかし、現在はそのうねりを見る際に、世界の多極・分極化の流れを押さえておくべきだ。例えば、IoTの実装などの流れでは、中国はテクノロジーの視点から面白いし、ヨーロッパは社会の成熟度の視点から、日本がいま追いかけているので興味深い。BIOTOPEでも最近、『BIOTOPE TIDE』というメディアを立ち上げ、グローバルの流れと日本の流れを読んでいく取り組みを始めている。

場づくりは土づくりのようなもので、時間がかかる。短期的な成果を求めすぎず、無理のない時間・金銭的投資でいかに継続できるかがポイントになる。予算のほんの一部でもいい。たとえ割合が少なくても、このような取り組みに対する投資がないままでは長期的にはやせ細ってしまう。あなたが所属する組織では、このような新規の創造を生み出す場にどの程度の投資をしているだろうか？　また一見、成果が目に見えにくい活動の長期的な貢献について、しっかりと認知・評価できているだろうか？

＊参考文献：『キャズム』（翔泳社）

IoT時代の商社の次世代型ビジネスモデルを生み出す場づくり

――丸紅のケース

早坂和樹（丸紅デジタル・イノベーション部イノベーション・市場戦略課マネージャー）
小林泰紘（BIOTOPE クリエイティブカタリスト／共創ファシリテーター）

AIやIoTをはじめとするデジタルテクノロジーの進化により、さまざまな業界でサプライチェーンとバリューチェーンの再構築が次々と起こり始めた2016年。デジタル全盛の時代に、商品を軸にした縦割り組織で成長してきた総合商社の旧来のやり方では、いつか立ちいかなくなる――従来のビジネスモデルやサプライヤー起点での発想に危機感を抱いた丸紅は、経営企画の早坂さんを中心に、30代の中堅社員のチームによって、全事業部を巻き込んだデザインファームと組んだ内発的動機から次世代型ビジネスモデルを生み出すバーチャルラボを始めた。

早坂：わたしは2016年、テクノロジーの進化に対応するために会社として何ができるかを部門横断的に検討せよというミッションを受け、IoT・ビッグデータ推進委員会を立ち上げました。そこからビオトープさんとの半年間のプロジェクトがスタートしました。

新しい技術が産業の垣根を壊しながら他の領域のビジネスモデルを駆逐し、顧客ニーズが変化しています。そうした世の中は、商品を軸にした縦割り型の組織で成長してきた弊社のような企業にとって脅威です。

まずは部署間で情報を共有し、自社の強みを再認識することが重要です。そのうえで顧客と向き合い、ソリューションを考えるマインドセットに切り替える必要が出てきました。

佐宗：プロジェクト開始当時は、どのような課題に直面していたのですか。こういうタスクフォース型の活動を、合意形成を超えて価値を出していくのは決して簡単なことではないですよね。

早坂：組織横断といっても、いきなりは難しいと思いました。まずは時代の変化を認識し、危機感を共有する場が必要という課題意識がありました。御社となら劇的な意識改革ができるのでは、と思いました。実際、プロジェクトを開始して間もなく、元楽天の安武弘晃氏に「シンギュラリティ大学についての知見」についてご講演いただきました。そのときの参加者のアンケートには「ハンマーで頭をたたかれたような衝撃」というコメントもありました。

　戦略コンサルティング会社はロジカルに整理、提案するスタイル。それに対して、ＢＩＯＴＯＰＥの提案書には「内発的動機を大事に」とありました。社員が「楽しい」「動かなきゃ」というマインドセットに変わるには内発的動機が重要だと考えていたので、御社とご一緒したのは自然な流れでした。

佐宗：デザイン思考を活用するという考えはありましたか。

早坂：これまでの商社のビジネスのやり方は、供給者の視点が強かったと思います。つまり、よい商品をお客様に届けるというマインドセットでした。それを、需要から遡るアプローチに切り替える必要がありました。それがデザイン思考に通ずると思っていました。

小林：プロジェクト前半は、いま起こっている変化を共有することからスタートし、後半はアイデアを具体的な事業案に落とし込むプロトタイピングを行いました。

早坂：参加者は新しい視点や他の事業部と共通する要素を見つけたり、事業機会に気づいたりしたようです。商社は多様なビジネスモデルをもつので、それらを掛け合わせて新しい価値を創造できると感じたと思います。

小林：全社横断の共創の場で智慧を集め、ワークショップでは事業部に落とす視点で考え、事務局側では全体を俯瞰しながら新しいかたちの未来戦略を構想しました。

早坂：経営トップの「最先端を感じて、変わらなければ

コミュニティをつくって、経営課題を自分事化し、内発動機を高めていく

いけない」というメッセージに対応する方法をボトムアップで可視化していくという、壮大なプロトタイピングだったかもしれません。

小林：後半のプロトタイプをブラッシュアップしていく段階では、アイデアを顧客に見せてヒアリングしました。「途中のものをお客様にもっていくのですか」という担当者の反応が印象に残っています。

早坂：弊社の社員は約4000人で、そのうちプロジェクトの参加者は全営業本部から2人ずつの36人にすぎません。新しいプロセスを学んでも、会社を一気に変えることは難しい。ただ、参加者は、顧客と向き合いソリューションを考えるマインドセットを理解し、商品軸を超えて知見や資産を掛け合わせることで価値創造ができる可能性を実感しました。そして、それらを自分の部署にもち帰ることができたことに大きな意義がありました。

小林：プロジェクトは17年3月に終了しましたが、翌月にはIoT・ビッグデータ戦略室が立ち上がりました。

早坂：IoT・ビッグデータ戦略室は、ビジネスをデジタルテクノロジーで高度化したり、新しいビジネスモデルへの挑戦を先導・支援したりする部署でした。

最新の知見を集め、ネットワークを広げるために最初の3カ月で約100社の担当者と会いました。そして予算を付けて、20件近くの実証実験を支援したり、AI（人工知能）を事業に活用するためにデータサイエンティストを採用したりして体制を整えました。さらに18年にデジタル・イノベーション部と名称を変え、新規のビジネス創出に力を入れています。デジタル領域での活動を進化させる他にもビジネスプランコンテストを始めたり、外部企業との交流を促進したりしています。

小林：部署名も1年で変わり、内容が進化していて、ダイナミズムを感じます。

早坂：現場からアウトプットが出てきて、課題があればそれを解消するための組織や費用、仕組みが必要です。それを組織設計に生かし、さらなる挑戦に向けて拡充するかたちで進化しています。

小林：既存組織の枠を越え新領域に参入する場合、コーポレート部門が重要な役割を果たします。組織変更や人事制度の改定はかなり難しい課題ですが、御社はそれができていてすごいと思います。

早坂：念のため補足しておくと、領域をまたいだイノベーションだけを進めればいいとは思っていません。既存事業をしっかり支え伸ばすのも重要なイノベーションです。既存事業を進化させながら新たな価値を創造する、ハイブリッド型の変革を目指しています。

STORY

デジタル時代の新しい商社の文化伝道の媒介となる場づくり

丸紅の早坂さんのストーリーは、「幅広い分野への目利きと事業投資を行う総合商社だからこそ、幅広い資産を掛け合わせた新たなモデルをつくれるのではないか」という想い・妄想から始まった。その想い・妄想は、ＩoT時代の到来を前に、ＩＴが産業の垣根を越えていくことで、「バリューチェーンの構築によって価値をつくっていった商社の付加価値」がなくなってしまうという危機感から生じたものだ。与えられたお題に対して成功事例や市場分析から「納得性の高い答えを見つける」アプローチではなく、いままでとはまったく違うやり方で「見たことがない未来をつくる」ことを目指し、新規事業を生み出す場・バーチャルコミュニティづくりから始めた。半年のタスクフォースで見えてきた機会は、次の１年で戦略部署化しながら検証フェーズに入り、実証実験を経て、出資につながった。早坂さんは場の力を大事にしており、イノベーション文化を体現するためにＷｅＷｏｒｋのような外部との接点が生まれる場も活用し、中と外の行き来をしている。内から土壌を耕し、自分が半分外に行きながら、内と外をつなげるような場づくりは、デジタルイノベーションという文化を耕していく戦略デザインだったのではないかと思う。

STEP 1
実践者コミュニティづくり
現場の課題意識に点火するため、組織横断型の実践者コミュニティをつくる

STEP 2
データ×顧客での事業機会探索
各事業部がもつデータ資産と顧客課題を掛け合わせて、アイデアを発想

STEP 3
集合知を統合・分析し、戦略を具体化
ワークショップで抽出した機会やアイデアを俯瞰・統合した戦略立案

STEP 4
戦略室設立と実証実験支援
組織課題やイノベーション加速のための戦略組織を設置

このインタビューは「日経デザイン」2019年2月号掲載のものを再編集しました。内容、肩書は基本的に当時のものです。

COLUMN

自律的な創造文化をつくるためにできること

BIOTOPEは設立以来、自律的で創造的な会社をつくるためにさまざまなマネジメントのモデルを模索してきた。デザインファームの端くれとして、会社を創造的な環境にし続けることは、会社の存続に直結する課題だ。いまの時代は、意義を感じられる仕事や一緒に働いていて刺激的な仲間と仕事できる環境がある会社ほど、異能人材が集まる。僕らが、その環境づくりのためにやってきたことを、いくつか紹介したい。

評価面談を最小限にして、対話の機会を増やす

目標を決めて、金銭による報酬によって報いるというモデルは、クリエイティブな仕事になればなるほどうまくいかなくなる。クリエイティブな人は、自分が何をやるか、やれる可能性があるかという文脈にワクワクする一方、数値目標を確認していくというような評価の頻度が高まると、自由に考えることができなくなってしまう。評価よりも、生の同僚からの感謝や、強み、改善ポイントへのフィードバックのほうがはるかにインスピレーションになることが多い。また、BIOTOPEでは、メンター(指導者)とメンティー(被育成者)の1on1の関係をつくっており、インターン生を含めて全員で月1度はオープンな対話の場をもつようにしている。これによって個人と会社の方向性が土壌としてすり合わさり、チーム内に場と間をつくる結果になっている。目的のない対話＝場と間は、金をドブに捨てるようなものだ。

即興型の経営会議

組織を生き物としてとらえると、その構成員の心理状態や場の空気によって必要な施策は変わってくる。BIOTOPEでは、毎週2時間のマネジメントミーティングの場を設けているが、事前に話し合う項目を決めすぎずに、その場でアジェンダを提出し、組織内の課題を振り返りながら、それを解決するアイデアを出し合う。いわば、組織デザインのプロトタイプ的な意味合いで活用している。もちろん情報共有の場として使われる機会も多いが、常に変化し続ける状況では全体像を可視化するのが難しく、そうしたなかで各メンバーが見えている課題をスピーディーに解決していくのは、即興性をルーティン化するという意味で非常に有効であると感じている。

思想や哲学を育む場

自律的な組織というのは個人の自由度が高いため、必然的に遠心力が高まる。そのなかで群れとしてのかたちを保つためには、DNAをしっかり共有しておく必要がある。そこで効果があったのが、会社概要を記した『美生東風』という雑誌風のブランドブックの編纂と、継続的な哲学のR&Dの場づくりだった。BIOTOPEは、人や組織を生き物としてとらえたうえで、生態系をデザインしていくように創造をとらえるという価値観をもっている。それは正しい、間違っているというよりは、価値観や思想の話であり、逆に多様な価値観をもっていても、この世界観に共感している人以外はチームになかなか入らない（入っても、価値観の衝突が起こってしまい、うまくいかないことが多い）。勉強会のような場をつくりながら、求心力となる自分たちの価値観について深く探求していくのは、自律的な組織に求心力を高めるうえで効果的な施策だと思う。

定期的に役割に揺らぎをつくる

この本は、僕が育休をとって会社を不在にしたタイミングで執筆した。あまり役割を決めずにチームをつくると、それぞれの役割は無意識に各人の強みに収斂していく。一方でそれが固定化すると、全体の視点がなくなってしまったりする。時にはトップがいなくなったり、メンバーが育休などでいなくなるタイミングは、一時的には大変だが、違う役割への理解や、組織をアップデートしていくチャンスでもある。定期的に強みとは違う役割を一部、意図的につくってみるような取り組みも、個人に依存しすぎない組織の自律性をつくるうえでは大事なことだと思う。

あなたのチームを自律的で創造的にするための最初のステップは、個人の主観による即興性を受け入れる空気づくりからだ。そこで、ぜひとも日々の会議で、本章でも紹介した「チェックイン・チェックアウト」を毎日のルーティンとしてトライしてみてほしい。時間のムダに思えるかもしれないが、会議にただ参加している人が減るし、自分の頭で考えた発言をする人が明らかに増えるはずだ。

チェックイン・チェックアウト

1 会議の最初か最後に、人数×1分程度の余白を残しておく。
2 会議のリーダーが「チェックイン・チェックアウトをします」と宣言する。その後、「いま感じている気持ちをシェアしてください。話す準備ができた人から始めてください」と言う。
3 準備ができた人から一人ひとり順番に話す。聞く側は、聞くことに集中する。誰かが話したトピックにコメントしたり、突っ込んだりしない。もし、誰かが突っ込んだら、リーダーがそれを止める。
4 (派生形として) 1分程度、瞑想の時間をとったうえでチェックイン・チェックアウトを始めると、内省の深い場になる。
5 (派生形として)「今日、話したいこと」「最近、面白かったこと」「最近、気になること」「最近、感謝したこと」などのテーマを設定することで変化をつけると長続きする。

第4章

【意志】根のある生きた意義を発信せよ

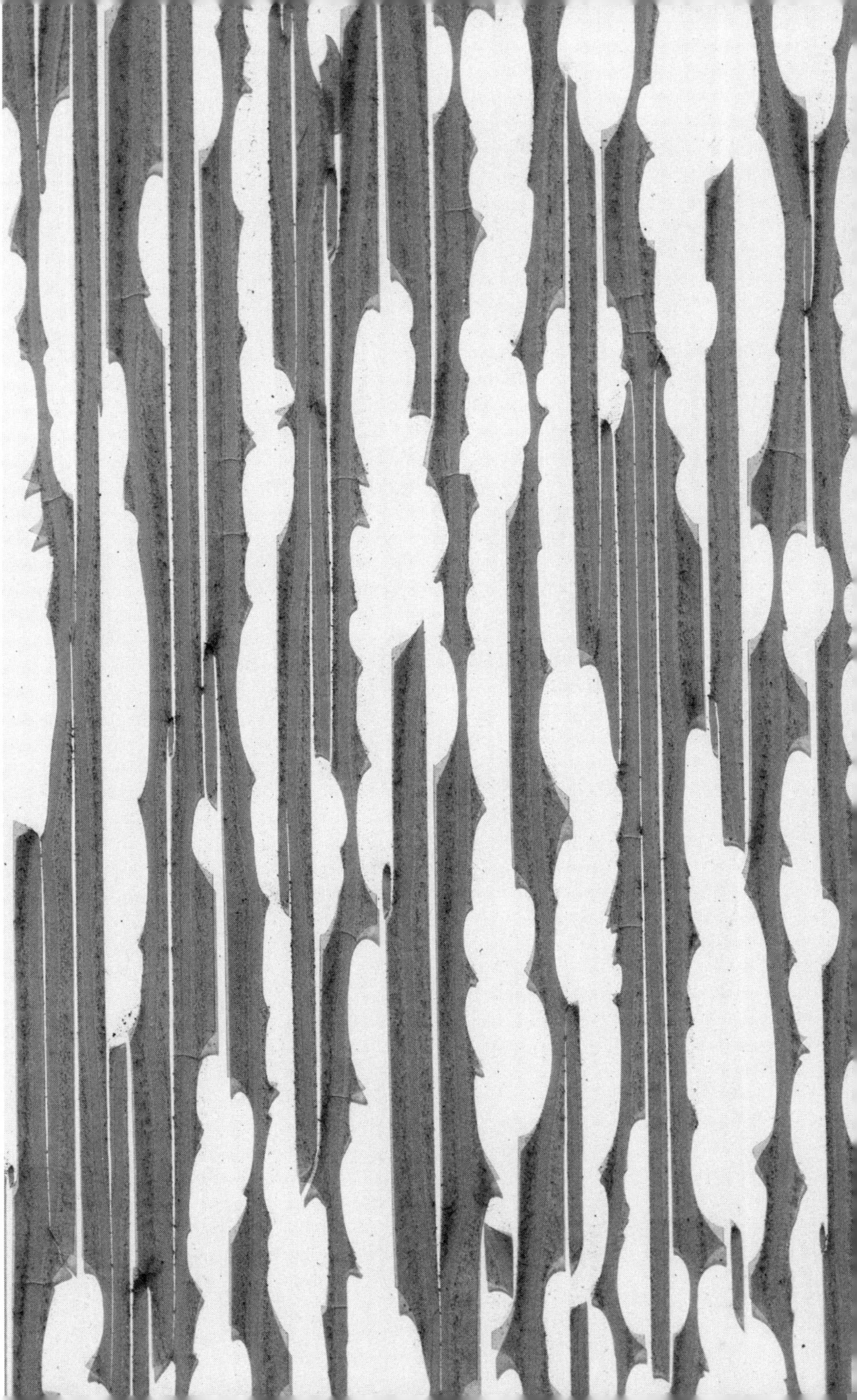

戦略だけでなく意義が必要になる理由

ビジネスの現場で〝戦略〟は議論することがあっても、〝ビジョン〟について議論をする機会はそう多くないだろう。ビジョンは、創業者や経営者によって与えられた〝所与〟のものであり、それをどう実現させるかが社員の役割だ。これは20世紀のビジネスにおいて常識だったが、果たして今後も常識であり続けるのだろうか？競合に勝ち、利益を生み出せる戦略は当然大事だが、最近では金儲けだけが目的の〝資本主義万歳〟といった会社は、急速に支持を失う傾向がある。その半面、〝何のためにやっているのか？〟〝どんな社会を実現しようとしているのか？〟という意義が、社会に浸透している会社は好感度が高い。ではなぜ、この意義が重要になってきているのか。それには大きく3つの潮流が関係していると思う。

技術による社会変化のスピードが上がっていること

この先10～20年はＡＩ、ＩoＴ、ロボティクスやデジタル・ディスラプション（デジタル技術の革新がもたらす創造的破壊）など、先端技術のインフラ化が一気に進み、コンピュータの処理スピードが上がっていくことからも、社会がこれまでとは大きく変わる可能性が高い。そうなると、既存の延長ではなく、理想の未来を定義して、そこから逆算していく「バックキャスティング」の思考が必要になる。急激な技術進展は、必ずしも幸せを生むとは限らない。こうした技術を人のストーリーに翻訳し、幸せな未来づくりの像や道筋を提示できる企業が、より多くの共感を得られる時代になっていくだろう。

意義にお金を払うミレニアル世代の市場への参入

生まれたときからインターネットやスマホが存在し、息をするようにデジタルと付き合うミレニアル世代は、2025年にはアメリカの労働人口の75%を占めるようになるという。この世代は、インターネットで人や世界とつながり、デジタル上で自分のコンテンツを生み出しながら生きていくのが当たり前となっている。〝一緒に働く人を大事にする〟〝クリエイティブな環境を求める〟といった、自由でフレキシブルな働き方が広がってきているのも、今後、この世代が労働市場でも大きな割合を占めることになる、社会の変化によるところが大きい。そして彼らの特徴が、購入商品を選ぶ際に、モノよりも〝意味〟を重視し、商品の機能よりも企業の〝意義〟への共感を重視するという点だ。これまでは決まりきった市場で陣取り合戦を繰り広げていた従来型産業も、IoTによるデジタル化が進むなか、社会に対して意義のある事業を行い、それに共感するファンや投資が集まるモデルへと変化している。そこでは便利さや快適さはもちろん、その会社がどのような世界をつくり出したいのかという、ミッションや世界観への共感がビジネス上、大事になってくる。

社会の分断が問題化するなかで、社会価値の創造が企業の価値になっている

日本は今後、人口減少のなかを生きていく必要があるにもかかわらず、インターネットによって個人の影響力が強くなり、社会の分断が進んでいる。一方、公共セクターはその役割を民間に委ねざるをえなくなっているなかで、そうした社会課題を解決するためのプラットフォームを提案できる会社への注目度はさらに高まる傾向にある。これからの大企業は、さまざまな企業や消費者を巻き込んで、一緒に社会を動かしながら事業自体の価値を育んでいくことも、その役割になるのではないだろうか。

これらに共通しているのは、以前は売上、もしくは利益という単一指標で成功を測ることができ、そこに疑問が生まれる余地がなかったビジネスの世界で、主観的な〝意義〟をつくる必要に迫られているという事実である。この意義は〝WHY＝なぜ、その事業をやりたいのか？〟という哲学や倫理、美学にかかわる分野であり、言葉

にすると同じようなものでも、誰が、どんな場で語るかで大きく意味が変わってくる。戦略は〝ＷＨＡＴ＝どんな事業を、どこでやるのか？〟であるということと比較すると、今後のビジネスはユーザーの共感を得るうえでの提供価値であるＷＨＡＴから、意義を表す思想であるＷＨＹに移っていくだろう。では、これからますます重要になっていく意義を、ビジネスや経営の現場で、どのようにして見出し、どう活用していったらいいのだろうか？

現在の経営の現場では、この〝意義〟をミッション／ビジョン／バリューといった経営理念として、それをコーポレートブランディングやＣＳＲによって社内外に浸透させている。

ビジネスや経営におけるミッション／ビジョンの重要性は、カリスマ経営者といわれた松下幸之助氏や稲盛和夫氏などの著作などを見ても〝常識〟とされているが、世界的ベストセラーの『エクセレント・カンパニー』（英治出版）によると、強烈な経営哲学をもつリーダーの存在によって、会社はよい会社から偉大な組織となるという。偉大な組織は、宗教的ともいえる共通する要素をもっている。それが、思想によって生まれた意志だ。

新しい取り組みの言いだしっぺ＝創業者は、企業が目指す理想の状態＝ビジョン、現状とのギャップを埋めるベクトル＝ミッションを事業を通じて体現していく。そのなかで、チームにおいて無意識に信じる価値観＝バリューが生まれ、日常の業務における行動指針にしているうちに、独自の文化が育まれる。これらは、創業時につくられるＤＮＡのようなものだ。

創業時に、言いだしっぺが語るストーリーに共感した仲間は、それぞれのもつ個人の力を最大限に発揮することで、新たな価値をつくり出す。この初期段階では、ＤＮＡは日常の行動で無意識に実践されており、直接、接するかたちで自然に組織の構成員に伝わる。したがって、言語化したミッションやビジョンはそこまで必要ない場合も多い。会社が、それを必要とするのは、組織が成長し、創業者が1対1で接することができない20～100人規模になってきたころだ。そうすると、いままでは創業者の姿を見て、黙っていても伝わっていた価値観や未来像が伝わらなくなってくる。しかも、いまのミレニアル世代が求める自律性の高い働き方を実現する組織をつくると、組織においては遠心力が働いてしまう。自律的で創造的な文化を保つためには、自分たちのコアのDNAを定め、それを日常の業務のなかで企業文化にしていくことがより重要になってきている。

創業者がDNAを言語化し、まとめることは、企業文化を育てていく仕組みをつくるということだ。意志は本人がいなくても伝わっていくようになり、集団が組織となって、自然にその意志の実現に向けてパフォーマンスを上げていく。価値観に合わせた、その会社らしい日常のルーティンが生まれ、それがミームとして社内に広がっていくと企業文化となる。仕組み化すると、そのベクトルの達成状態を測ることが必要になり、KPIなどの指標を使ってビジョンに近づく道筋の進捗管理をすることで、ルーティン化していく。

では、現代のビジネス現場を見てみよう。まず、多くの企業体においては、ミッションやビジョンが本当に会社の駆動力になっているとは言い難い。インナーブランディングを行い、言葉も冊子もつくったが、実際にはその実現のための議論よりも、株主にコミットした売上・利益が優先されることが少なくない（ミッションやビジョンが売上、利益で定義されていれば一貫はしているのだが……）。これは、お題目型ミッシ

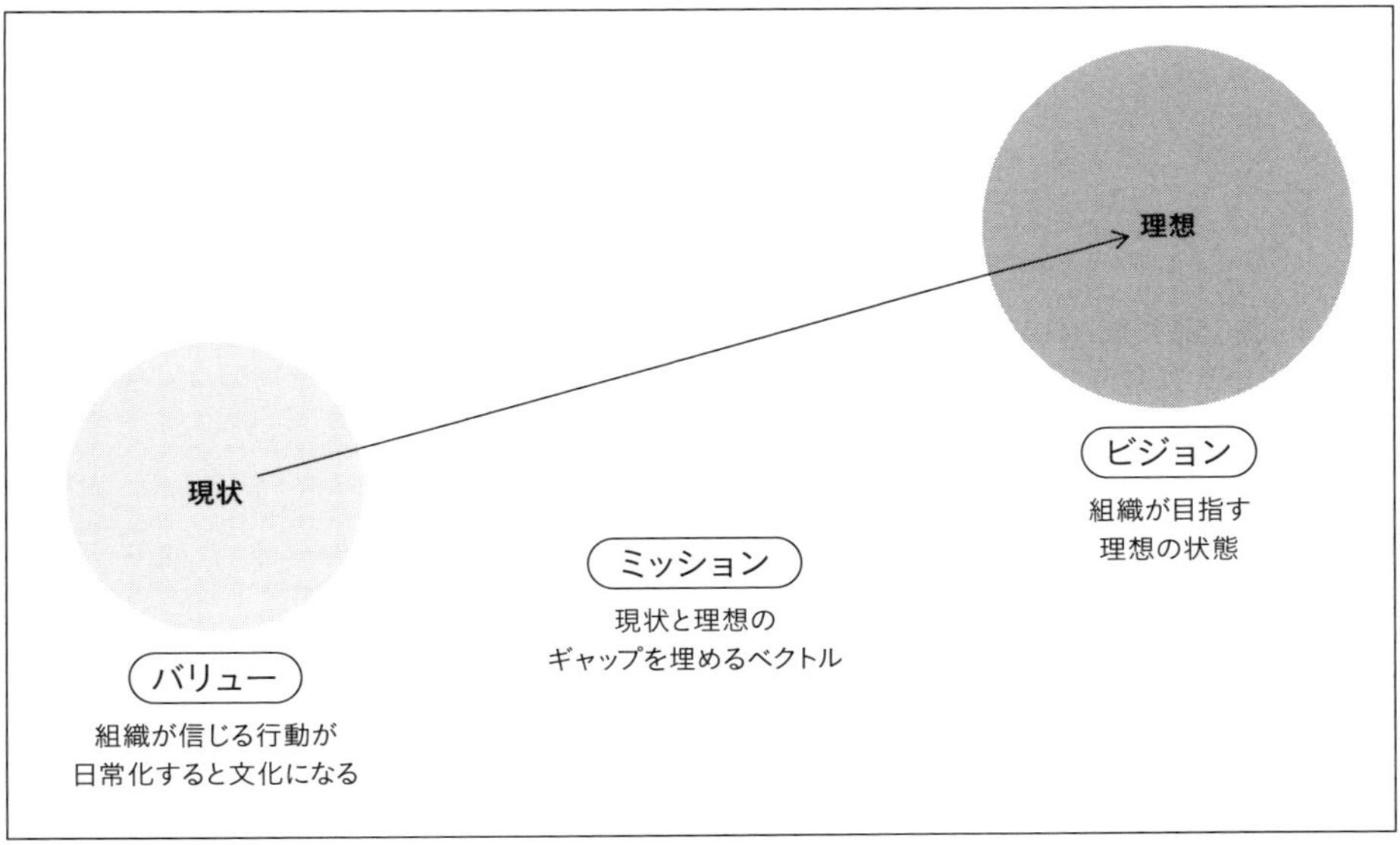

企業DNAであるミッション／ビジョン／バリューとは？

ョンだ。また、昔は〝ミッション・ドリブン〟な会社だったが、創業者がいなくなってからその魂が失われ、アンタッチャブルで生き続けていない教典型ミッションになってしまった会社も多い。歴史のある会社においては、ミッションやビジョンは存在するが、それを生かすことが課題になる。一方、新たな場を生んでいる例として、スタートアップはどうだろうか？　スタートアップは、資金調達をするタイミングで大きく野心的に考えることが求められるため、スケールする段階で大きな事業計画と同時に、その将来的な成長を受け入れる大きな器としてミッション／ビジョンを用意する必要性が高い。特に最近は「ディープテック」と呼ばれる、長期視点でのテクノロジー投資を必要とするスタートアップが増えており、短期的な売上・利益より骨太なビジョンをミッションとともに描き、その成長の可能性を語る重要性が高まっている。スタートアップでも、その事業の社会的インパクトにこだわる企業ほど、生きたミッション／ビジョンをつくり、外部のリソースを得るため、そして、組織の求心力を高めるための組織マネジメントやインターナルブランディングとして活用したいというニーズが大きくなっている。それに伴い、BIOTOPEでもこうした会社を支援するケースが増加中である。

ミッション／ビジョンが生きている会社かどうかは、どう見分ければいいのだろうか？　ヒントとなるのは、社員が独自の言葉を使っているかどうかだ。ミッション／ビジョンが生きている企業では、打ち合わせをしていて、メディアやMBAの教科書に出てくるような言葉がそのまま使われることは皆無であり、必ずその企業流の言葉に翻訳されていたり、口癖になっている。独自性のある言葉とは、その背景に思想や世界観が入っているからこそ生まれてくる。たとえば、古くは「人のやらないことをやる」（SONY）、「お前はどうしたい？　圧倒的当事者意識」（リクルート）、「Go Bold（大胆にやろう）」（メルカリ）などが有名な例だろう。オリジナルの世界観があり、経営陣だけではなく、現場の一人ひとりが自分なりの言葉で話していたり、自分たちの言葉をつくっていこうという姿勢がある。逆に、ミッション／ビジョンが死んでいる会社では、世の中のビジネスメディアに出てくるバズワードをそのまま使ったプレゼンテーションが主流だったり、そういう会社には戦略系コンサルティング会社がびっしり支援に入っていたりする。規模と数字の話に終始し、現場ではその仕事に意義を感じられずに、若くて優秀な人たちがモヤモヤしていることが多い。

ほとんどの会社は、生きた理想像とベクトルが創業期に存在したはずだが、どこかのタイミングでそれが死んでしまうのだ。これには、どんな背景があるのだろうか？

課題　ビジョンは中期計画の積み上げで立案されていくことが多く、野心的な内容が語られていない

ビジョンの多くは、取締役会や株主に対する説明責任が求められるため、〝実現可能な〟ものが選ばれがちだ。その原因のひとつは、中期経営計画の延長での積み上げをビジョンと呼んでいるからであり、もうひとつは構造上の問題だ。大企業ではマネジメント側に回ると現場から離れてしまうため、リアリティのあるビジョンを自分の言葉で語るのは難しい。また、ミドル層（管理職）は、過度に現実的な言葉や、案件に翻訳する忖度を行うことで、その尖りはとれてしまう場合が多い。そういう姿を見た現場では、トップマネジメントへの不信と、学習性無力感ともいえる本音を言わないあきらめが起こってしまう。経営陣の強い意志がない限り、R&Dや各事業部や関連会社の中期戦略の資料集めと積み上げではなく、現状、社内では未開拓の領域を特定し、自社の資源を再構築して野心的なビジョンに変えていく取り組みは行われにくい。

課題　過去の継承によるミッションは存在するが、現代に合わせたかたちで語られていない

ミッションやバリューなどの経営理念は、歴史の長い会社であればあるほど、アンタッチャブルのものになりやすい。たとえ、それが生きていなくても、ビジネスの業績と比べて、その変化の合理性を説明できないうえに、メディアやOBなどからのしがらみもさらにそこに拍車をかける。結果的に、事業戦略やマーケティングやファイナンスといった戦術の話をする機会は多いが、事業の意義や会社の意義のレイヤーについては議論をする機会自体が設けられにくい。

課題　意志を自分事化する機会の不在

多くの会社においてビジョンやミッションのほとんどは、経営企画やブランド担当部門が一部の経営陣とと

もに決める。多くのメンバーを巻き込むのは物理的にも難しいため、冊子を配布したり、部屋にポスターを貼ったり、名刺サイズのツールキットを配るのが一般的だ。しかし、ミッションやブランドビデオなどのツールを見ても、多様な価値観が当たり前のいまの時代においては誰も腹落ちしない。このような手段でのビジョンやミッションの浸透は、全員が遵守することがよいことであるという前提があるが、ビジネスの現場では〝意味がある〟〝論理的なもの〟でないと共通理解にならず、さらに正解がなく合意が難しいため、論理的な答えがない理念やビジョンの意味合いまでを考え、語る機会は極めて限られている。昔の日本社会では、飲み会でのトークがこれをつくり直す非公式な場になっていたが、付き合いが劇的に減った現代では意図的に設けないとこのような機会はないに等しい。

これらに一貫しているのは、売上・利益というような客観的な指標では語れない、自分にとっての意味や社会にとっての意義という主観的な意志を込める機会が欠如しているということだ。では、主観的な意志をどう引き出していけばいいのか?

創造の智慧9　個々人の意志をベクトルにしたビジョンづくりを

いままでの「生産する組織」における成功するビジョンとは、トップが意志を示し、多くの人のベクトルができるだけ太く束ねられたものであったため、社員一人ひとりがビジョンをもつ必要はなかった。それゆえ、〝トップがビジョンをもっていない〟ということに対しての不満が出ることもあったが、この構図はもう古いとしか思えない。

あらゆるものがデータ化されたネットワークでつながり、その交換・創発から新たなプロダクトやサービス、コンテンツなどの知識をつくっていく「創造する組織」では、誰かひとりが方向性を指し示すのではなく、現場で外部と接している各社員がそれぞれ意志を示すことで、集合的に方向性が決まっていく。場に共有されている価値観やベクトルを共有している限り、描く未来像は違っていても構わない。そもそも一度描いたビジョンも、状況が変われば詳細はどんどんアップデートされていくほうが自然だ。この変化に対応するためには、ビジョンに関する常識をふたつ変える必要がある。

いままでは誰かがつくったビジョンを、全員で実現する〝All for One（みんなはひとりのために）〟というモデルが当たり前だったが、これからは〝One for One, and for all（ひとりはひとりのために、結果としてのみんなのために）〟というモデルを採用する会社のほうがクリエイティブなものを生み、持続可能性をもって生き残っていくだろう。生き物の世界では、別々の生き物が別々の意志をもって動くが、それにより結果的に多様性が維持され、環境が変化しても絶滅を逃れるのと同じだ。正解が見えない知識産業においては、このような多様な意志が存在することをよしとする風土が不可欠になる。

もうひとつは、ビジョンをつくる時間軸を長期視点にすることである。ビジョンというと中期計画という偉大なる惰性のなかで3年くらいのスパンで策定し、そこから行動計画をつくっていくケースが多いが、現在の変化が激しい世界では、数年先の状況を予想するのは不確実性が高く、戦略的に正しい行動計画を立てるのは極めて難しい。不確実な環境では、一点張りするのではなく、複数のポートフォリオをもって、そのつど対処していくのが合理的なため、1～3年先くらいのものであれば、それぞれの感覚で備える自由度をもっていたほうが変化に対応しやすい。一方、これを２０３０年、２０５０年といった長期スパンで考えてみると、人口構造や人類規模の課題のような普遍的なテーマが浮かび上がりやすく、組織としての共通の価値観や未来像が浮き彫りになる。また、組織で社会の変化を見ながら一人ひとりのビジョンを束ねた「ムーンショット」と呼ばれる野心的な目標をつくり出すのもいいだろう。これは個々人の意志を大事にすると同時に、場がその大きな意志を受け入れる器となるための取り組みとして非常に有効だ。

では、生きた意志を生み出すにはどうしたらいいのか？　ＢＩＯＴＯＰＥで体験してきた数々の事例から考えると、大事な要素は〝人の想いを引き出すこと〟と〝意志を束ねるプロセスをつくる〟というふたつに集約される。

後出のALEの岡島礼奈さんの例を見ても、ムーンショット型ビジョンは基本的に創業者の想いがベースになる。もともと彼女には、天文学を学ぶ過程で基礎科学の研究に資金が集まらない状況を何とかしたいという課題意識があり、科学の可能性で好奇心を育む社会をつくりたいという考えをもっていた。そういう人物が起業家になると、まずは最初の事業である人工流れ星のエンターテインメントを実現させるために、開発から資金調達、メディア対応、組織づくりなど、気がつくと目の前の現実的な問題に忙殺され、その大きな妄想を仲間と語り合う余白がなくなっているということが起きる。

ビジョンを育てる場がなくなると、いくら大きなビジョンをもった起業家といえども、日々の戦術に翻弄され、だんだん自分のコアとなる部分がどこなのか、どの方向に進みたいのかがわからなくなってしまう。そうした場合は、創業者の過去のストーリーを引き出し、原点を思い出すとともに、妄想を仲間と一緒に膨らませていくビジョンのアトリエのような場を設けるのもいいだろう。詳しい妄想の引き出し方については、『直感と論理をつなぐ思考法 VISION DRIVEN』を読んでいただきたい。

＊参考文献：『シンギュラリティ大学が教える飛躍する方法』（日経BP）

創造の智慧10　過去―現在―未来をつないだ新たな文脈をつくる

BIOTOPEでは、全社レベルでのミッション／ビジョンづくり、事業単位での中期におけるビジョンづくり、R&Dにおけるムーンショットづくりなど、過去2年間だけでもさまざまな文脈で長期のビジョンを引き出し、統合する取り組みを行ってきた。そのなかで、ビジョンづくりの取り組みをするうえでのコツが見えてきた。

①経営者が忙しい日常のなかで、自らのビジョンを考える余白をつくる。
②現場を任されている30〜40代社員がリアリティのあるビジョンをつくり、未来志向の役員とつながることで、大義を得る。
③分野横断の有志が、個人の解釈するミッションやビジョンを物語として語る場をつくり、広げていくことで、一人ひとりがミッションやビジョンを自分事化する機会を設ける。
④最初からまとめようとせず、一人ひとりがビジョンを描き、それを語り合いながら考えを収斂させていく。その際の議論は、絵やストーリーなど右脳を刺激するフォーマットで行い、言葉に落とし込むのは最後にする。

ここで注意したいのが④である。多様なビジョンを引き出して統合が難しい理由のひとつは、いきなり言葉で合意形成を図ろうとすることで起こる。もともと、言葉というのは自分と他人を〝分ける〟ために発達してきたコミュニケーション手段であり、論理脳は言葉で考えれば考えるほど他人との相違に焦点を絞っていく性質がある。ビジョンというのはまだ見えていない未来であり、すべてを言葉で表現するのは難しいうえに、いきなりそれで合意を図ろうとするとまとまらない。まずは体感やビジュアルなどの非言語で、多様な考えのなかから共通点を見つけ、その輪郭を描き出していく。その後、一人ひとりが物語に翻訳していくと、それぞれが考えた物語の背後にある共通の価値観やイメージが見えてくる。ユング心理学では、洋の東西を問わず、神話には共通のテーマを扱ったものが多いことから、そこには人類全体に通底する何か――すなわち「集団的無意識」が存在するとしたが、それと同じことだ。言葉にまとめるのは、焦らずに、最後にしたほうが効果的である。ここでは、個々人のビジョンを起点に、ミッション／ビジョンを共創していく典型的なステップを紹介しよう。

STEP1　DNA分析――自分たちの根っこを掘る

場をつくったら、まず引き出していくのは〝わたしはどこから来て〟〝いま、どこにいて〟〝これからどこに向かうのか〟という共通の文脈だ。その出発点となるのが、個々人がいまの仕事に携わっている原点ともいえる根っこの確認である。もしくは、これからやりたい事業の原体験となったエピソードは何だったのかなど、個人的には振り返っていても、同僚の話は意外と聞くきっかけがないものだ。

次に必要なのが、会社やチームの歴史だ。どんなプロジェクトにも必ずストーリーがある。ある時代に生きた、誰かが、ある想いを抱いて動き、その出来事の積み重ねがストーリーになり、その一部を編み上げたものが歴史になる。特に、社員の入れ替わりが激しいいまの時代では、過去の創業世代が行ってきたことを共有する機会は少ないだろう。これらは実際に体験した人が語り部になるのが有効であり、創業者だけが話すのではなく、複数の人が話をする、ストーリーを語る場をつくると、組織として無意識に大切にしていたことが見えてくる。このプロセスは、伝統ある大企業において非常に有効だ。歴史が企業文化となっている大きな組織では、過去の文脈とあまり合わないものは、いきなり〝接木〟してもその免疫機能で弾かれてしまうことが多い。

昔、うまくいかなかったことは「過去に失敗例があるから」と取り合ってもらえなかったり、〝〇〇らしさ〟にこだわるあまり、その議論ばかりに時間を取られ、かたちにするほうに話の論点が向かわないこともある。大企業が変わるのは、歴史をしっかりと踏まえ、それを巧みにアップデートできたときだ。特にこうした方法は、保守層を動かす大きなきっかけになる。ここで大事なのは、歴史を一度掘り起こして、時代に合わせて再解釈するブランドDNAのリサーチだ。ただ、過去の歴史は、すでに成功者視点で語られてしまったものが多く、固定化していることがほとんどである。固定化すると徐々にマントラ化してしまい、〝どうせできない〟という都市伝説に変わっていくことがある。

いまは、さまざまなパラダイムが変わっていく時代だ。社会学や歴史学、アート、デザイン史、文化史など、歴史上の時代背景を理解したうえで、大きな時代観のなかから現在をとらえることは、過去の都市伝説や呪縛を解くために効果的である。特に、高年齢層がマジョリティを占める世界で生きることが運命づけられた僕らの世代には、高齢層や保守層にきちんと響く時代分析を盛り込んだストーリーづくりは不可欠であろう。ＢＩＯＴＯＰＥでは、この重要性を創業３００年を超える老舗・山本山との仕事から学んだ。ぜひ、そちらのケースも参照してほしい。

STEP2　未来洞察――時代の変化を感じ、意味合いを考える

次に、未来の変化を読むことが必要となる。ここでは企業の中期経営計画でも使われる「シナリオプランニング」の方法論が活用できる。まずは「メガトレンド分析」と呼ばれる、時代の大きな兆しをさまざまな文献から集めたうえで、その変化を「未来年表」などに落とし込んで大きな模造紙に可視化し、その内容をもとに、一人ひとりがどのような未来が起こりうるか議論するための共通言語をつくるといい。10〜20年スパンの変化については、官庁やシンクタンクなどの研究機関を中心に、ある程度精度の高い活用可能な資料が揃っているので、事前にそれぞれがリサーチをして、学者や技術者などの専門家を巻き込みながら、「PEST分析」(政治：P＝Politics、経済：E＝Economy、社会：S＝Society、技術：T＝Technologyの頭文字を取った造語で、マクロ環境を網羅的に見ていくためのフレームワーク)を使ってまとめると理解しやすくなる。特に、主体的な未来をつくるうえでは、客観的になりすぎ

Politics　政治的要因	Economy　経済的要因
・国際政治や地政学の変化による政策は？ ・各国政府の規制による影響は？ ・立法や裁判等による法律の影響は？　etc.	・国や地域の経済成長や景気による市場の影響は？ ・株価や資金調達等、金融環境変化の影響は？ ・消費者の購買行動の変化の影響は？　etc.
Society　社会的要因	**Technology　技術的要因**
・人口動態は今後どう変化していくか？ ・消費者の嗜好の長期的な変化は？ ・社会トレンドや流行の変化は？　etc.	・インパクトのある技術革新は？ ・技術浸透によるビジネス構造変化は？ ・特許切れにより社会に浸透が予想される技術は？　etc.

PEST分析

ないのがポイントだ。分野を超えて集まったさまざまな人が、直感的にどんなトレンドが自分たちにとって追い風か、はたまた、向かい風なのかと、その理由を考えてみるといい。そうした理由からは、自分たちが考える理想の社会や価値観を見つけられることも多い。

＊　参考文献：『構想力の方法論』（日経BP）

＊　参考文献：『シナリオ・プランニング――未来を描き、創造する』（英治出版）

創造の智慧11　言葉と物語によって魂を入れた意志にする

未来という不確実なものをいかにまとめるかというのは、実務上、最もアートな領域だと思う。前半のSTEP1～2では、まず参加者と過去―現在―未来に関する膨大な情報を共有し、何が大事か、何が大事ではないかをすり合わせ、土台をつくった。それに対して、ここからのまとめるためのプロセスは、意志を込める作業だ。意志は、「ガッツ」とも言い換えられる、最後は腹で感じる身体的なものである。スタジオジブリの名プロデューサーである鈴木敏夫氏は、映画の宣伝活動において最終局面のコピーを書くときに、半紙に筆ペンで草案を書き、コピーライターの糸井重里氏とやりとりをしていたというが、言葉にするプロセスでは、具体的なコピーを実際に書いて目の前で感じ、そこからどんな会話が生まれてくるかというシミュレーションをしてみるといいだろう。いい会話を誘発できるコピーは、いい物語を生むものだ。

STEP3　ミッション／ビジョンをつくる――クリエイティブを刺激物に想いを束ねる

NTTドコモのケースでは、STEP2で議論した未来の変化をもとに、まずは一人ひとりに「未来日記」を書いてもらった。民主主義の精神は、個々人がバイアスなく選んだ結果、最終的にはバランスのいい答えが出せるというものだが、未来を予測することは極めて難しい。そのため、個々人で考えた未来像を一度テーブルの上に広げて、その違いを見ながらシナリオで分けてみたり、共通点を見つけてまとめていくのがいいだろう。

このようなプロセスでは合意を得るのが大変だが、ある程度文脈を共有し、対話したうえで、言葉にする段階でコピーライターを巻き込む。そして具体的なコピーをつくりながら、そのアイデアをブレストして考えることで、言葉の違いの裏にある共通の価値観や像に迫っていくといい。ALEのミッション/ビジョンをデザインする際には、ビジョン・デザイン・ワークショップの際の対話で生まれたキーワードをもとに、20案程度の方向性の違うミッション/ビジョン/バリューのコピー候補を出し、1枚1コピーでプリントアウトして張り出しながら、それぞれの好き・嫌いと、その理由を話してもらった。抽象的な議論も、コピーやキービジュアルなどの具体的なクリエイティブを刺激物にしながら議論すると、表面的な違いよりもメンバーが奥深いところで共有している普遍性のある価値観にたどり着けることが多い。

STEP4 理念を統合した物語を語り、伝播させる——自分事化した物語を広げる場をつくる

ミッション/ビジョンの策定後は、それらを社員一人ひとりが自分事化する場をつくり、生きたものとして社内外に広げていくことが重要になる。BIOTOPEでは、NTTコミュニケーションズでボトムアップ型の会社の理念浸透活動を支援する機会があったが、大きな組織にミッション/ビジョンを広めていくためにまず重要なのは、一気に全体を変えようとせず、共感度の高いコアな社員から自分事化を進めていくことだ。巨像はいきなり動かない。役職・部門を超えて、共感度・活性度の高い人たちによるコミュニティを形成し、彼らの周りから変革の火が広がっていく仕掛けをつくるほうが有効だ。

たとえば、策定プロセスにおいても経営幹部だけでなく、全社の部署をカバーできるように広く呼びかけ、ワークショップやインタビューなどで組織や未来への想いの強い社員を巻き込んでおくのもいい。そのうえで、策定したミッション/ビジョンを個人の想いやビジョン、日々の仕事と結びつけ、自分の言葉で語っていくス

トーリーテリングの場を設ける。役職や部門を超えて、共感度・活性度の高い人たちによるコミュニティを形成し、彼らの周りから変革の火が広がっていく仕掛けをつくっていくのだ。

その際には、解釈・活用の仕方の多様性が生まれやすくしておくのがポイントになる。従来のミッション／ビジョンをどのように投影し、日々の仕事に活用していけるかは立場や視点によって異なる。従来のように、決まったものをただただ暗誦・記憶させるのではなく、言葉に込めた思想や世界観をきちんと伝えたうえで、どうしたら自分の仕事に生かすことができるかを、それぞれの社員にとっての物語として語ってもらうのも効果が高い。また、言葉だけでなく、ブロック玩具やビジュアルなどを活用すると、その物語がより彩りを増し、熱が入る。自分事化したストーリーを手に入れた共感者たちは、ミッション／ビジョンの伝道師となり、浸透・伝播のための強力な協力者になってくれる。

＊ 参考図書：『組織改革――ビジョン設定プロセスの手引』（鹿島出版会）

創造の智慧12 会社のタイプに合わせて意志をブランドにする

僕がP&Gでブランド・マーケティングに携っていた2000年代と比べ、いまの時代は企業のブランドづくりのかたちが変わってきているように思う。ひと言でいうと、マーケティングはユーザーの知覚に訴えかけ、差異化された自分を覚えてもらうのがその活動の中心だが、差異化のポイントが、プロダクトの機能的価値からプロダクトの感性価値、そしてプロダクトのもつ思想（ミッションやビジョンおよびそれが体現された活動）へと変わってきている。これは前述のミレニアル世代の市場における影響力が増したのが大きいのだが、それに連動して、思想という深い内容を伝えるためには、15秒でワンメッセージのテレビCMや、ワンクリックのウェブ広告ではなく、従業員自身がメディアになり、思想の伝播を担うことがブランドづくりのうえで非常に効果をもつようになっている。ブランドづくりは、社員との共創から始まるのだ。

実際に、自分たちのミッション／ビジョンを定義したら、まずは社員からパートナーや株主、ファンなどのサポーター、一般ユーザーやメディアという順で伝播させていくようなモデルが有効になる。これは、キリスト教を伝道師が広めたような宗教的なブランディングのモデルに近い。そして、この変化に伴い、ブランドが無意識にもつ思想や価値観により意識を向けることの重要性を感じている。

僕は、さまざまな企業のミッション／ビジョンづくりのプロジェクトにかかわるなかで、日本企業にはシリコンバレー型の変革ミッションを定義するものだけではない、意志の定め方のパターンがあるのではないかと思うようになった。スタートアップやテクノロジー企業のような変革を志し、「〇〇を壊していく」という〝DO〟のDNAをもった企業がある一方、老舗やインフラ系の企業、公益法人やNPOなどの非営利団体のように「自分たちは〇〇し続けたい」という〝BE〟のDNAをもった企業もある。

このふたつの意志は、前者を「パーパス（存在目的や存在意義）型」、後者を「アイデンティティ型」ミッションと呼べる。パーパス型が理想の変化を起こすという未来志向の行動に主眼をおくのに対し、「我々は〇〇であり続ける」というミッションは、自分たちそのものの状態（アイデンティティ）に主眼をおく。日本でいうところの「〇〇を欲す」という綱領はパーパス型であり、「〇〇べし」で語られる社是はアイデンティティ型のミッションだ。言い換えると、社会変革そのものを志すリベラル型の事業にはパーパス型が、社会における価値を保全し、維持していく保守型の事業にはアイデンティティ型が適しているといえる。

意志のブランド化のプロセスは、組織のタイプによって変わってくる。パーパス型の組織には、社員がどんなミッションや意義に共感して働いているかという、ミッションからビジョンを語るインサイド・アウト型アプローチ、アイデンティティ型の組織には、保有する資源や技術リソースをもとにビジョンをつくり、それをその企業の意義に合わせて翻訳するアウトサイド・イン型のアプローチがある。

タイプー　リベラル型――社会変革を志していくパーパス型ブランドデザイン

ひとつめのタイプは、クックパッドやALEのような、長期的に社会変革を志していくパーパス型のブランドデザインだ。クックパッドは、「毎日の料理が楽しみになる」というミッションを掲げ、時短や、アウトソーシング化も進み、料理は家事としても大変な作業であるという常識に対して、世界中の食卓で料理が楽しく行われている状態をつくり出すことで、人と人、家庭やコミュニティの絆を取り戻すことを志している。一方のALEは、「科学を社会につなぎ宇宙を文化圏にする」というミッションを策定し、人類が宇宙に行けるようになる時代に、宇宙という場で文化をつくり、地球の持続可能性を高めていくという壮大なビジョンをもっている。

このような会社では、社会課題から発想し、自社の貢献価値の解決に向けていくアウトサイド・イン型アプローチのスタイルをとるのが主流だが、理想の社会像の提示と、その実現のための期限つき組織という性格が強く、変革運動への参加者を増やす運動体としての側面をもっている。例えば、テクノロジー色が強い会社が、技術シーズをユーザーの視点も入れながら生活価値に変える場合（エンジニアの強いIT企業、研究所、ハイテクメーカーのR&Dやデザイン部門・スタートアップ）や、R&Dから商品化までの間に時間がかかる産業において、未来のありたい姿から逆算して商品コンセプトを決める場合（重工業・自動車・宇宙産業やディープテックのスタートアップなど、開発から新製品が世の中に出回るまでのリードタイムが長い産業）は、自社の資源、特に技術や知財、ユーザー基盤を活用し、将来の社会に対してどんな価値が生まれるか、ライフスタイルにおける価値に翻訳をしたうえで、多くの未来を選びとる手順でミッションと適合するものを優先的に選んでいく。エンジニア自身がその技術と一体となって、その想いに魂を入れるケースが多い。

ミッション／ビジョンづくりのプロセス例

1　ビジョン発想

コアメンバーの過去から現在に至るストーリーを引き出しながら、10年・30年・50年などの長い時間軸での理想の状態を妄想し、絵や物語によるビジョンの叩き台をつくる。

2　メガトレンド分析

今後10〜20年の不変のメガトレンドや、社会課題を分野横断で理解をしたうえで、自社が解決しうる課題を設定する。

3　未来のライフスタイルに関する仮説づくり

ある技術変化の先を行っている先進ユーザーや人文科学の専門家にインタビューしながら、生活様式の変化に関する仮説をつくる。

4　ムーンショットづくりと、人々の生活を描き出す

2、3のインプットを踏まえ、自社のもつ技術とその進化によって一人ひとりがつくり出したい未来の生活像をスケッチなどで具体化する。そのうえで事業の将来像や、社会におけるその意義を描き出す。

5　ミッションの定義と、事業ビジョン定義

社会における自社の変わらない価値を言葉でミッションとしてまとめ、必要な事業を逆算してビジョンを定義する。

6　ビジョンの物語化

各事業のビジョンを時系列で並べ、それぞれにおける社会の象徴的な変化のストーリーをまとめる。

タイプ2　保守型——文化保全・創造を目指していくアイデンティティ型ブランドデザイン

タイプ1が社会変革を志す、いわばリベラルな企業文化に適しているのに対し、日本企業のすべてにそのアプローチが向いているわけではない。僕がそれに気がついたのは、山本山のような老舗と仕事をし、価値を守り、継承していくこと自体を大事にする保守型の会社において、アプローチが異なることを知ったことがきっかけだった。ここでは、〝変わらないために、変わる〟、普遍的に価値が残るための意義づくりが重要になる。そして、自分たちのあり方（being）や、そのこだわり、習慣になっている日常の行動に焦点を絞る。日本はグローバルで見ても、長寿企業の割合が世界一多い国だが、その保守の智慧の継承に対してプライドをつくるのも、ブランドの生き残り方のひとつとして活用できる会社は多いのではないか。こうしたインサイド・アウトのアプローチが有効なのは、NHKエデュケーショナルやJFAなどの公益性の強い組織で、社員がその事業が好きだったり、意義をベースに働いている会社や、NTTドコモや東急電鉄など社会インフラをつくってきた伝統をもつ会社、伝統的な文化を保全してきた老舗や地方の有力会社などが挙げられる。

ミッション／ビジョンづくりのプロセス例

1　DNA分析と再解釈

過去の社史や創業者のストーリーを分析しながら、過去のミッションが生まれた時代背景や、そのもともとの意味を分析する。

2　時代分析

過去—現在—未来のフレームワークで、時代ごとの移り変わりを理解したうえで、それぞれの時代において変化していることと、変わっていないことを特定する。

3　ビジョン発想

トレンド分析やメガトレンド分析などの潮流を参考にしながら、個々人が思い描く未来像をインタビューやスケッチなどで具体化し、それらをグループで共有したうえで、つくり出した事業や、その意義をまとめる。

4

ビジョンのストーリー化

未来の事業アイデアが、過去の文脈とどうつながるのか物語をつくってみる。その物語と事業アイデアを並べたうえで、ミッションを現代―未来に向けて再解釈したり、必要に応じて書き換えてみる。

アプローチは違えども、ともに時間軸を長くとり、自社の不動点を見つけ、社員やステークホルダーが、意義を自分事化できるためのストーリーをつくっていくという点では共通だ。これらの意志をもとにしたブランドづくりは、世界的に見ても現在進行形のチャレンジであり、成功の方程式はまだない。ブランド論の大家であるデービッド・アーカーも『ストーリーで伝えるブランド――シグネチャー・ストーリーが人々を惹きつける』（ダイヤモンド社）を出版するなど、これからケーススタディが増えていくだろう。

＊参考文献：『本当のブランド理念について語ろう「志の高さ」を成長に変えた世界のトップ企業50』（CCCメディアハウス）

	保守型企業	リベラル型企業
企業目的	文化保全・伝播 〜変わらない価値を継承する	社会変革 〜変革を終えたら解散する
つくるべきDNA	Inside outによる アイデンティティ型ミッション	Outside in による パーパス型ミッション
Mission/Vision/Valueづくりのプロセス例	過去 → 現在 → 未来 1. **DNA分析** ブランドの意味／歴史分析 2. **時代分析** 3. **ビジョン発想** ビジョンプロト／事業コンセプト 4. **ビジョンのストーリー化とミッション定義**	現在 → 未来 1. **ビジョン発想** 2. **メガトレンド分析** 3. **未来のライフスタイル仮説** 4. **Moonshotづくり** 5. **ミッション定義と事業ビジョン** 6. **ビジョンの物語化**

アイデンティティ型とパーパス型の意志のつくり方の違い

ともに意味をつくっていくセンスメイキング

本書で紹介してきた意志をつくっていくプロセスは、集合的に意味を紡いでいくアプローチだが、いままでの経営の常識であるビジョンや戦略は〝シンプルで、フォーカスするべきだ〟という考えの逆とも思える。これはどのように考えればいいのだろうか？　このヒントになるのが、「センスメイキング理論」だ。アメリカの組織心理学者カール・エドワード・ワイクを中心に発展してきたこの理論は、早稲田大学ビジネススクールの入山章栄教授によると、経営においていかに組織のメンバーやステークホルダーを〝納得させ〟、いま何が起きていて、自分たちが何者で、どこに向かっているかの〝意味付け〟をすることが肝要だという。また、企業の3つの不透明な局面、市場の低迷や天変地異などの〝危機的な状況〟、自社の強みや進むべき方向を見失う〝アイデンティティの喪失〟、そして行ったことのない施策をとる〝意図的な変化〟などの場面において、メンバーを巻き込みながら意味を生み出していくことがより重要になっていくという。このセンスメイキング理論で大事なポイントは、よいビジョンをつくり、素晴らしいストーリーテラーであるだけでは十分とはいえず、そのビジョンストーリーが組織のなかや社会で、感じ、再解釈され、何かしら実行されることで、生きたものになるということである。そのためには、意味を生み出していく場が必要だ。

- ・ミッション探求——事業の変化に伴い、会社の存在意義を哲学する場
- ・ビジョンデザイン——共同主観をつくっていく場として、未来を創造していく場
- ・ストーリーテリング——ミッション／ビジョンを自分事化して、自分なりに物語を語り直す場

複雑で、先がよく見えない時代だからこそ、まずは一人ひとりが世の中で見ているものをベースに、自分なりのビジョンを描き、ストーリー化してみる。そして、チームで話し合い、検証しながら、それに意味付けをして、ストーリーをアップデートしていく。常にストーリーが生き続けるそんな組織になることは、ある種、多様性が

求められる時代に、意志を経営の推進力にする最強のかたちになりうるのではないか。

意義の時代のブランドづくりの起点となる企業のＤＮＡ、ミッション／ビジョンのつくり方については紹介したが、ＢＩＯＴＯＰＥではこれをブランド化していくブランディング実務の段階で、宗教伝播をメタファーにした文化運動体としての組織を志向する「パーパス・ブランディング」という枠組みを提唱している。この考え方については、本一冊になるほど膨大な内容であり、イノベーションを生み出し、実装するプロセスに焦点を絞った本章ではあえて触れなかった。新たに生んだ事業のマネジメント実務にも興味があれば、その概要について掲載している「ＤＩＡＭＯＮＤ ハーバード・ビジネス・レビュー」２０１９年３月号「組織の存在意義をデザインする」を参照いただきたい。Ｋｉｎｄｌｅで単独の論文も購入することができる。

スタートアップの成長の器を支える企業DNAをデザインする

——ALEのケース

岡島礼奈（ALE代表取締役）

宇宙ベンチャーとして将来が期待されるALE。2019年1月に「イプシロンロケット4号機」の打ち上げに成功し、20年には世界初の人工衛星による人工流れ星の実証実験に踏み出す。しかし、華々しいニュースの裏側で、周囲の評価と自社の目指す方向との間にギャップが生じていた。宇宙のエンターテインメント事業に期待が集まる一方、基礎研究をビジネスとつなぎ、科学の発展に貢献したいという創業者の動機である事業目的が浸透していない。組織の求心力を高めるために、企業DNAとしてミッション／ビジョン／バリューをつくることにした。

佐宗：岡島さんは、同世代でも最も尊敬する起業家のひとりです。わたしは、JAXA等でも宇宙産業にかかわってきましたが、その中でも人工流れ星を流すという取り組みは、イノベーションとしてもそのビジョンの大きさも稀有な存在です。2019年1月18日、「イプシロンロケット4号機」の打ち上げが成功しましたね。

岡島：今回の打ち上げは、JAXAによる「革新的衛星技術実証プログラム」の最初の実証機会となります。公募により、民間企業や大学など13の研究機関が選ばれました。その中の1社として、世界初の人工衛星による人工流れ星の実証実験に取り組みます。

佐宗：その実験が、20年春に広島の上空で行われる予定なのですね。

岡島：はい。人工流れ星を観測できる地域は広島を中心とした200km圏内です。今回の実証実験では、新しいエンターテインメント体験を創出する計画です。

佐宗：流れ星を人の手で流してしまおうというようなスケールの大きな事業の背景にある岡島さんの思想やビジョンを、会社のDNAとしてつくっていくような取り組みをご一緒しましたね。

岡島：最初にお会いしたのは18年の3月でしたね。当時はALEの代表として、会社の経営に悩んでいました。小さな会社ならではのスピードとフラットな組織を保ったまま、社員全員が一体化して自由に働ける環境を整えたいと考えていました。

自律的な組織論の書籍として話題の『ティール組織』（英治出版）を購入しました。内容に感銘を受け、書籍の帯に推薦文を書いていた佐宗さんに連絡しました。

佐宗：それをきっかけに、ALEの企業DNAのデザインをお手伝いすることになりました。

岡島：佐宗さんから組織づくりの基本として、コアになる考えを組織内で共有することが大事だと教わったのですが、コアの考えをうまく言語化できずにいました。それでミッション／ビジョン／バリューを見直すことにしました。

佐宗：順風満帆の印象だった岡島さんに、悩みがあることが意外でした。

岡島：メディアへの露出が増えて、企業の評判は高まりましたが、社内を振り返ると自分の思うように動いていないことが多いと感じていました。

佐宗：当時、岡島さんはどのようなスタイルでマネジメントしていましたか。

岡島：自分ができないから他人にお願いするスタイルです。とにかく、できる人に頼む、できる人を連れてくるという考えでした。スピードアップと組織内の情報共有が課題でした。これまでは個人の力で何とか回してきましたが、さらなる発展のためにはチームで成果を出すことが不可欠です。会社を有機的な組織として動かしていくにはどうすればいいのか、いつも考えていました。

佐宗：他に悩みはありましたか。

岡島：人工流れ星で注目されたのが、エンタメの側面に偏っていたことです。それだけでなく、事業を通して科学の発展に寄与したいと考えていました。そうした側面にもフォーカスしてほしいという気持ちがありました。

佐宗：18年4月に岡島さんと話し合い、翌月にALEの株主や天文学者などを相手に、この先100年で未来がどう変わるのかというテーマで、岡島さんが〝妄想〟を語る場を設けました。

岡島：起業以来、日々の業務に追われて遠い未来を見つめる機会がなくなっていました。でも、そういう時間をつくると、自分が現在どこにいるのかがわかります。俯瞰で見ることの重要性を改めて感じました。

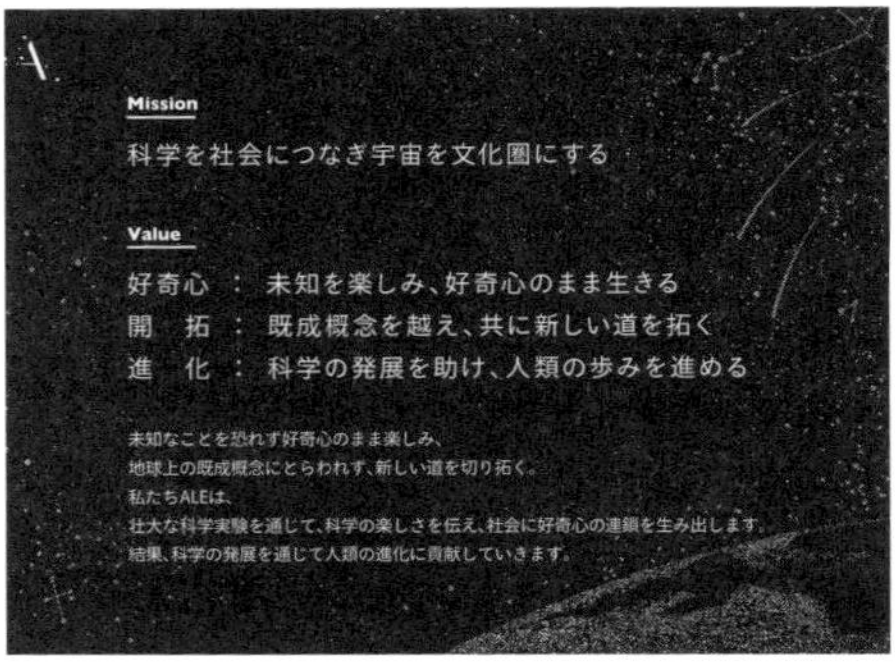

コピーライターとの共創のうえ作成したミッションとバリュー

当時はエンタメの企業として語られることが多く、会社の見られ方とその根底にある部分がズレていると感じていました。でも、本当にやりたいのは、科学の側面です。今回の一連の作業でそれを言語化できたことは本当に大きかったです。

佐宗：一旦その内容をストーリーに落とし込み、全社員が参加するワークショップを開きました。反応はいかがでしたか。

岡島：当初は賛否両論ありました。皆が忙しくしているなかで、100年後に何をやっているかという議論は、一見無駄に思えます。でも、ミッション、ビジョン、バリューを策定したあと、資金調達のパートナー候補に変化が生じました。ALEのビジョンに共感するから支持するという強いつながりを求める企業や個人投資家が増えました。それから社内の空気も変わりました。根底にある考えを共有する人間が増えると、会社として何をやるべきか、という議論がしやすくなります。自分たちの規範に照らし合わせて、このアプローチが正しいのかどうかを話し合えるようになります。大きな転機でした。

佐宗：ワークショップでは岡島さんの考えるビジョンを共有したうえで、全社員に各自のビジョンを考えてもらいました。

岡島：情報共有だけでなく、一人ひとりに未来年表を書いてもらい、議論できたのも有意義でした。

　印象的だったのは「30年には宇宙旅行が特別ではなくなる」という議論から、「それなのに、流れ星とその次のエンタメでいいのか」という意見が出たことです。その問題提起にハッとして、エンタメだけをやりたいわけではないという想いが確信に変わりました。

　その後、コピーライターも入れて一緒に考えたミッションは、まさに私たちが言いたかったことを、一言で表したフレーズでした。「科学を社会につなぎ宇宙を文化圏にする」。言葉の力が組織を一つにまとめ、経営の羅針盤になることを改めて思い知らされました。

STORY

会社のムーンショットをつくる大義のデザイン

岡島さんに初めてお会いしたときに印象に残った言葉がある。「天文学の世界にいたから、億年単位で見るのが当たり前の感覚なんです。100年ですら一瞬なんですよね」。岡島さんの本質はこの時間軸の長さだ。ただ、起業家は目の前の事業運営や資金調達に追われ、長期視点をもっていても、「長期視点をもつ自分」でいられる機会は少ない。また、ビジョナリーなトップほど、往々にしてビジョンを共有して組織と一緒に進んでいく組織マネジメントで苦労する。ALEのチームと一緒に取り組んだのは、100年という長いスパンでの未来妄想年表をつくり、自分たちのDNAを振り返っていくことだった。目の前の事業を超えた長期視点のビジョンや、そのコアにある意志としてのミッションを見せることで、同じ志を持ったチームや投資家を呼び込み、同志を広げた運動体として新たな文化づくりに挑戦していくのは、ティール組織にも通じる新たな生態系づくり型のリーダーシップの在り方だと思っている。2020年に人工流れ星を我々が初めて体験し、そして新たな文化になったとき、ミッションにある「宇宙を文化圏にする」という挑戦は本格化する。長期的なビジョンだからこそ、その横で常に伴走し続けたいと思う。

STEP 1
“妄想”を引き出すキャンバスづくり
創業者の過去・現在・未来のライフストーリーから動機やビジョンを抽出

STEP 2
全社によるミッションデザイン
全社員が創業者のライフストーリーを共有し、未来年表をつくる

STEP 3
コピーライティングによる統合
コピーを共創し、言葉を自分事化する

STEP 4
ビジョンを具現化する事業案づくり
ビジョンの白地図をつくり、それを具現化する道筋を議論

このインタビューは「日経デザイン」2019年3月号掲載のものを再編集しました。内容、肩書は基本的に当時のものです。

手触り感のある未来像を描き、未来をつくる意志を紡ぐ

——NTTドコモのケース

笹原優子（NTTドコモイノベーション統括部グロース・デザイン担当担当部長）
田邊大輔（NTTドコモイノベーション統括部事業創出・投資担当）

NTTドコモR&Dのビジョンデザインプロジェクトは、日本でオープンイノベーションによる新規事業が本格化する2015年に始まった。当時の笹原さんは、新規事業創出プログラムの方向性をどう示すかに悩んでいた。そこで、自分たちが実現したい「未来」を定義することから始めた。企業が未来のビジョンを描く場合、R&Dが作成した技術ロードマップに合わせる作業が中心になりがちだが、笹原さんは「手触り感のある未来像」が必要だと考えた。社内の複数部署を巻き込んで、未来像を模索するプロジェクトが始まった。

佐宗：笹原さんとは、わたしたちがアメリカに留学していた時代からのお付き合いです。帰国後、お声がけいただいたときは、ついにご一緒できるのだとうれしかったのですが、笹原さんとのプロジェクトは、わたしが初めて、Future design、いわゆる未来像をデザインしたという意味で記憶に残るプロジェクトでもあります。いまの笹原さんのお仕事を改めて教えていただけますか。

笹原：わたしはiモード事業の企画段階から主に端末の商品企画を担当してきました。米国留学後、マーケティング部を経て、現在は新規事業創出プログラム「39works」を担当しています。

イノベーション統括部は、R&D（研究開発）の部署の一つで、スタートアップのように新規事業の立ち上げがミッションです。グロース・デザイン担当には、新規事業を設計するという意味があります。

佐宗：16年1〜3月に、「2030年コミュニケーショ

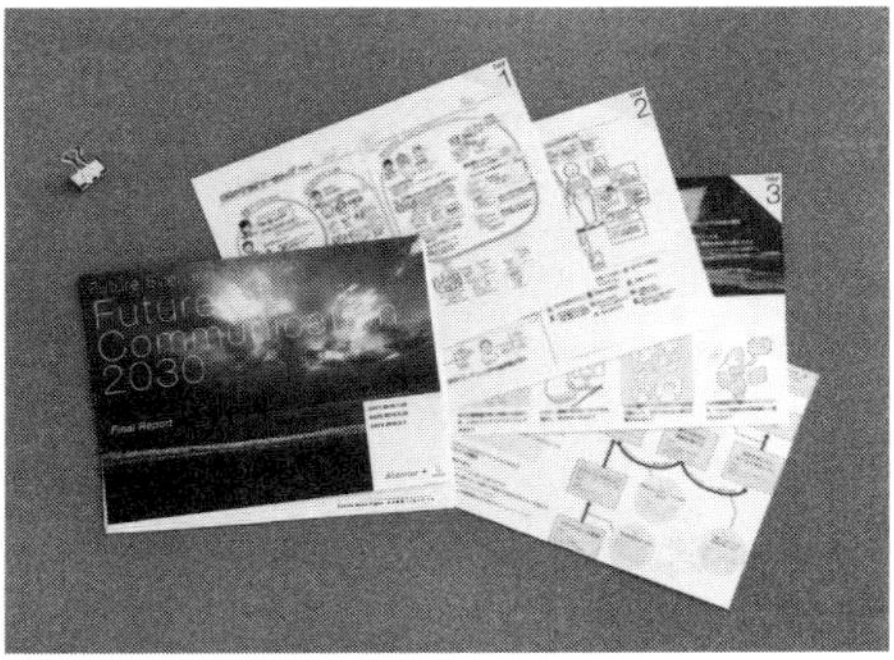

2030年のコミュニケーションを表現したイメージブック

ンの未来をデザインする」というNTTドコモのビジョンデザインプロジェクトをサポートしました。多様な部署の集合知でビジョンを共創し、それをイラスト化したり、ストーリーに落とし込んだりしました。当時、どのような課題をもっていましたか。

笹原：携帯電話事業の経験しかなかったので、新規事業創出といっても、何をすればいいのかわかりませんでした。自分らしさが出せずに悩んでいました。

　当時、外部の企業と協業したり、支えたりする企業になる「＋d」という取り組みが社内で生まれたのですが、私自身、自分たちが実現したい未来についての考えを明確にもっていませんでした。わたしたちが目指す未来を明確にすることで、外部企業とも協業しやすくなります。同時に、私たちも未来に対して責任を負いたいと思いました。

佐宗：ワークショップには、R&D、経営企画、人事、事業部門から50人余りが参加しました。プロジェクトはどのように始まったのですか。

笹原：従来は、未来のビジョンを描く場合、R&Dが作成した技術ロードマップに合わせる作業が中心でした。さまざまな部門から人が集まり、ワークショップ形式で未来の世界像や実現したいサービスなどのシナリオを考えるという発想自体がほとんどありませんでした。

　しかし、何を目指して事業やサービスをつくればいいのかは技術ロードマップからは見えません。また世の中にある未来予測もどうもしっくりこないので、「手触り感のある未来をつくってみませんか」と関係部署に話して回りました。そのための手法として、デザイン思考が有効だと思いました。

佐宗：ワークショップの参加者はどのような基準で選んだのですか。

笹原：複数部署から人を集めて、ダイバーシティ（多様性）を確保したいと強く思いました。イノベーション統括部からは20人くらい参加してくれました。人事や経営企画にも味方が欲しかったので公式に依頼をしました。経営企画にこうした活動をもっと推進してもらうほうが、中期計画への反映や全社への広がりが早いと思っていました。

佐宗：政治や心理学などの統計データを共有しつつ、2030年と現在の幸福についてのパラダイムの変化について考えましたね。

笹原：日本人は年を取れば取るほど幸福ではなくなるという統計データを見て、参加者全員が衝撃を受けました。そこから「幸せとは何か」という方向に参加者の意識が向かいました。お金とか地位とか名誉といった一般的な幸せのかたちとは異なる幸せは何かという議論が印象に残っています。

佐宗：ワークショップでは、まず未来のコミュニケーションの価値観を分類し、これらの価値観に対応するサービスのプロトタイプを作成しました。最後に各参加者が思う未来が実現していることを前提に「未来新聞」を作成しました。この一連の作業に対して、どんな感想をもちましたか。

笹原：未来のビジョンをもっている人は少ないと思っていたので、全員が未来新聞をスラスラ書いていた姿に驚きました。表に出ていないだけで、未来は皆のなかにあることがわかりました。

佐宗：このプロジェクトは、参加者個人の内的な世界を描くというアート的な手法のシナリオプランニングでしたが、想像以上に鮮明でクリアなシーンを全員が描いたことにわたしも衝撃を受けました。その準備として、ワークショップの2日目には未来の社会をスケッチしました。

笹原：可視化することで一気にリアリティが増します。あやふやさが消えて、自分の中でもしっかり腹に落ちる効果もあります。

佐宗：統計データなどの事実をインプットしてから、参加者個人の内側にあるイメージをアウトプットすることで、未来像の解像度が上がったのだと思います。

笹原：そうですね。大切なのは他人より自分なんですね。未来は、結局自分でつくるしかない。

佐宗：未来新聞が完成し、ワークショップは盛り上がって終了しました。田邊大輔さんは、ワークショップから参加いただきましたね。

田邊：わたしは15年までNTTデータに所属し、SE（システムエンジニア）と企画・営業を担当しました。当時、デザインコンサルティング会社といくつかのプロジェクトを立ち上げました。その経験から新規事業を立ち上げたいという想いが強くなり、NTTグループ内の制度を使ってNTTドコモに転籍しました。

新規事業創出プログラム39worksから自宅で受診

できる遠隔診療サービスを立ち上げ、ディレクションしています。サービス設計にデザイン思考を活用しました。現在は開発を完了し、運用しています。

佐宗：もともと、デザイン思考の現場経験を豊富におもちだったのですね。田邊さんはワークショップに参加されてどんなことを感じましたか。

田邊：それまでは、未来を描けと言われてもできなかったと思います。3回のセッションで登壇者の話を聞くうちに、未来像が少しずつ明確になり、スケッチを描きやすくなりました。

以前は未来のことを考えても、モヤモヤしていて、苦しい気持ちのほうが強かったのですが、未来のイメージを文章や絵にすることで、頭の中がクリアになっていく快感がありました。特に絵を描くことで、言いたいことが目に見えてきて、ものをつくる喜びを感じました。

佐宗：参加者視点でのそういった声は、とてもうれしいですね。ボトムアップによるビジョン共創のプロセス自体は大成功に終わったと思うのですが、このプロジェクトを通して、よかったことやうれしかったことがあれば教えてください。

笹原：部門を超えた多くの参加者と一緒に、2030年の未来像を描けたことがいちばん幸せでした。さまざまな部署の人が関わることによる面倒な面もありつつ、それでも皆が同じ方向に動いているときの楽しさがわたしは好きです。それが複数部署を動かして立ち上げる大企業の新規事業ならではの醍醐味で、その動きの強さはすごいと思います。

佐宗：実はひそかに思っていたのが、このプロジェクトのすごさは、笹原さんの巻き込み力です。ボトムアップ企画では、この巻き込みで困難を覚える人も少なくありません。秘訣を教えていただけますか。

笹原：自分の言葉で本心を伝えることです。会社から言われてよくわからずにやっていたり、裏で別のことをたくらんでいたりすると、大体見破られます。「絶対この条件をのんでください」とゴリ押しするのではなく、「こういうことをやりたいのだけど、どう思いますか」と相手が関わる余地を残すことも大切です。早い段階から関わってもらうことが、人を巻き込む秘訣です。

そして、部下がワークショップに参加することを許可してくれた上司の方には、ワークショップの資料を送って、感謝の気持ちを伝えました。こうした地道なコミュニケーションは、丁寧にやるほうがいいですね。そこで手を抜くと、次に人を出してもらえなくなります。

佐宗：30年の未来像を描いたあと、この取り組みはどのように進化していったのですか。

笹原：次のフェーズとして、ビジョンをつくるプロセスそのものをプロトタイピングしました。これを「型化」と呼んでいます。

まず、企業のビジョン（理念）に共感して入社した人の話を聞いたり、さまざまな企業のビジョンを並べて、どれが好きか嫌いかをグループで話し合ったりしました。さらに、自分たちのプロジェクトを通して、世の中に与えたいインパクトや、自分にとっての成功のイメージを書いて、ビジョンを自分事化できるようにしました。ここで確立したビジョンづくりのプロセスを使って、田邊がパートナー企業を巻き込んだビジョンづくりに挑戦しました。

田邊：遠隔診療サービスは、システム開発会社と共同で開発しているのですが、プロジェクトとしては明確なビジョンがありませんでした。そこで、先ほどのプロセスでビジョンをつくりました。特に、自分たちは「これをやるんだ」という力強い言葉でビジョンを表現することを意識しました。

そして、我々は「患者のライフスタイルを変えていくテクノロジーの力で」というビジョンを定めました。すると、パートナー企業も含めてプロジェクトの参加者全員で議論を重ねるなかで、「これがやりたかったんだ」と初めて理解することもありましたし、それまでバラバラだったチームに一体感が生まれました。作成したビジョンは、メンバーの写真と思いを添えて、全員が見える場所に貼りました。サービスに機能を追加するときの判断のよりどころになる効果もありました。患者のライフスタイルを変えるという目標があるので、どのような方向で機能を開発するのかという考えにぶれがなくなりました。ビジョンがあることで、皆が同じ方向を向けるようになり、自分事として考えて、システムの仕様についても自分の意見を話せるようになりました。

佐宗：笹原さんが耕した土壌に、その精神を受け継いだ新規事業の現場で実践が生まれていますね。文化が着実に広がっている様子がうかがえます。笹原さんはこのプロセスをどのように組織に広げようと思っていますか。

笹原：今回の活動の延長で、社内のR&D部門でビジョンをつくるプロジェクトに関わり、ビジョンデザインのプロセスを組み込むことができました。また、新規事業部門のみならず、多くの社員が参画しやすい仕組みづくりも進んでいます。

STORY

自分の内面に向き合い、それを表現するアート的な未来デザイン

笹原さんとの取り組みは、単なる技術のイノベーションを超えて、「どんな社会をつくるために技術を使いたいか」という、幸せな未来像を一人ひとりの妄想から生み出していくような取り組みだった。自分が20年後、どんな社会を生きていたいかという未来像は、人それぞれだ。無理やり最大公約数でまとめるのではなく、一人ひとりが描く未来像をできるだけ具体的な物語に描き、そのストーリーをもう一度紡ぎ直していくというアプローチを取った。自分の内面に向き合い、それを表現するアート的な手法を使った初めてのワークショップでもあった。印象的だったのは、笹原さんの「一人ひとりの方向性は微妙に違っても同じ方向を向いていると感じた」という言葉。ケータイでつくってきた温かいコミュニケーションが、情報処理端末としてのスマホでは再現しきれていない。それを新たなサービスとして実装していきたい。そんな集合的なビジョンが見えた。これは、人と人の温かいつながりをつくる「生み出す場」を、笹原さんなりのかたちでやりたいという想いから生まれた取り組みなのだと思う。笹原さんの新たなものを生み出す場は、docomo LAUNCH CHALLENGEとして、NTTドコモグループ全社に広がってきている。今後の展開が楽しみだ。

STEP 1
ビジョンを導く場づくり
未来のコミュニケーションをテーマに設定。人事部や経営企画部も巻き込む

STEP 2
未来の変化ドライバーのリサーチと共有
政治、経済、技術、社会の観点から変化要因を分析。有識者による文脈の共有

STEP 3
ビジョンデザイン
コミュニケーションシナリオの作成。未来新聞の作成

STEP 4
個人のビジョンを統合した物語づくり
30通りの未来のストーリーのつながりを可視化してシステムマップと物語をつくる

STEP 5
ビジョンデザインのメソッド化
プロトタイプしたビジョン駆動型のデザインプロセスを実際の事業に導入

STEP6
新規事業創造の現場での実践事業づくり
ビジョンを起点にした各新規事業の実践

STEP 7
新規事業コンテストの実施と拡大
新規事業を社内発で提案できる場を、既存の会社を巻き込み文化を広げていく

このインタビューは「日経デザイン」2018年6月号、7月号掲載のものを再編集しました。内容、肩書は基本的に当時のものです。

COLUMN

人文科学の視点を入れてWHYに文脈を与える

デンマークの人文科学のサイエンティスト集団レッド・アソシエイツの創業者クリスチャン・マスビアウはその著書『センスメイキング』（プレジデント社）で、AIや機械では意義や意思という基準が明確ではない意思決定は、自分でフレームをつくれないAIにはできず、人間だからこそできるものと記し、そのために哲学・社会学・歴史学・政治学・文化人類学などの人文科学の知見が、ある業界の時代を超えた意義を見直すのには不可欠だとしている。

実際、テクノロジーが起点のプロジェクトほど、それによって僕らがどんな人間社会をつくっていきたいのか、というのが自明ではない場面が増えている。そんなときにBIOTOPEでよく使うのは、人文科学のなかでも、時代を超えた普遍性を理解するために、時間軸が長い社会学や歴史学、人類学の専門家へのインタビューや文献リサーチだ。たとえば、老舗企業のリブランディングの際には、歴史学者の視点から当時の時代背景を調べたり、都市デザインの次のパラダイムを考えるために、社会学や都市デザインの過去の文脈を追ったりする。学問の世界は、数十年から100年スパンの長い時間軸で見るため、次の時代の変化の本質を引いた目でとらえ直すことができる。「リベラルアーツ」は〝WHY〟をつくるうえで強力な武器だ。

しかし注意が必要なのは、リベラルアーツは勉強して満足というかたちで終わってしまうケースがしばしば見られる点だ。自分のビジョンや次の時代観を一度つくってみたうえで、それをヒントに、自分なりの物語を紡いでいくのが実践的だ。そもそもリベラルアーツとは、教養を積み重ねていくような文脈で語られることが多いが、本来の意味はローマ時代に奴隷が自由になっていくための自由七科が起源とされる。これを履き違えると、学んで満足してしまい、行動しない人が増える。身軽になり、自由になり、創造したくなるのが重要であり、たとえばアートを鑑賞するにしても、自分なりにインスピレーションを得たり、真似したり、つくり変えてみたりというように〝遊び〟に変換していくのが、いまの時代に合ったプログラムなのではないか。そんな楽しく創造するための、リベラルアーツプログラムをつくりたいと思っている。

これから新たなことを起こす人にとっても、大義を語るために時代を知ることは重要だ。そこで、仲間と時代観を合わせ、事業の意義をつくるための簡単なワークシートを用意した。ぜひとも、トライしてみてほしい。

1 対象となるテーマを決める（写真文化、会社のかたち、総務教育など）。
2 直感的に現在と未来を比較し、どんな時代からどんな時代になっていくと思っているか名前をつける。そして時代名をつけた理由を記載する。これは、特にリサーチをせずに直感でいい。
3 次に、インターネットや書籍などで簡単にリサーチを行い、過去がどんな時代であったかを記載する。
4 そして、それぞれの時代を象徴する流行りのトレンドや、会社、プロダクトやサービスなどを書き出す。
5 上記のような変化を踏まえたうえで、未来につくれる可能性のあるサービスをブレストする。
6 出てきたサービス案のなかで、過去〜現在と共通する要素を考える。
7 時代観やビジョンをつくったうえで、社会学や歴史学、心理学などの文献をリサーチしてみる。

時代分析ワークシート

過去	現在	未来
時代	時代	時代
（　　年～　　年）	（　　年～　　年）	（　　年～　　年）
なぜ…	なぜ…	なぜ…

新たな価値を提案している兆し

どんな変化が起こっていくか

第5章

【創造】自分たちらしい創造の型をつくるべし

やってみてから考える

あなたは日常、〝しっかり考えてからやる〟ことを大事にしているだろうか？　それとも〝まずやってみる〟ことを大事にしているだろうか？

長らくビジネスの世界では、事前に十分なデータを集め、検証されたアイデアを実行することが常識だった。それはお金にせよ、人の時間にせよ、投資をするためのリスクを最小限にし、その効率を上げるためには再現可能なものをつくり続けることが合理的だったからだ。この再現可能性を最大化する、日常の営みが〝改善〟である。製造業の分野において、かつて世界一になった日本企業を支えていたのが、現場で改善を地道に回す忍耐力でもあった。同じものを、質を担保してつくるという、モノづくりの現場では強みになっていった改善の弱みは、前例を大きく超えることが生まれないことだ。日本のホワイトカラーの生産性が低いといわれる所以は、この改善的な思考OSが、体の隅々まで浸透していることにある。同じ情報を複製している限り、付加価値はゼロだ。その結果、日本のホワイトカラーのスキルのほとんどは、調整能力に偏ることになってしまった。

しかし、つくる対象物がアイデアや知識となった情報革命時代では、一度、創造したアイデアは無償で複製可能だ。したがって、新しい情報やアイデアをつくること自体が価値になる。創造のサイクルの最大の特徴は、インプットとアウトプットの間に突然変異を起こすための〝ジャンプ〟——エラー（揺らぎ）が組み込まれている点だ。これは改善が、工学のように同じインプットに対して、同じアウトプットになる再現可能なものである一方、オスとメスのDNAの組み合わせにより、ランダムに新しい形質が現れるなかから突然変異が生じる生き物の世界の法則に近い。そうした局面では〝まず、やってみてから考える〟〝失敗してみることも重要〟といった考え方が有効に働く。最近は、「デザイン思考的に考えてみましょうか」といった会話が聞かれるようになり、不完全でも前に進めるという選択肢が生まれてきている。これらの考え方は、別に新しいものではなく、企画や開発の現場では、暗黙の了解として実践されてきたノウハウだったが、知識創造がコアの価値になったいまの時代には、必須のスキルといえるだろう。

かつて創造は、才能ある一部の人たちだけのものだった。特に、マス向けの商品をつくり、それを販売する産業では、何をするか決めるのはトップの数人だけだった。一度発売したら失敗したときの損害も大きいため、失敗には寛容にはなれない。もう少し正確にいうと、つくる過程では多くの失敗をしても、商品を市場に投入する際には絶対にヒットさせるというのが至上命題になる。たとえば、掃除機で有名なダイソンの創業者ジェームズ・ダイソンは、サイクロン型掃除機の完成までに５１２７のプロトタイプをつくったという。これは開発の過程で５１２６回、失敗していることを意味しているが、この失敗は創造のサイクルでいうと、突然異変を生み出すジャンプのプロセスであると言い換えられる。

こうした突然変異を、開発過程だけではなく市場投入後にも想定し、それを許容しながら進める創造的なプロセスが、ＩＴのインフラ化とともに当たり前になってきた。クラウドファンディングをしたり、80%の完成度で素早く出して、市場からのフィードバックをもらおうという考え方が広がってきたのはソフトウェア産業の文化に由来する。ソフトウェアの世界では、「ベータ版」と呼ばれる未完成なものを一旦リリースして、ユーザーに使ってもらったうえで、最終製品に仕上げていく。ソフトウェアはハードウェアに比べ、開発にかかるコストが圧倒的に少ないため、リスクが小さく、多くの失敗があったとしても影響が小さくて済む。また、ソフトウェア業界では小単位で実装とテストを繰り返し、開発を進めていく「アジャイル開発」などの方法論もインターネット上のコミュニティ内で共有されるため、多くの人が最新の方法論に合わせて挑戦と失敗を繰り返すことのできる環境が整っている。

デザイン思考やリーンスタートアップといった考え方も、ビジネスがデジタル化していくなかで広がってきた。つまり、新たな企画・開発をする方法論を共有知化することで、多くの人が創造にチャレンジできるようになったのだ。フィルムカメラ全盛の時代は、一枚一枚を慎重に撮影していた僕らは、デジカメやスマホを使うようになってから、躊躇なく何回もシャッターを切るようになった。「たくさん撮影したら、きっと1枚くらいはいい写真があるでしょ?」というあれだ。こうした時代では、一個一個の創造プロジェクトはノリよく失敗しながら、さまざまなタイプの取り組みを試し、かたちにして、検証しながら、その結果、うまくいったものにリソースを集中していく、群としての創造戦略が有効になっている。そして、この実現を可能にしたのが、デザイン思考というツールだ。本章では、認知度が上がってきたデザイン思考について、改めてその本質を振り返りつつ、このツールをどのように使うべきなのかを紹介してみたい。

デザイン思考は魔法の杖なのか?

僕が2015年に独立した際、初めて上梓したのはデザイン思考をテーマにした『21世紀のビジネスにデザイン思考が必要な理由』だった。大学時代は法学部出身で、クリエイティブタイプではなかった僕は、アメリカのイリノイ工科大学でデザイン思考を学び、〝創造道〟という道を歩み始めた。創造性は誰もがもっているもので、デザイン思考はそれを解放する道具だった。その魅力を伝えたくて執筆した本だったが、当時はまだ感度の高い一部の人の興味対象だったデザイン思考は、いまや日本のビジネス界でも認知度が高まり、MBAでは必修科目とされるまでになった。お堅い企業の現場でも「まずはデザイン思考的に考えてみましょう」というように、一般名詞として使われる機会も増えている。同時に、デザイン思考のビジネス界への広がりは、ビジネスとクリエイティブというふたつの世界のぶつかり合う場所だったともいえる。そこでは、いったい何が起こっているのか?　まずはデータから現在地を眺めてみよう。

「日経デザイン」の特集「デザイン思考の次」(2019年1月号)によると、日本ではデザイン思考を知っている認知率はおよそ50%、実際に実践・定着している会社は約5%で、取り組み始めている会社は約10%だという。これは、デザイン思考を一種のイノベーション技術としてとらえたイノベーターカーブでいうと、アーリーアダプターが導入するフェーズに入り、これからキャズム越えをするかどうかが問われているというフェーズだということがわかる。一方、アメリカの伝統あるパーソンズ美術大学がまとめた調査によると、グローバル企業では75％の組織が何かしらデザイン思考に携わっている、71％の組織がチームで働くという視点でパフォーマンスが上がったと答えている、デザイン・ドリブンの会社は株価の伸びがそうではない会社の約2倍などの結果が出ており、単純に比較はできないものの、温度感として欧米のビジネス界ではキャズム越えを果たし、普及フェーズに入ってきているといえそうだ。実際に、欧米圏ではデザイン思考を導入している企業が、古くはインテルやマイクロソフトのようなところから、現在はＩＢＭや、ＧＥ（ゼネラル・エレクトリック）などに移り、ロンドンのＮＥＳＴＡ（National Endowment for Science, Technology and the Arts）など政府や自治体での実践も広がっている。そういったこと自体が、デザイン思考が普及期に入ったことの証明ともいえ、いまの日本は一歩遅れてこれからそこに入っていく段階にある。

では、デザイン思考はなぜ生まれたか？　そして、なぜビジネスの世界に普及したのか？　その意味を振り返ってみよう。

デザイン思考を社会に普及させたのはアメリカのデザインファームＩＤＥＯである。同社ＣＥＯのティム・ブラウン氏は、著書『デザイン思考が世界を変える』（早川書房）のなかで、デザイン思考を「デザイナーのツールキットによって人々のニーズ、テクノロジーの可能性、そして、ビジネスの成功という3つを統合する人間中心のイノベーションに対するアプローチ」と定義している。

その代表的なプロセスは、ＩＤＥＯの創業者デイヴィッド・ケリーと共同経営者のトム・ケリーによってフレームワーク化された、共感→課題設定→アイデア発想→プロトタイピング→検証からなる5つのステップだ。これは、いわばクリエイティブ初心者が最初に学ぶ創造の型のようなものといえる。この5ステップの要素を分解すると、ユーザーへの共感から企画のプロセスを始め（ユーザー中心）、ユーザーがどのような体験をするか五感を使って発想し（ビジュアル思考）、具体化していく（プロトタイピング）手法であり、デザイン（構想）、エンジニアリング（設計）、ビジネス（商売）という3つの分野の共創によって実行していく方法論といえるだろう。

実は、デザイン思考という言葉は、彼らのオリジナルではない。建築家のピーター・G・ロウが、1986年に著書『Design Thinking』（邦訳は『デザインの思考過程』鹿島出版会）に建築家による創造的問題解決の方法を形式知化したことがその出自である。これは、これまでブラックボックスだったクリエイティブなプロセスの見える化を試みた。ロウは、クリエイティブなプロセスの解明に取り組んだ天才研究の系譜のひとつとなっている。そのアイデアを西海岸のスタンフォード大学エンジニアリングスクールが引き継ぎ、エンジニアが既存の枠組みや常識の延長にある地続き的な進化ではなく、飛び地的に一気に飛躍する非連続的思考を手に入れるための手法に発展させた。それがビジュアルで解決策を考える「Visual thinking（ビジュアル思考）」となり、ハードウェアの設計で非連続的な問題を解決するため、手を動かして、絵で考えていく、創造的な問題解決力の方法論が確立されていった。

さらに80年代には、このビジュアル思考に、ユーザーの視点を取り入れる動きが出てくる。パーソナルコンピュータの研究が進むなかで、ニールセン・ノーマン・グループの共同創始者であるドン・ノーマンが考案した「ユーザー中心設計」の一環で、ユーザーの行動を観察する手法だ。これが後にＩＤＥＯによってユーザー中心設計とビジュアル思考を統合したデザイン思考として体系化された。また、北欧から始まったコミュニティの課題を当事者たちの共創により解決していく市民参加型デザインも、独創の色が強かったデザインの世界に共創という刺激をもち込んだ点で影響を与えていると思われる。

この方法論は、スタンフォード大学デザインスクールで、デザイン専攻ではないさまざまな専門性をもつ学生が共創する方法論として伝わり、そして世界中に広がっていった。デイヴィッド・ケリーとトム・ケリーの名著『クリエイティブ・マインドセット 想像力・好奇心・勇気が目覚める驚異の思考法』（日経ＢＰ）では、デザイン思考とは「創造性に対する恐れを除くためのガイド」として紹介されており、誰もがもっている創造性を、みんなが活用できるようにした、創造性の民主化をうながしたイノベーションだったといえる。では、この創造性の民主化が起こったのはなぜだろうか？

ここに、社会を変えたふたつのキーワードがある。ひとつは「パーソナルコンピューティング」、そしてもうひとつが「インターネット」だ。現在では持ち運べるコンピュータとして、誰もがPCやスマホ、タブレットを所有するようになったが、80年代には、パーソナルコンピューティングは、創造性を解放できる技術として語られていた。

インターネットには、みんなが協働して知識を共創していくという理念がある。これらのふたつが混じり合い、〝創造性を、誰にでも〟という考えのもと、PCが普及し、情報のやり取りをするインフラとしてインターネットが土台となった。さらに、便利なツールとしてさまざまなアプリが生まれ、その理念は世の中の隅々にまで浸透していった。こうした技術によって、あらゆる価値がPCやスマホのデジタルの体験を軸に設計できるようになった。これがUX（ユーザーエクスペリエンス）という概念の源流になった「インタクラションデザイン」という考え方だ。複雑な体験設計を、複数の専門性をもった人たちが共同で創造する——大きなニーズにマッチしたパッケージ化された方法論だった。

IDEOが90年代にとらえたのは、このパーソナルコンピューティングとインターネット、さらにそれによって生まれたインタラクションデザインという文脈が混ざり合った大波だった。あらゆるものが、デジタルによる体験価値に移った時代に、そのトランジション（過度期）を支える企画・開発の方法論を提示したのがIDEOによるデザイン思考だった。これがウェブ、スマホの普及とともに爆発的に世界中に広がっていった。そしてもうひとつ相性がよかったのは、パーソナルコンピューティングの世界はもともと一人ひとりの創造性を解放するというビジョンをもっていたことだ。それはアップルのスティーブ・ジョブズによって「Macintosh」や「iPhone」「iPad」の普及により実装され、誰もが自分なりの創作や表現をする環境が整った。そんな時代に、創造性の民主化を起こすパッケージとして、デザイン思考は機能していた側面もある。デザイン思考に触れたことがない人は、スタンフォード大学デザインスクールがウェブ上で公開しているフリー教材『ヴァーチャル・クラッシュ・コース（A Virtual Crash Course in Design Thinking)』を参照してほしい。ワークシートや2時間のワークショップの内容が90分の動画に凝縮されているため、どのようなものか体験できるはずだ。また、日本における実践編という意味では、ユーデミー（Ｕｄｅｍｙ）で僕自身が講師となったデザイン思考のオンライン講座を公開する予定なので、そちらもご覧になっていただけたらと思う。

デザイン思考が、創造性の民主化を行い、創造の世界への入り口として多くの人を創造的な生き方へ導いてきたとともに、批判的な見解も聞かれるようになった。ビジネス側からは「いまのビジネスオペレーションのなかで当てはまる場面がない」「新たな発想はできてもまとまらない」「チームビルディングはできたものの、新たなプロジェクトとして投資するに値するものは生まれなかった」という声が聞かれる一方、クリエイティブ側からは「尖ったイノベーションが生まれにくい」「人の心を動かすようなものは生まれない」という声も上がっている。

こうした背景には、デザイン思考がもともと創造性の民主化を支援する入り口としての機能を果たすものなのに万能薬だと思われてしまっていること、そして必要以上に世の中に広がってしまったことがあると思う。現在のデザイン思考では語られにくい〝主観性を重視する、独創をする意志がある人が共創する〟という前提なくして、かたちにはならない。実はデザイン思考の実践者は、もともと独創力があり、それをあえて意志をもった多様性を生かす場で、人と人の主観がぶつかり合う共創をすることで、かたちになっていくという点を理解して使うのが望ましいのだ。

僕が初めて出合ったころ夢見たように、デザイン思考は多くの人にとっての魔法の杖として伝わり、そして振ってみて魔法が出ないことに対しての失望も増えている。しかし、本来は武道の型のひとつのようなものであったデザイン思考は、使い手の用途別に合わせた武器に進化できるのではないか。それが問われているのが、いまなのだと思う。そこで、改めてデザイン思考という型を実践するコツを紹介しながら、イノベーションの現場において必要なカスタマイゼーションの４つのパターンを紹介していこう。

創造の智慧13　独創を最大化する共創を仕込め

「デザイン思考の5ステップをワークショップでやってみたけれど、イノベーションは生まれなかった」といった声を聞くことがある。そもそも再現可能性のあるプロセスは、創造の世界と矛盾することは、本書でもこれまで述べてきた。確かに、ただワークショップを行って、いい結果が得られることはまずないだろう。共創プロセスには、罠がある。誰かの強い意志が存在しないチームがデザイン思考のワークショップを行っても、全員が合意できるわかりやすいアイデアを具体的にするだけで、結果的には目新しくないものができることが多い。

チームにある程度、意志があったとしても、デザイン思考でコンセプトを発想し、デザインする過程を合意のうえで進めていくと、アイデアの尖りが消えてしまうことが多い。それを防ぐためには、デザイン思考という共創プロセスのなかに、独創のスペースをつくることが重要だ。共創型のデザインプロジェクトは「スプリント」と呼ばれる1～2週間の集中型で行う時間をとれない限り、約1～3カ月かけて半日程度の時間のワークショップを週次、隔週でやっていくことが多いが、さまざまな部門を巻き込んだ戦略的テーマのタスクフォースや、創造的な文化をつくる組織開発などを目的にしたプロジェクトでは、定期的なワークショップスタイルである程度期間をかけて醸成していくほうが効果的である。このような定例でワークショップを実践するプロジェクトでは、日常のさまざまな業務の課題に頭がいってしまい、毎回のワークショップの最初は前回に何を話したのか思い出すということも多く、ただワークショップを連続して行っても成果は上がりにくい。この解決のためには、共創のプロセスをどうつくるかと同じくらい、独創＝ひとりで考える余白を計画してつくっておくことも重要だ。ひとりで考える時間を意図的に取ったり、オフサイトで普段と違う環境で考えるのは余白の設計という意味では合理的といえる。

その理由は、脳の構造に由来する。結論からいうと、人間の脳が新たなアイデアを生むうえでは、緊張と弛緩が必要だ。ジェームス・W・ヤングによる名著『アイデアのつくり方』（CCCメディアハウス）によると、創造のプロセスは、準備（リサーチとインプット）→孵化（じっくり考える、実験してみる、統合してみる）→啓示（リラックスしたり、別のことをしていると自然に思いつく）→評価（冷静になって考え直してみる）→実行（実際にかたちにしたり、テストしてみる）というステップをたどる。特に大事なのは、十分な量・幅のインプットをして、それらのいろいろな組み合わせを集中して考えてみるという前提だ。アイデアが生まれるのは人事を尽くして天命を待つようなものだが、そのなかでも〝人事〟が大部分を占める。その後は、一度緊張をゆるめ、遊んだり、散歩したり、ジョギングしたりするなど、ぼうっとする時間をとると、不意に脳の回路がつながり、いままでになかったアイデアが生まれることがある。

広い幅のインプットと、さまざまな方向性を考えてみるというプロセスでは、いろいろな人が考え、共創する場が大きな役割を果たすが、こういったアイデアそのものが降りてくるのは、ワークショップをやっていないひとりの時間から生まれてくることがほとんどだ。これをワークショップ中に無理やり出そうとしても、限られた時間のなかにおけるベターなアイデアを、合意をとって前に進めてしまうことになる。

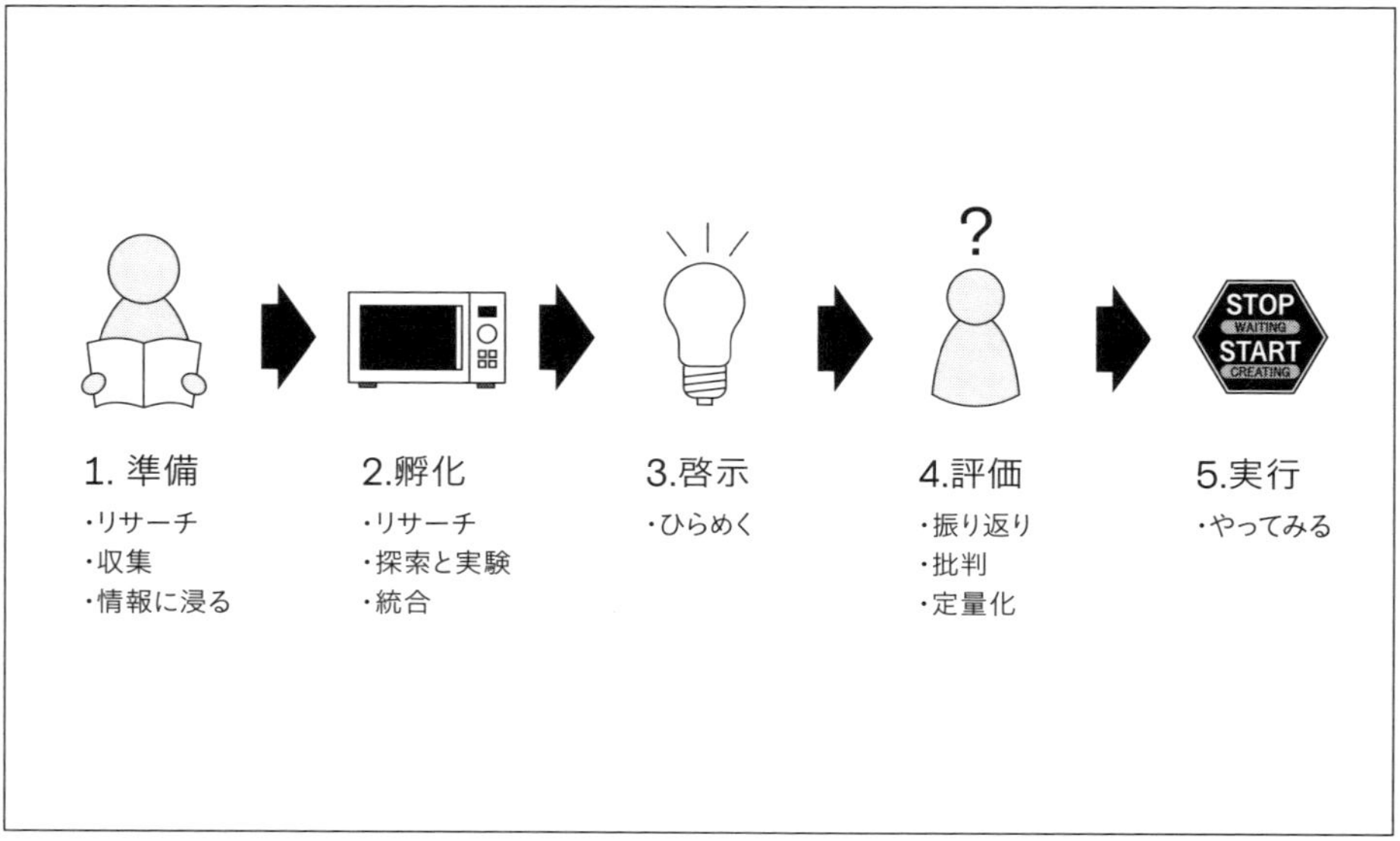

創造プロセスの５段階　（出所：ジェームス・W・ヤング『アイデアのつくり方』の内容をもとに筆者まとめ）

徹底的にインプットして一度考えたうえで、それがまだ不完全でモヤモヤしている状態は、脳がいままでにない新たなつながりをつくろうとしているときだ。そこで一度、リラックスすることで、「デフォルト・モード・ネットワーク」（活動的な思考を行わないときに、無意識に脳が行う脳内ネットワークの活動）が働きだす。むしろ、ワークショップをやる前に問題意識をもって考えている状態をつくることが、ひらめきを生むためには大切なのだ。

創造を起こすために大切なのは、個々人が自らの内面に向き合い、考えられる環境を整えること。これは〝独創力〟。そして、その社会的な位置付けを見直し、集団の中で実現していくためには、衆知を集め、実現しやすくするための議論を闘わせることが重要になる。これが、集団での〝共創力〟だ。新たな発想を生むためには、真面目に机に向かい続けていてもこのデフォルト・モード・ネットワークが働かない。創造的な人は、みんな遊びの重要性を強調することが多いが、これは、遊びという余白を意図的に入れることで、ひらめきが生まれやすくなるからだ。また、ワークショップを設計する側としても、独創のスペースをつくるために〝アイデアのヒントになりそうなインスピレーションを街から探してもらう〟〝個人作業で、自分自身のアイデアをスケッチしてもらう〟〝自分自身のビジョンの物語を書いてもらう〟といった宿題を用意しておくといい。

＊参考文献：『アイデアの作り方』（CCCメディアハウス）

創造の智慧14　多様性から未来を創発する共創ファシリテーション

「多様な人を集めて共創する」といっても、実際にやってみると簡単なことではない。多様であるということは、共通言語がないということでもある。専門分野の多様性（技術分野や職種）、ライフスタイルの多様性（若者、サラリーマン、フリーランス、子育てママ）、思考の多様性（抽象思考、具体思考）などがばらける場合は、放っておくと空中戦になってしまい、まとまらない。だから、多くの人は巻き込むのを嫌がるのだ。これをうまく進めるためには、異分野の言語を通訳する役を兼ねたファシリテーターの存在が必要になる。では、なぜそんな面倒なことをするのか？　ひとりで答えが出せるような課題なら、独創で行えばいい。しかし、複数の人を巻き込まなければいけない課題ほど共創のウエートが上がっていくからだ。

アパレルや食品などの商品開発やコンテンツづくりは、その分野の知識があり、得意な人が独創でかたちにすることが多く、アートディレクションや造形など、ブランドの美的デザインの部分は、優秀なディレクターが独裁的に行ったほうが早い。一方で、UXデザインなどは、アプリ開発、ハード、サービス、企画など、実務には複数のチームでの共創が必要になる。また、未来デザインやコミュニティデザインのように時間軸が長く、複雑性が高いテーマは、自分たちだけで解にたどり着くのが難しい。そういった場合は、共創型のアプローチをとることで、それまでは見えなかった未来が見えてくるようになる。

山口周氏は、著書『ニュータイプの時代 新時代を生き抜く24の思考・行動様式』（ダイヤモンド社）の

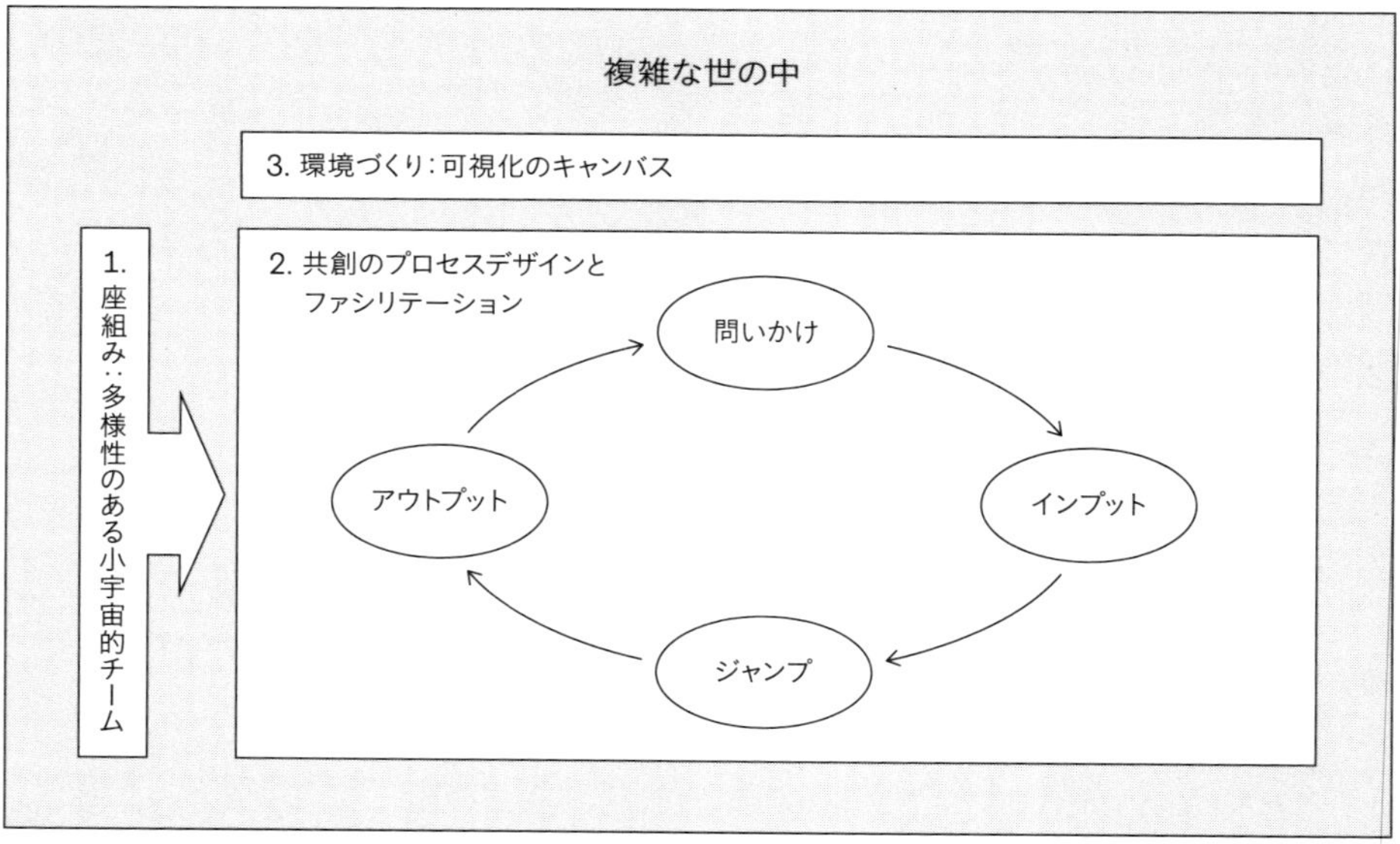

多様性から創発を生み出す共創サイクル

なかで「簡単に解決できる問題はほぼ解決されてしまい、残っているのは解決の難しい問題ばかりだ」と述べているが、複雑な問題が絡み合った社会課題解決などの難度の高い課題に、企業やNPOが直面する機会が増え、そのなかで共創的なアプローチを取り入れることでしか解が出ない場面も今後は増えていくと思われる。

では、このような難しい問題に直面したとき、多様性から新たなアイデアを生み出しやすくする共創を生むファシリテーションは、どのような点を押さえればいいのか？　その場における人、文脈、アイデアによってやり方を変えるため、二度と同じことを繰り返さないパフォーマンス的なものだが、ある程度共通のコツのようなものが存在する。そこで、BIOTOPEが過去に行ってきた無数のケースのなかからまとめた共創の方法論の一部を紹介したいと思う。右ページの図のように大きくは、①座組み　②創造プロセス　③環境づくり、という3つの要素になる。それぞれ見ていこう。

①座組み――チームづくり

共創の場をつくるとき、誰をチームに入れて、誰を参加者として呼ぶかは最初に決めることが望ましい。新たなテーマが将来的に実現したときに、どんな人が動いていなければいけないかをシミュレーションをしたうえで、必要だと思う人を巻き込むようにしたい。

たとえば、NHKエデュケーショナルで「VRを使って変わる教育」というテーマで新規事業を考えるプロジェクトを支援したときは、番組プロデューサーや技術担当者に加え、現場の教師や教育系事業会社、VRクリエイターを招いてワークショップを行った。教育現場で実際にVRが活用されることになれば、教育番組のスタッフだけでなく、総合的な学習の場での採用や、そこでのコンテンツ制作など、VRコンテンツの販売チャネルが必要になってくる。特に対象となる事業のユーザーを巻き込んだワークショップを「ユーザー共創型ワークショップ」と呼ぶが、ユーザーのインサイトを深く理解できるうえに、ワークショップ後も継続的にフィードバックをもらえるために非常に有効な手段だと思う。

また、新しいサービスやビジネスモデルは、ビジネスパートナーにさまざまなステークホルダーが絡んでくる。このような巻き込むべき人は最初から見えていないことが多いため、ワークショップで扱うテーマを初期の段階で仲間とブレストして、仮のコンセプトやビジネスモデルをつくり、シミュレーションしてみるといい。扱うプロジェクトやテーマに即した必要な配役を早めに特定し、その場に巻き込んでいく。BIOTOPEではこれを「小宇宙的なチーム」と呼んでおり、むしろ、どんな人を呼びたいかを考えることで、結果として将来のビジネスモデル像の仮説を立てるプロトタイピングの起点になるケースも多く、最初に実施しておくべきだろう。この巻き込みをする際に重要なのは、メリット・デメリットよりも、自分がなぜそのプロジェクトをやりたいかを熱く語り、楽しそうな雰囲気を強調して誘うことだ。

このような創造的な取り組みに参加する人の動機は、金銭的なメリットではない。意義に共感したうえで、楽しそうだから参加する、というのがモチベーションになる。企業人だと部署間調整などの頭になりやすいが、相手をひとりの人間として誘うというのがこの巻き込みを成功させるうえで重要だ。そのコツは、〝メンバーや参加者に、ユーザー的な属性をもつ人を入れる〟〝事前にコンセプトやビジネスモデルをブレストし、巻き込む人を決める〟〝意義を語り、楽しそうな空気を見せることで巻き込む〟の3つである。

②創造プロセス——共創プロセスデザインとファシリテーション

共創で大切なポイントは、考えるテーマを決めて、その考えるきっかけとなる質問である問いかけに始まり、インプット→ジャンプ→アウトプットという、創造サイクルを多様なメンバーで一緒に回していくことだ。ここでのファシリテーターの役割は、次の4つのステップを適切に進めながら、より深く、より具体的なアイデアに向かって問いかけを変えていき、場としていちばん多くの質の高いアイデアを生み出す支援をしていくことにある。

STEP1　問いかけ

共創はどのようにして生まれるか？　その起点が〝問いかけ〟である。ワークショップの設計者・ファシリテーターにとってどんな質問を用意するかは、場の成功・失敗を左右する決定的なポイントだ。問いかけをつくるフォーマットは「How Might We」による「どうやったらサッカーを使って社会課題を解決できるのか?」や、「どうやったら地方都市に人が集まる場をつくれるか?」など〝どうやって〇〇するか?〟を使うのが一般的である。しかし一般的には、どんなテーマ設定をし、どのような問いかけをするかは簡単なことではない。そこで、共創ワークショップにおけるよい問いかけの原則を共有しておきたい。①探求(新たな知識をつくり出すか)②明確さ(問いかけにより達成したい意図が明確で、伝わりやすいか)③共感性(多くの人が共感し巻き込まれるか)を目安に考えればいい。特に、重要なのは①の〝探求〟だ。共創の場において新しい知識を生み出すためには、自分たちが答えをもっていない問いを設定することが必要となる。

そこで参考になるのが、心理学の世界でよく使われる「ジョハリの窓」と呼ばれる下の4分類だ。これは、あなたが設定している問いに対して、あなた自身が答えを知っているか・知らないか、ほ

	他人が知っている	他人が知らない
自分が知っている	A 共感型の問い **目的** 土台をつくる	B 問題提起型の問い **目的** 浸透させる
自分が知らない	C 内省型の問い **目的** 行動変化を生む	D 探求型の問い **目的** 創発を生む

4種類の問いかけ分類

かの人が答えを知っているか・知らないか、という分類になっている。

最初は〝共感型の問い〟（A）だ。これは自分たちも相手も知っている内容を共創する場合。セールスマンが、最初にクライアントと信頼を築くために「今日はいい天気ですね？」「最近、御社は業績がいいですね」など、お互いが知っている質問をあえてすることで、共通の土台をつくるのに似ている。

次は、自分たちが知っていることを誰かに問いかける〝問題提起型の問い〟（B）だ。仮説をもったモデルやテーマを、いろんな人を巻き込んで実際に考えてもらい浸透させたり、検証させたりするものがここになる。「気候変動はなぜ起こるのでしょうか？」というようにある程度、知見が存在するが、一般には知られていないテーマを理解して考えてもらう、世の中に浸透させていくことに重きを置く場合に効果的だ。これらふたつは、いずれも自分たちが知っていることを答える問いになるため、この問いかけでワークショップをやっても創造的な結果は生まれない。

では〝内省型の問い〟（C）はどうだろうか？　自分たちが知らないテーマで、もしかしたら参加者のなかに答えがあるのかもしれないテーマだ。たとえば、高校生向けの商品開発をするために、社会人である自分たちが高校生を巻き込むような場合に「どうやって、授業でノートをとりながら、新たなアイデアを発想できるか？」などを考えてもらう場合が挙げられる。これは、自分たちが知らないことを知っている人をいかに巻き込むかが非常に大切になる。また、相手が答えを知っていても、完全な答えをもっていない可能性もあり、一緒に答えを考えることによって新たなアイデアが生まれやすい。

最後は、参加者の誰も答えをもっていない〝探求型の問い〟（D）だ。ＳＤＧｓ（持続可能な開発目標）などで出てくる「フードロスをなくすために、僕らの食卓をどうしていけばいいのか？」といったテーマは、消費者、レストラン、メーカーなどさまざまな人が絡んでくるため、それぞれが一緒に智慧を絞ったときに初めて本質的な課題が見え、答えが生まれる。難しいものの、いちばん知識が生まれやすいのがこの問いである。

紹介した順に答えが事前に想定できなくなっていくため、ファシリテーターにとっては難度が上がるが、不確実性が上がることで創発的な答えが出てきやすくなる側面もある。ここでは、どのレベルの問いかけを設定するかというのが、最初の選択になる。料理でも、いきなりプロのレシピに挑戦してしまうと難度が高く挫折してしまうように、自分の過去の経験値に合わせて少しずつ難しいテーマを扱っていくといいだろう。問いかけが、いい問いかけかどうかは、その問いに対する回答を自分たちで考えてみて、短い時間で2〜3の違う回答が出てきたら、それは創発を生み出す質問だといえる。また、実際に自分で言葉にして考えてみたり、仲間に話してみることで伝わりにくいか、共感できるかというのも直感的にテストできるし、ちょっとした言い回しの違いでも、その場で生まれるアイデアの質が変わってくる。

STEP2　インプット

共創サイクルにおけるインプットは、料理でいうといい食材を用意しないとおいしい食事ができないのと一緒で、とても重要なファクターだ。このインプットの要素としては、STEP1で述べた参加者が知っている知識や経験に加え、事前リサーチをして、ワークショップで共有される刺激物としてどのようなものを用意するかが課題になる。

このインプットは、大きくふたつの種類がある。ひとつめは、ワークショップの参加者を共通の文脈に置く土台をつくるために、プロジェクトの背景や、会社や商品の歴史、未来のメガトレンド、ユーザーのトレンドなどの文脈共有のインプットだ。これは、ワークショップの前半に共有すると効果的だ。

そしてふたつめが、アイデアを生み出す際に参加者が普段は触れてないと思われる、発想を飛躍させる先進テクノロジー事例やアート、デザイントレンド、人々のライフスタイルなどの刺激物としてのインプットだ。これは、写真やカードのようなかたちで用意することが効果的だろう。また、デザイン思考における共感を生む生活者やユーザーの生活に浸るエスノグラフィー（民族学、文化人類学などで使われる研究手法。フィールドワークによって行動を観察し、それを記録する）などの手法は、新たな刺激を五感で感じ、参加者の共通体験とすることで、新しい視座を得られる濃く深いインプットとなる。

STEP3 ジャンプ

新たなアイデアや視点を生むためには、多くのインプットを組み替え、新しくつなぎ合わせることで突然変異を生じさせるジャンプのプロセスを踏む必要がある。これは、とにかく数を打ちまくって新しい組み合わせで遊んでみるのが重要だ。遊ぶためには、さまざまな刺激物を物理的に可視化して張り出し、手を動かして考えられるようにするのがいい。アイデア出しの手法については『21世紀のビジネスにデザイン思考が必要な理由』に詳しく記したので、そちらを参照してほしい。ひとりであれ、多様なメンバーによるワークショップであれ、参加者の知識や場へのインプットを組み合わせて、シェイクし、ジャンプを促進する場づくりは、知識創造のコアのプロセスだといえる。料理にたとえるなら、具材をじっくり煮込んで熟成させたり、炒めたりして化学反応を起こす調理のステップのようなものだ。

共創型のワークショップでは、このプロセスにおいて独創と共創のバランスを工夫することが大切だ。ジャンプのプロセスは、新たな知識を生み出したうえで、そのアイデアや新たな視点を自分事化していくことが必要になる。ひとりで考える→アイデアを共有し、みんなで考える→すべてのアイデアを見たうえで〝自分がやりたいことは何か？〟〝なぜやりたいのか？〟自分にとってどんな意味があるのか？〟を内省するステップを踏むと、単なるアイデア出しにとどまらず、自分事化される。

こうした共創による創造サイクルは、MITのC・オットー・シャーマー博士によって生み出された、リーダーシップ開発やイノベーション創出のための原理と実践の手法を明示した「U理論」から学べる点が多い。この理論では、変化の過程にはインプット：〝Sensing（感じる）→組み替え：Presencing（現れる）→アウトプット：Prototyping（かたちにする）という段階があり、Sensingのフェーズでは、自分の知っていることをまず可視化・共有したうえで、外の世界で何が起こっているかを五感で感じる。Presencingのフェーズでは、自分の考えやアイデアへのこだわりを捨ててオープンな気持ちで仲間に委ね、自分がやるべきことを内省する。自分のやるべきことが見えてきたら、Prototypingのフェーズで、枝や落ち葉など、自然の中から拾ってきた素材を組み合わせてかたちをつくり、それに込められた物語を語っていくような方法論をとる。

アイデアを生むためには、U理論でも組み替えのステップを大切にしており、さまざまなメンバーと一緒に共創しながら、ひとりでじっくりと自分がすべきことを考えることが重要とされる。独創と共創の間に内省の時間を入れると、ひとりで考えているだけでは見えてこなかった、自分がやるべきことが降りてくることがある。共創を単なる最大公約数のアイデアに終わらせないための、大事なポイントだ。

STEP4 アウトプット

インプット→ジャンプのステップは、情報量がどんどん増えていく過程のため、秩序がなくなり、一旦カオスの状態になる。そこからアイデアをまとめていくフェーズが、アウトプットだ。このステップでは、出てきたアイデアを表現する方法を考える。チーム以外の人にも理解してもらえるフォーマットに落とし込めれば、フィードバックをもらい、その後ブラッシュアップのサイクルに入ることができる。プロトタイピングやコンセプトシート、広告ポスター、アート作品など、表現の仕方はどれでもいいが、すぐに検証できるわかりやすいフォーマットになっていることが大切である。

アイデアをまとめるときはあまり考えすぎず、5～10分程度の短い時間の制限を設け、シンプルなネーミングをつくってみたり、ビジュアルポスターなどをスケッチするといった、ユーザーが見る最終のフォーマットを考え、手を使って直感的に行う。それによってアイデアの枝葉がなくなり、一気に幹の部分が抽出されることでシンプルになる。ＭＩＴメディアラボ副所長の石井裕教授直伝の方法としては、考えているコンセプトを四文字の漢字の造語で表現する「四文字熟語化」は誰でも始めやすい方法だ。

③環境づくり――可視化のキャンバス

共創プロセスを機能させるうえで非常に大事なのが、議論している内容を全員が見えるようにするキャンバスをどのように設計するかだ。知識整理の議論の際にホワイトボードが必須なように、リアルタイムで議論している内容を整理するためには、書きやすく、かつ広いキャンバスが必要になる。またインプットした情報は、できるだけ見えやすく、組み替えやすいようなかたちにしておくのが望ましい。議論の流れに合わせて、独自のフレームをつくったりして、議論をかたちにしやすくする事前準備は非常に効果的である。

僕らはこのような場で議論している内容を、リアルタイムで模造紙に可視化していく「グラフィックファシリテーション」という手法を活用する。共創の場は、そこで生まれている会話そのもの、さらにいうとその背景にある感情や文脈などの空気づくりが価値そのものだったりする。BIOTOPEには松浦桃子というグラフィックレコーディングのプロがいるが、彼女が議論の内容を絵にすることで具体性を高めようとする勢いが出たり、絵にできないものを特定することで、もう一歩踏み込んで突き詰めて考えるきっかけが生まれたりする。

ここまで共創型ワークショップのファシリテーションを行ううえでのコツを紹介してきたが、ひと言で共創ワークショップといっても、実はテーマによってファシリテーションの仕方は異なる。

アイデアを生み出すことを目的にする、アイデア発想型のファシリテーションは比較的簡単だ。特に、アイデアソンやハッカソンなどの創発型のプロセスは、料理と似ている。これは新しいものを生み出すのをひたすら楽しむアメリカ的な共創ファシリテーションといえるだろう。料理は、最初に食べたいメニューや食べてくれる人、盛り付けの器などのイメージを考え、（手元にない食材は、調達したり代用したりして）必要な食材を選び、混ぜ合わせたり、火にかけたりして調理する。そして、最後に盛り付け、みんなで一緒に楽しむ（さらにいうと、最後に片付けもあるが）。アイデア発想型の共創プロセスには、このように具材やプロセスをしっかり用意して、あとはストウブ鍋に入れてグツグツ煮込めば、ある程度はおいしくなるというつくり方が存在する。

一方、ビジョンづくりやコミュニティづくりのような、新しい物語をつくっていく場合には、違うアプローチが必要だ。過去の文脈を拾い上げながら、新たな文脈をまとめ上げていく文脈デザイン型の共創プロセスは、ファシリテーターの能力がより重要になってくる。企業や組織の文化、歴史、事業の環境、長期的な技術トレンドの変化などの知識を得たうえで、そのチームのやりたいことや課題をカウンセラーのようにうまく引き出したり、特性に合わせて必要な情報を編集していくストーリーテリングの力が必要だ。これは教養が不可欠なヨーロッパ的なファシリテーションといえるだろう。

共創の場づくりは、基本的に生き物を扱うようなものである。BIOTOPEでは、事前にチームで共創プロセスを回すときには、プロセスをリハーサルして、出てきたアイデアや答えによって、それを微調整しながら、さらに現場の空気に合わせて、そのつど修整を加えるといったことを繰り返している。また、カタリストの小林泰紘を中心に、共創ファシリテーション研修を組織の創造文化づくりのプロジェクトの一環として実施しているので、興味がある方はぜひ問い合わせてほしい。

グラフィックレコーディングの例
女子サッカーなでしこの選手のコミュニティ「なでケア」のキックオフミーティングのグラフィックレコーディング

＊参考文献：

『21世紀のビジネスにデザイン思考が必要な理由』（クロスメディア・パブリッシング）

『アイデアソンとハッカソンで未来をつくろう』（インプレスR&D）

『デザインスプリント ―プロダクトを成功に導く短期集中実践ガイド』（オライリージャパン）

『U理論【第二版】――過去や偏見にとらわれず、本当に必要な「変化」を生み出す技術』（英治出版）

創造の智慧15　生んで間引く創発型戦略づくり

このようにリアルタイムでアイデアを生み出しながら、考えていくという共創の場づくりは、アイデア発想のためだけではなく、生み出したアイデアをしっかりと分析し、振り返りをすることによって戦略立案としても活用できる。戦略立案には、ふたつの流派が存在するとされている。ひとつは戦略立案に必要な情報をすべて調べたうえで、最も合理的な戦略を立案するという立場のもので、これはマイケル・E・ポーターやフィリップ・コトラーが提唱する「Planned Strategy」と呼ばれる。そしてもうひとつがヘンリー・ミンツバーグに代表される「Emerged Strategy」と呼ばれる〝戦略は実践のもとに創発される〟という考え方である。つまり、事前に計画するのではなく、実践の智慧を戦略として結晶化させていくべきだという現場主導の戦略立案の考え方だ。

このミンツバーグ型の戦略は、生物淘汰の法則が適用できるイノベーションの現場と相性がいい。【0→1】フェーズで失敗を積み重ね、多くのアイデアを生んでみてその内容を分析し、新規事業における機会や自社の強みを考察したり、複数のテーマを並走して検証する。そしてその結果によって、大胆に間引きをし、集中して育てるアイデアを決めていく方法をとる。ここでは戦略立案の分析によく使われる戦略フレームワークを創造後に活用するのがいいだろう。いくつか例を挙げよう。

事業アイデアやサービスアイデアなどのアイデアを多く出したあと、それを評価するうえで有用なのが、左の2軸4象限マトリックスだ。市場性（Marketability）と、実現性（Feasibility）というふたつの軸をとり、それぞれのアイデアに市場規模や社会インパクトはどの程度大きくなるか、実現性はどの程度あるかを投票し、その結果を並べてみることで、それぞれのアイデアをどのように育てていくかの戦略を決めることができる。市場性、実現性ともに高いものは、本命として事業の具体化に向けてチームを編成し、投資していく。市場性は小さいが、実現性が高いアイデアは押さえとして、小さな成功を演出するために使う。そして、市場性が大きいが、実現性が低いものは、R&Dが必要な仕込み案件だ。市場性も実現性も低いアイデアは捨ててもいい。

一方、新規事業のポートフォリオ戦略を考える際は、次ページのアンゾフの既存顧客・新規顧客、既存市場・新規市場のマトリックスに合わせてマッピングを行い、そのうえで小さい成功を収めるものと、大きくチャレンジするものを分類するのもいいだろう。どこの象限のアイデアが多いのか、各象限ごとの共通する構造はないかなど仮説立てをしながら、実際に出てきた事業プランを見て、筋のいい戦略の条件は何かを考えていくアプローチをとる。

既存のフレームワークを使うだけでなく、それに慣れてきたら、アイデアの分類そのものから、新しい戦

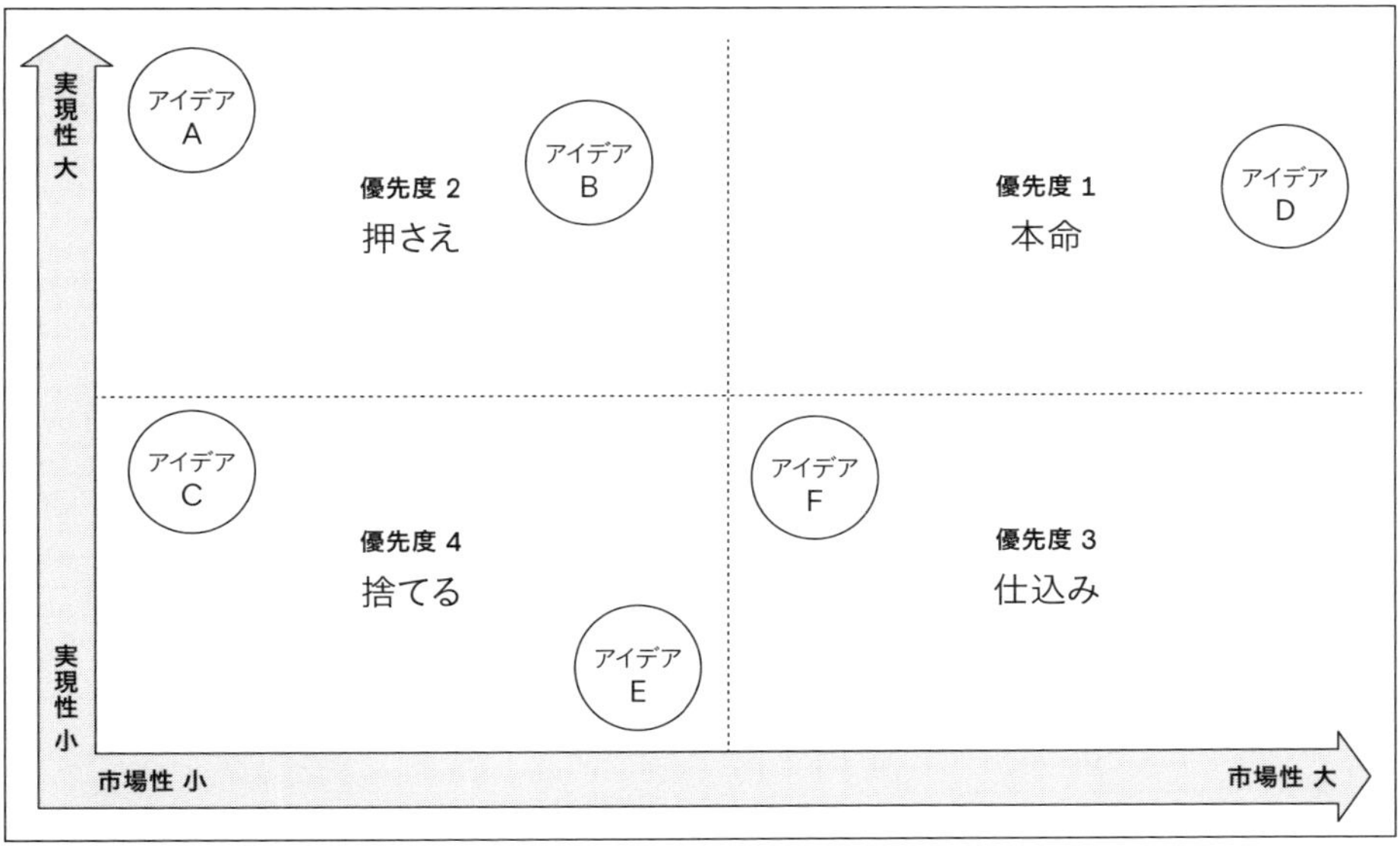

アイデアの評価フレームワーク

略を立案するためのフレームワークをオリジナルでつくってしまうのがいちばんだ。たとえば、BIOTOPEがJFAと協働して実施したサッカーの普及プログラムJYDでは、収益の大半を日本代表関連に依存する構造から脱却するために新たな事業づくりを模索する「JYD未来デザインラボ」を立ち上げた。合計30人のJFAのメンバーが6つのアイデアを理事に提案したのだが、並行してそのアイデアをJYDの次フェーズのマーケティング戦略を検討するための材料にも活用し、縦軸をサッカーへの関与度に基づいたユーザーセグメント、横軸をサッカーが果たし得る役割として世の中への認知度を上げるリーチ拡大と、サッカーの力で日常に存在する社会課題を解決する事業により、強い関心をつくるエンゲージメントの構築という下の二軸に分けたうえで機会領域を分類してみた。

その結果、JFA主催のサッカー大会での広告のリーチ（認知獲得効果）で成果を測っている現状のスポンサーマーケティングに対し、これまではJFAがメインターゲットとしてこなかったサッカーライトユーザーである、ヘルスケアや教育、地域における芝の普及を通じたコミュニティづくりといった領域を特定。社会課題解決に興味をもつ企業と共同で事業を行い、

		顧客	
		既存	新規
市場	新規	新規事業A	新規事業C 新規事業D
	既存	新規事業B	新規事業E

新規事業ポートフォリオフレームワーク

サッカーへのエンゲージメントを生み出すテーマ特化型のスポンサーシップを、新たな第二のマーケティング戦略として定義した。その後、芝生を増やすグリーンプロジェクトを中心としたエンゲージメント型のスポンサー獲得につながり、アイリスオーヤマや、東亜道路工業などの新たなスポンサーとの共同事業が始まることになった。

こうしたアイデアをつくったうえで、かたちにしてみて、戦略化するという考え方は、経営学者ゲイリー・ハメルが提唱する複雑系のマネジメントに近い。彼は、不確実性が高まり、トップにすべて情報を集めたうえで統合的な意思決定をするということが難しくなっている環境下では、経営の役割は権限を現場に委譲し、現場での実践知で得られた知見や、プロトタイプを引っ張りあげ、うまくいきそうなものに集中投資することが必要になると提唱している。これは、経営企画をはじめとした経営スタッフ部門の役割が、トップダウンによる情報の統合分析型から、ボトムアップによる現場支援型に変わることを意味しており、そういった意識の変化のある組織ほど、イノベーションを社内で生み出す環境づくりに注力するようになっていくと思われる。

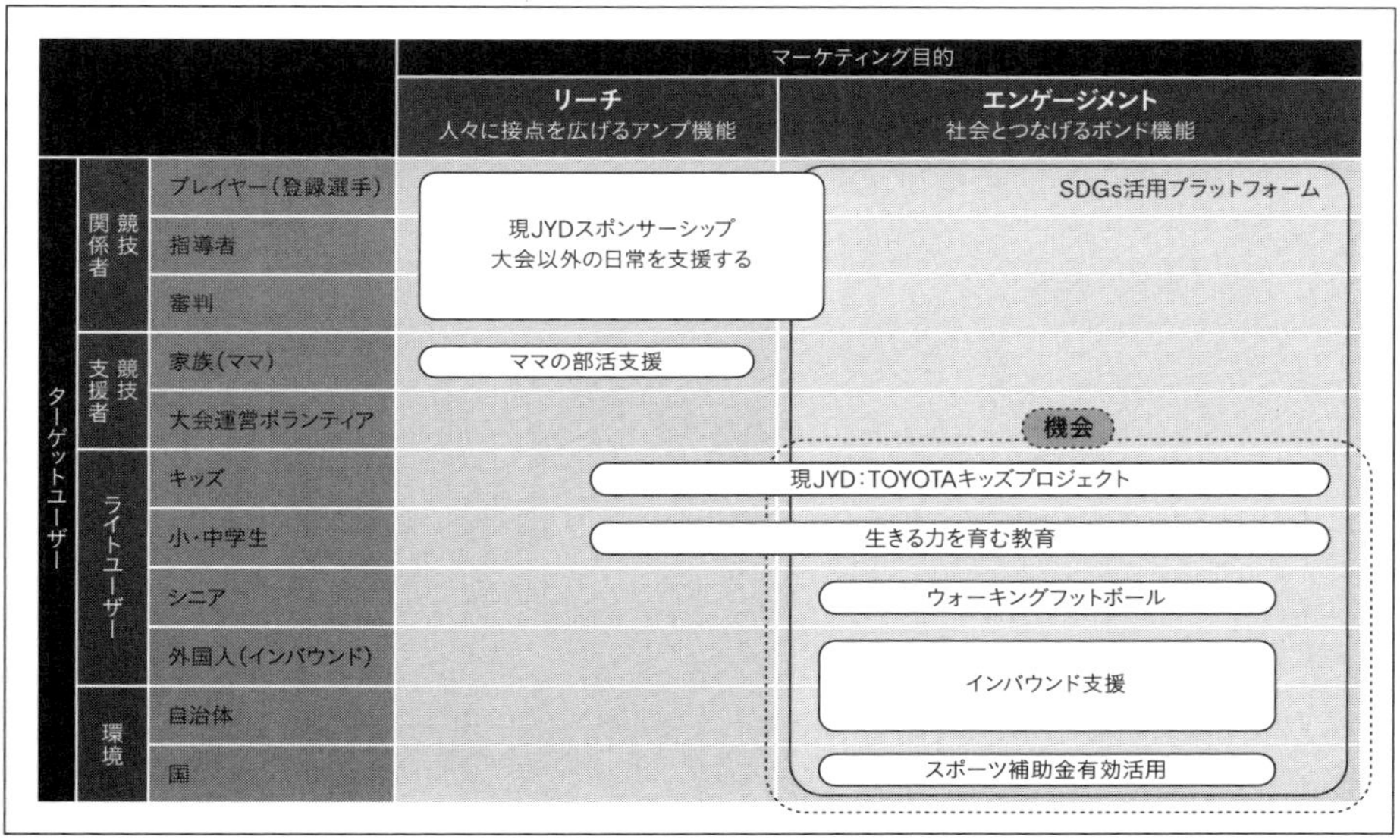

JYD未来デザインラボから見えてきた、機会をまとめたマーケティング戦略フレームワーク例

＊参考文献：『デザインシンキング・プレイブック デジタル化時代のビジネス課題を今すぐ解決する』（翔泳社）

知識創造法としてのデザイン思考を分解してみる

創造サイクルは、独創と共創の組み合わせと繰り返しにより、突然変異を多く生んでいくことに本質がある。この基本サイクルがわかったら、プロジェクト全体の創造プロセスを組んでみることができるようになる。デザイン思考も、ある一部のプロジェクトにおいてはそのまま使えるのだが、必ずしもそのまま使えないものもある。そこで、まずは標準的なデザイン思考のプロセスが効果を発揮する場面と、そうでない場面について紹介しよう。

○顧客起点のユーザー体験づくりを行う

ひとつめは、プロダクトアウトで商品を開発していた企業に〝顧客向け〟という考え方を植え付ける場面だ。マスプロダクトを扱う企業は、個別のユーザーを見ないことでマス向けの商品やサービス開発をしてきた。なぜなら、個別のユーザーという視点を入れれば入れるほどカスタマイズが必要になり、コストがかかる。マスプロダクトは市場における最小公倍数としてのユーザーを想定するし、その顧客像は具体的すぎないほうがよかった。しかし、この考え方は、顧客側がデジタルの接点をもつことで変わってくる。インターネット、そしてスマホが生活の中心になるにつれ、ユーザーはPCやスマホで自分がほしいサービスだけを選ぶことが可能になった。自分に合った情報やサービスを受け取れるのが当たり前なうえ、それが少しでもスムーズにできないとイライラするようになる。そうすると、つくり手はそうしたユーザーの立場に合わせて、先回りして体験をデザインすることが必要になる。これが、ユーザー体験をデザインする、いわゆる「UX」である。

デザイン思考の源流のひとつである「ユーザー中心設計」は、ユーザー側の視点に立って商品やサービスは設計されるべきだという思想から始まったが、これがまさにデジタル体験の時代にマッチした。ＩＴ系の企業はそもそもこの体験がサービスの価値のすべてであり、当たり前のようにユーザー像を設定し、その人にとっての最適な体験をデザインする。デジタルの世界では、ユーザーのデータを取れるうえ、参入障壁が低いため、どんどん競争環境は変わっていく。そのなかで、常にデータを見ながら、リアルタイムで開発と改善していく文化をもつことそのものが勝負になる。

デザイン思考のような、ユーザーに対する深い洞察と理解を起点にプロトタイプをつくっていく考え方は、過去にアメリカのマイクロソフトや、ヤフーのようなＩＴ企業を中心に方法論が開発されてきた。スマホやタブレットなどデジタル上だけで完結する体験だけなら、プロトタイプをつくり、フィードバックをしてといったサイクルを低コストで回すことができる。しかし、それがハードウェアと一体となった体験を設計するとなると一気にハードルは上がる。古くは、スマホ自体のデザインがそうだし、ハードウェアのＩＴ化は２０１０年ごろからカメラなどをきっかけに広がり、いまではクルマや農機具にまでＩｏＴの流れが押し寄せている。商品サイドだけではなく、顧客サイドの小売りでもＥＣやアプリに加え、どう売り場の体験を設計するのか、ＩｏＴを絡めて店頭体験にどう付加価値を創造するのかがテーマになってきている。こうした流れによって、これまでマスプロダクト的な開発手法を行ってきた産業は、ユーザーとのインタラクション（相互作用）が必要になり、顧客向けの体験開発をしていかなければならなくなった。そうなると必然的に、大規模な「生産する組織」だった企業が、その一部に「創造する組織」をつくることが求められるようになる。現在、デザイン思考がこれだけ必要とされているのは、まさにこの体質転換が必要な企業にとって、最初の入り口として変革の〝必修科目〟になっているからだと考える。

○ＢｔｏＢのサービス・ソリューションデザイン

デザイン思考について議論をすると、必ずといっていいほど出てくるのが「うちの会社はＢｔｏＢなので、活用するのは難しいのでしょうか？」という質問だ。実際のところ、デザインという言葉上、ＢｔｏＣの最終消費者向けの商品に適したアプローチだと思われがちだが、むしろ逆だ。

日本でデザイン思考を最もうまく活用している企業は、社会イノベーションを掲げ、インフラを社会課題解決のための視点で構想し、それを実行していくためのソリューションデザインとして提供している日立製作所であり、世界最大のデザイン会社は2000人以上のデザイナーを擁するIBMである。これらに共通するのは、顧客像がひとつの企業＝ひとりの担当者の顔を明確に定義できるという点だ。つまり、デザイン思考がユーザーのインサイトを徹底理解したうえで解決策をデザインするプロセスをたどる以上、こうしたB to Bの企業ほど、この方法論は機能しやすい。実際にIBMや、ヨーロッパ最大級のソフトウェア会社であるドイツのSAPのような企業は、デザイン思考を使って顧客を巻き込み、顧客担当者自体もチームに入れることで共創しながら、より精度の高い解決策を販売するソリューション提案型システム開発・販売のような戦略をとっている。BIOTOPEがかかわった事例では、コニカミノルタジャパンの「Workplace Hub」のサービスデザインと営業のソリューションデザインのプロジェクトがあったが、IoTのように顧客自体もデジタルインフラをビジネスで活用できる自由度のある環境では、営業スタッフが個別の解をつくり、提案していくことが求められる。こうしたケースでは、デザイン思考が効果的である。

しかし、デザイン思考は万能ではない。その構造上、デザイン思考がそのまま活用しにくいのは以下のような場面だ。

× 個人の発想と表現が価値の源泉になる場合

デザイン思考は、ユーザー目線になる一方、個人の理屈のない発想を生かすのには向かない場合が多い。ユーザーのニーズが可視化できていないが、つくり手個人の独創性によって生まれるファッションや、ハイエンドブランド、コンテンツを生み出すような領域がそれにあたる。このような業界では、起業家や経営者と気鋭のクリエイターが協業して、ビジネス戦略をブランド表現やコンテンツ表現に落としていくほうが質の高いアウトプットが期待できる（ただし、同じブランディングでも、ミッションやビジョンを起点にした従業員起点のインナーブランディングのような戦略をとる場合は、共創的なアプローチとの併用が有効な場合もある）。

× 社会実装までに時間がかかるR&Dや、長期的なビジョンやミッションをつくる場合

企画してから実装までの期間が5年以上かかる自動車やインフラ開発などの長期的な開発が必要な業界や、5〜10年以上のスパンで研究開発を行う、未来の技術を使ってビジョンを考えていくようなテーマは、いずれも現在のユーザーの気持ちが長期的に変わらないとはいえないため、デザイン思考プロセスをそのまま応用しても答えは出てこない。

× 社会課題解決など、複数のステークホルダーを巻き込んだ変革が必要な場合

地域のコミュニティづくりや、都市のビジョンづくりなど、住人などの当事者を巻き込み、自発的に動いてもらう必要性のあるプロジェクトや、社会課題の解決など公益性が高く、多くのステークホルダーを巻き込んだアクションが必要な〝複雑な課題〟については、商品やサービスを1度出して終わりではなく、継続的に参画する人とコミュニティをつくりながら時間軸を長くして進めていく必要がある。

これらを総括すると、デザイン思考は1〜3年の短期に市場の声をうまく拾うかたちで進めるプロジェクトが最も適しているといえるだろう。逆に、長期プロジェクトや、プロダクトアウト（つくり手起点）型のプロジェクトには別の方法論が必要になる。

創造の智慧16　目的に合わせて創造の方法論を使い分けよ

ＢＩＯＴＯＰＥでは、創業以来案件に合わせて完全に方法論をカスタマイズしてきた。ここでは、範囲が広がりつつあるデザインプロジェクトを4つのパターンに分けて、それぞれのプロジェクトをうまく進めるコツを簡単に紹介しよう。158ページに4象限マトリックスを紹介しているので、そちらも併せて参照してほしい。

ブランドをつくる「伝統的デザイン」

デザインプロジェクト4つのパターンのひとつ目は、古くからデザインと呼ばれ、アメリカのデザイン界のオピニオンリーダーであるジョン・マエダ氏が「伝統的デザイン」と定義する分野だ。短期のスコープで、つくり手の世界観をプロダクトアウト的に提示していくのが特徴で、商品の筐体や質感などのプロダクトデザイン、パッケージデザイン、広告など、ユーザーに五感による知覚体験をつくり出すことが主眼に置かれ、古くから「ブランディング」に貢献してきた。この分野は、昔からつくり手の創造力や審美眼が問われる領域であり、ユーザーとの接点となる商品や広告などで、ブランドづくりの強力な武器であり続けている。経営者の思想とデザイナーの感性がぶつかり合いながら、その世界観を具体化していくという意味で作家性の高いプロジェクトであることが多い。強い作家性をもった戦略のわかるクリエイティブディレクターが経営者と直接やりとりをしながら、トップダウンでプロジェクトを進めていくのが典型的なイメージだろう。

ただ、この分野でも、新しいブランドデザインの手法が生まれてきている。それがトップダウンでブランドを定義するのではなく、社内外のステークホルダーを巻き込み、意義を引き出しながら、生きたブランドをつくっていく「パーパス・ブランディング」という考え方だ。近年、経営者にとって、ユーザーだけではなく従業員や外部パートナー、企業とのエンゲージメント（愛着心や思い入れ）を強めることがブランドづくりの対象になっている。具体的には、ミッションデザインや従業員などとのエンゲージメントを生み出すブランドストーリーづくりがポイントになるが、これは創業者や企業の思想を引き出してパーパス（存在意義）を定義し、その世界観をブランド体験やストーリーとして提供していく、比較的新しい手法である。最近、EC特化型アパレルブランドのエバーレーンなど、ユーザーと接点を直接もって製造・販売を行うD to Cブランドが生まれてきているが、それらブランディングの手法もこれに近い。

BIOTOPEが支援したALEの事例は、企業のミッション／バリューをはじめとする思想そのものをデザインするケースだった。山本山のように企業の存在意義を刷新しながら、外部デザイナーと協働でパッケージや店舗デザインに落とし込んでいく事例もあるが、いずれも企業の歴史を分析し、経営者や社員のこだわりや思想、世界観を引き出して可視化し、そのストーリーを体験として表現するという点では同じある。その点において、ユーザーニーズに焦点を絞って、商品を開発する古典的なブランドマーケティングとは異なり、企業の担当者がデザイナーやデザインファームと共創して、ブランドを立ち上げる方法がポピュラーである。

伝統的デザインの期間は、半年から1年程度が中心で、内部の組織改革やインナーブランディングとセットで実施する場合は、3年程度の比較的長期プロジェクトになることがある。

体験をつくる「人間中心デザイン」

ふたつ目が、いわゆるデザイン思考のプロセスがストレートに使えるデザインであり、「人間中心デザイン」と呼ぶ。短期の時間軸でマーケットインでユーザーのニーズを引き出し、進めていく顧客志向の商品開発、UXデザイン、サービスデザイン、B to Bのソリューションデザイン、リーンスタートアップによる新規事業創造などが対象になることが多い。ユーザー中心を共通言語として、分野横断のチームで協働して解決策をつくり出す。

このテーマは、商品開発、UI（ユーザーインターフェース）・UX開発や、新規事業開発などR&Dなどの部門に関連する。これらの部門が新たな顧客体験を創出する場合、まずはエスノグラフィーなど、デザイン思考の代表的な手法を用いたユーザー理解を起点にすることが多い。その後、複数部門の担当者から構成されたチームが、企業のもつ技術シーズを生活者の価値へと翻訳していくのだが、現時点の生活者の価値を起点とするため、社会実装の期間は最大3年程度となる。

しかし、最近では、経営レベルで顧客中心の考え方を組織に広げていくために、ＩＢＭやドイツのＳＡＰに代表されるプラットフォーム型企業が外部企業と協働するにあたり、共通言語・共通プロセスとしてデザイン思考を全社に導入するのは、こうしたスピーディーな体験デザインの組織文化をつくる目的に応用したものだ。ユーザー理解や共創から始まり、プロトタイプを検証しながら、アジャイル開発へとつなげていくのが典型的パターンであり、こうした組織文化を確立するまでをゴールと考えるなら長期的な取り組みが必要となる。ＩＢＭもＳＡＰも5～10年近くプロジェクトを継続し、創造文化の土壌をつくってきたのだ。

コミュニティをつくる「参加型デザイン」

三つ目が、「参加型デザイン」だ。組織の創造文化づくりやコミュニティデザインなど、社会課題を解決する比較的、中長期に成果を出すテーマを対象とし、さまざまな参加者のインサイトを引き出すマーケットインの手法でコミュニティのなかで自律的な創造を生み出すために時間をかけるのが特徴だ。デザイン思考を、組織の枠を超えた共創に応用する参加型デザインの方法論を活用することで、社会課題解決のための事業開発が可能になる。さまざまな分野のステークホルダーを巻き込んだコミュニティづくりは、多様なプレイヤーがそれぞれの力を発揮できる生態系を整備するのが何よりも肝心である。近年、ＳＤＧｓにより、企業や公的機関による社会課題解決や地域のコミュニティづくりの取り組みが注目を集めているが、このようなケースでは社会の共通善の実現に向けて新たなコミュニティを構築しながら、解決策を実施していく必要がある。というのも、社会課題をテーマに設定する場合、関連する課題やステークホルダーが複雑に絡み合うケースがほとんどのため、それらの解決は一企業だけでは難しく、多くの立場の違う企業や団体を巻き込んでいかなければならない。日本サッカー協会や、東京急行電鉄など、公益性の高い法人や社会変革を志す企業が事業を開発する場合、ステークホルダーから課題への共感を得て、ビジョンや解決策を共創していくことが重要であり、参加型デザインの方法論は、そうしたプロセスにおける共通土台の役割を果たす。

プロセスを設計するうえで注意すべきポイントは〝自分事化〟を生み出すことだ。ゼロから1を生み出すよりも、その地域や社会にすでにある人や文脈を生かして、当事者の〝つくりたい〟という想いを引き出すべきである。この自分事化をうまく生み出すには、オーガナイザー側が事前にシナリオをつくらずに、目の前の参加者が生んだものをそのまま生かしていく、支援に徹するという姿勢を徹底できるかが重要だ。ソーシャル・デザインでは、デザインの対象が当事者たちの関係性や新たな文脈が必要となる。そのために、まずは地域の歴史をリサーチして、その成り立ちを理解することが不可欠であるとともに、デザイナーが構築した共創のプロセスやラボなどの実験の場そのものが、ここでの価値の源泉となる。

中長期ビジョンをつくる「未来デザイン」

最後は、研究者やアーティスト、デザイナー、起業家などの未来に対する構想や洞察を起点に、思想や未来像を具体的に提示していく「未来デザイン」だ。特にＡＩやロボティクスなど技術進化がつくり出す未来の社会像を主観的に定義し、世の中に問いかけることに主眼が置かれる。ＩｏＴやＡＩ、ブロックチェーンなど技術進化のスピードが加速し、未来を予測しにくくなっている。そんな不確実な時代のなか、イノベーション活動を進め、投資していくには指針が必要だ。そうしたことから、最近は10年以上先の未来像を自らの意志で定義し、理想と現実のギャップを推進力に変える〝ビジョン・ドリブン〟なイノベーションプロジェクトが増えている。こういったプロジェクトでは、まず経営者や社員がそれぞれの想いを共有し、未来像をデザインしたうえで、それに適した事業やサービスをプロトタイピングして、実証実験を繰り返しながら実現に近づけていく。これは経営者が中長期ビジョンを策定したり、イノベーション戦略を立案したりする場合に適した方法といえるだろう。

マイクロソフトが構想する未来像を映像化した「Productivity Future Vision」やＩＢＭが未来の技術トレンドを予測した「ＧＴＯ（Global Technology Outlook）」のように、Ｒ＆Ｄの分野では以前からデザイン思考が使われていた。ＮＴＴドコモの事例はこれにあたるが、これらの企業のように、自分たちの主観からスタート

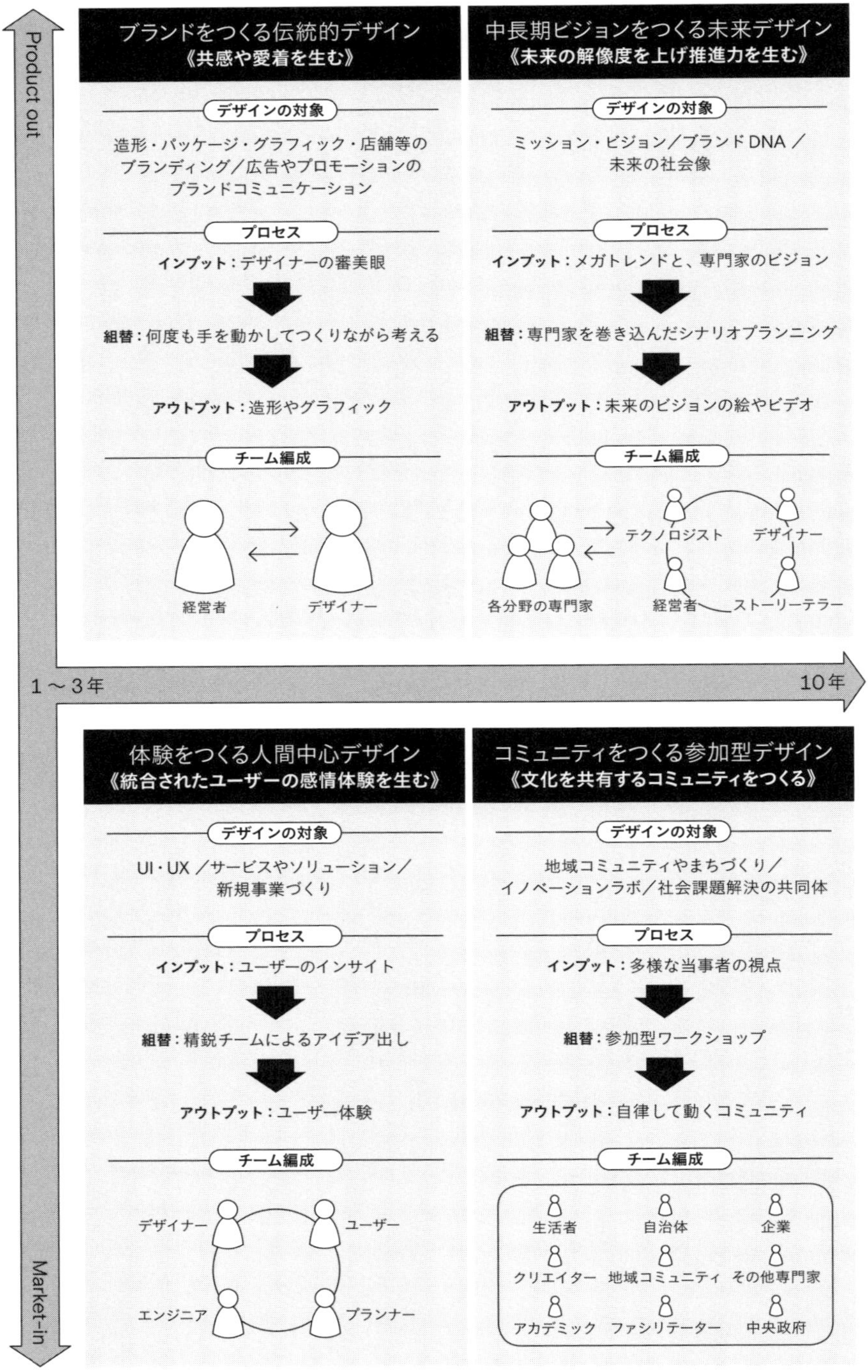
Product out
Market-in
1～3年
10年
ブランドをつくる伝統的デザイン
《共感や愛着を生む》
デザインの対象
造形・パッケージ・グラフィック・店舗等のブランディング／広告やプロモーションのブランドコミュニケーション
プロセス
インプット：デザイナーの審美眼
組替：何度も手を動かしてつくりながら考える
アウトプット：造形やグラフィック
チーム編成
経営者
デザイナー
中長期ビジョンをつくる未来デザイン
《未来の解像度を上げ推進力を生む》
デザインの対象
ミッション・ビジョン／ブランドDNA／未来の社会像
プロセス
インプット：メガトレンドと、専門家のビジョン
組替：専門家を巻き込んだシナリオプランニング
アウトプット：未来のビジョンの絵やビデオ
チーム編成
各分野の専門家
テクノロジスト
デザイナー
経営者
ストーリーテラー
体験をつくる人間中心デザイン
《統合されたユーザーの感情体験を生む》
デザインの対象
UI・UX／サービスやソリューション／新規事業づくり
プロセス
インプット：ユーザーのインサイト
組替：精鋭チームによるアイデア出し
アウトプット：ユーザー体験
チーム編成
デザイナー
ユーザー
エンジニア
プランナー
コミュニティをつくる参加型デザイン
《文化を共有するコミュニティをつくる》
デザインの対象
地域コミュニティやまちづくり／イノベーションラボ／社会課題解決の共同体
プロセス
インプット：多様な当事者の視点
組替：参加型ワークショップ
アウトプット：自律して動くコミュニティ
チーム編成
生活者
自治体
企業
クリエイター
地域コミュニティ
その他専門家
アカデミック
ファシリテーター
中央政府

し、社会との対話を通して企業のビジョンを生活言語に翻訳していく手法が、新たなトレンドになっている。この種のプロジェクトにおいては、イラストなどのビジュアルやコピーライティングを活用し、技術者や研究者の視点によるビジョンを他部門のメンバーやユーザーと一緒に可視化・統合し、その世界観を物語化して世に問いかけていくのが有効だ。

そうやってサービス研究やプロトタイプ開発の解像度を上げていく手法に対して、「スペキュラティブデザイン」（問題解決ではなく、問題を提起するデザイン）のように、アート作品として発表する手法もある。未来のデザインでは、技術や社会の変化を予測する「シナリオプランニング」などの経営の意思決定に役立つ手法・技術と、イノベーター個人の構想を起点としたアートやデザインによるシナリオづくりを融合させることが重要になる。

実は、この4パターンのプロジェクトは、すでに紹介した座組みと、知識創造プロセスであるインプット↓ジャンプ↓アウトプットをそれぞれプロジェクトの目的に合わせてカスタマイズすることによってできる、本質的には同じ創造行為だといえる。

伝統的デザインはこの4つのなかで、経営者とクリエイターの協業によるトップダウンで行われる、いちばん独創色の強いプロセスだ。豊富な経験や優れた審美眼をもつデザイナーと経営者のビジネス戦略の化学反応がインプットとなり、デザイナーチームの試行錯誤も含めて、デザインをしながらの実験によって組み替えられ、最後は造形やグラフィックなどの制作物に落とし込まれる。

人間中心デザインは、デザイン、ビジネス、エンジニアなどの少数精鋭による創造チームが、ユーザー観察をインプットしながら、多様な視点からアイデア発想して組み替え、最終的にユーザーの体験に落とし込んでいく。

参加型デザインの場合は、プロジェクトのさまざまな当事者やアカデミックなどの専門家などの参加者の経験や意見がインプットになる。共創ファシリテーターが参加型ワークショップを行い、引き出し、新たな意志をもったコミュニティをアウトプットとしてつくっていく。

未来デザインの場合は、テクノロジーや人文科学などの最先端の知見をもつビジョナリーやエキスパートと、経営者や技術者、デザイナーが協働して、メガトレンドなどの情報やエキスパートの視点を取り入れるのが特徴だ。そのうえで、シナリオプラニングなどのワークショップを通じて、最終的には未来像や未来の物語を紡ぎ出し、未来像のビジュアルや動画などをアウトプットする。

この章の最後には、伝統的デザインの例として山本山、人間中心デザインの例としてコニカミノルタ、参加型デザインの例として東京急行電鉄のプロジェクトを紹介している。すでに第4章末で紹介した未来デザインのNTTドコモの例とともに、目的に合ったプロジェクトの進め方をイメージしてほしい。デザイン思考を入り口に、独創と共創のバランスをとりながら知識創造のプロセスをデザインできるようになると、その先、あらゆるプロジェクトに合わせて最適な方法論をカスタマイズできるようになっていく。デザインの本質を、対象となる人間に合わせて最適なかたちにしていく、人間に寄り添う姿勢だととらえるなら、デザイン思考という技術をあなたがいる業界や、事業に合わせてカスタマイズするのはデザインそのものだ。独自の方法論は、その思想や文化を伝播させるミームとなる。創造文化を全社的につくっている企業には、必ず自社流の創造プロセスがある。デザイン思考の扉の前に立ったあなたは、その次の道に向けて少しでも歩みを進めてほしい。

*参考文献：
『デザイン思考が世界を変える』（早川書房）
『突破するデザイン』（日経BP）
『社会変革のシナリオ・プランニング――対立を乗り越え、ともに難題を解決する』（英治出版）

老舗の歴史的資産を価値に変えるリブランディング
――山本山のケース

山本奈未（山本山 常務取締役）

創業300年を超えた山本山は、のりの製造販売会社として有名だが、お茶販売の老舗でもある。日本の伝統的な中元・歳暮といった文化と百貨店中心で動いていた経済成長とともに歩んできた。だが、平成生まれの世代においてはギフトの習慣が大きく変わり、百貨店業界そのものが苦境に直面するのに合わせて、いままでの物販形式中心のビジネスモデルでは難しい時代になった。そこで山本家の長女で、米国ロサンゼルス在住で先進的な感覚をもつ山本奈未氏が中心となって、原点に戻るリブランディング・プロジェクトが始まった。

山本：弊社は、いまでこそのりで有名ですが、煎茶を世の中に広めたほか、玉露を発明した会社でもあります。わたしは、山本家の長女として生まれ、卒業後、家業である山本山に入社しました。米国のアイダホ大学を卒業したあと、2年間、国内で勤務しました。現在は米国法人ヤマモトヤマU.S.A.社の最高責任者で、日本では常務です。

基本的に弊社は、お茶に対するプライドを強くもっているのですが、事業はのりが中心です。弊社のアイデンティティでもあるお茶の販売を増やしたいという思いはありました。そうしたこともあり、日本茶事業に立ち戻るリブランディングのプロジェクトを立ち上げ、米国から指示しています。

佐宗：経営を継いでいく立場として、なぜデザイン思考が大事だと思ったのでしょうか。

山本：問題解決の仕方と、伝わりやすさではないでしょうか。問題に対して大きな視点から解決方法を模索する手段が、本当の「デザイン」が意味することであり、解決方法の提示の仕方も伝わりやすくなくてはいけない。単なる表向きのデザインリニューアルではなく、根本的な問題点を解決し、伝わりやすく提示することが本当のデザインの意味だと知ったとき、わたしの思考回路にはデザイン思考が合っているのだなと思い始めました。

シリコンバレーをはじめ、西海岸の多くの会社はデザインに対する想いと経営のつながりを重視していることも、現地の経営者と話していて実感します。

佐宗：今回のプロジェクトは、当初はリブランディングというテーマではありませんでしたね。

山本：はい。2018年秋にリニューアルオープン予定の店舗の設計やインテリアデザインを任されることになり、本店のデザインをするデザイナーチームを編成したいと思ったのです。

佐宗：最初に、本店づくりに対する想いや、山本山の変えてはいけないもの、将来残しておきたいものについて山本さんにインタビューをしましたね。

それを踏まえて新店をイメージしたインスピレーションコラージュをつくりました。これを前提にデザイナーのコンペをしました。この段階でどのようなことを考えていましたか。

山本：商品をズラッと置いて、「どうぞ買ってください」という店舗設計や陳列が従来のスタイルでした。しかし、いまはお茶のいれ方やのりの食べ方を熟知している人が昔に比べて少なく、現在のライフスタイルに合ったお茶とのりの飲食の仕方を提供していくことが大事だと思いました。新しい店舗は、おいしいお茶やのりの食べ方をじっくりと体験できるカフェスペースを広げ、現代の食生活に合った日本の伝統食の楽しみ方を提供しています。

佐宗：コンペの結果、店舗デザインとは別に、商品パッケージを若い世代に向けてリニューアルする可能性について検討することになりました。

まずは、お茶とのりが現代のライフスタイルのなかでどのようにとらえられているのかを、ユーザーのほか、デパ地下にある山本山販売店の店長にそれぞれインタビューしました。

このリサーチは、デザイン思考という観点から、お茶というテーマでユーザーインタビューをして、そこから何をするかを考えるというプロセスでした。やってみてどうでしたか。

山本：とても参考になりました。ユーザーリサーチについては知ってはいましたが、これまで実施したことはありませんでした。弊社の規模では、時間的に余裕がなく、コスト的にも無理だと考えていたからです。
　これまでの商品は百貨店からの依頼を受けて開発することが中心だったため、エンドユーザーのニーズを踏まえた商品開発に取り組む仕組みをもつことが難しかったこともあります。今回のような定点リサーチという方法があるということがわかり、大きな学びになりました。

佐宗：このリサーチのあと、さまざまなタイプのターゲットやそれぞれのお茶やのりとの関わりを整理しました。独身、既婚者、シニア、外国人などがいるなかで、お茶やのりは、年配の方との接点が強い一方で、もっと若い、いわゆる平成世代とのつながりが弱いと思います。

　若い世代は忙しく、朝食を抜いたりするので、お茶やのりを頂く機会が減っています。一方で、若い世代にはのりがいいと思ったものや、おしゃれでカジュアルな手自分土産を友達同士でもち寄る習慣があります。また、結婚を機に親族への礼儀の視点からお茶を学びたい、もしくは学んでほしいと勧められるといったきっかけがあることもわかりました。

　お茶は丁寧な暮らしの象徴になり得る一方、急須をもたない若い世代に、いかにしてお茶を飲むことへのハードルを下げ、さまざまなお茶をその背景にあるストーリーとともに楽しんでもらうかが、リブランディングのテーマになっていきました。

山本：そうですね。そうした取り組みをするなかで、店舗を変えるだけではなく、そこで販売する商品のパッケージデザインを変えることがテーマになり、自然に対象範囲が広がっていきました。

佐宗：次に、デザインファームのNOSIGNERと新商品やパッケージのデザイン案を提案しました。しかし、新商品の前に、まず既存の商品群を整理することになりました。これにはどんな背景があったのですか。

山本：この時期から、社長が「リブランディング」という言葉を使い始めました。社長の意識もこの時期に変わったのだと思います。リブランディングという言葉は、「何かが変わる」ことを伝える肯定的なメッセージという側面があります。実際には、商品ラインとパッケージをリニューアルすることだと考えていました。

　例えば100ある商品を、80にするとします。それには売れていない商品と売れている商品を分析し、統廃合する必要があります。佐宗さんに商品ラインの分析や原価率の計算、営業担当者へのヒアリングをお願いしました。これをきっかけに、売上重視の考え方を改め、商品単位の営業利益率を見ていく動きが本社で出てきました。

佐宗：ここは経営的には難しい局面だと感じていまし

た。リブランディングは、前向きなイメージがありますが、実際は、こうした商品の統廃合が欠かせません。このプロセスのなかで、経営の立場で大切だと思ったことはありますか。

山本：先ほどの数字の視点に加え、商品を開発した経緯や背景を確認することです。あとからきた経営者は、昔のことはわからないことが多いです。これだけ多くの商品がある理由を周囲に聞いて、調べていくことに力を入れました。

　商品には、それがつくられた背景が必ずあります。会長の指示があったのであれば、会長がそれを必要だと判断した理由を掘り下げていくと、商品の位置付けがわかります。その結果、売上は少ないけれど残す、あるいは、別の商品に切り替えるという提案ができます。

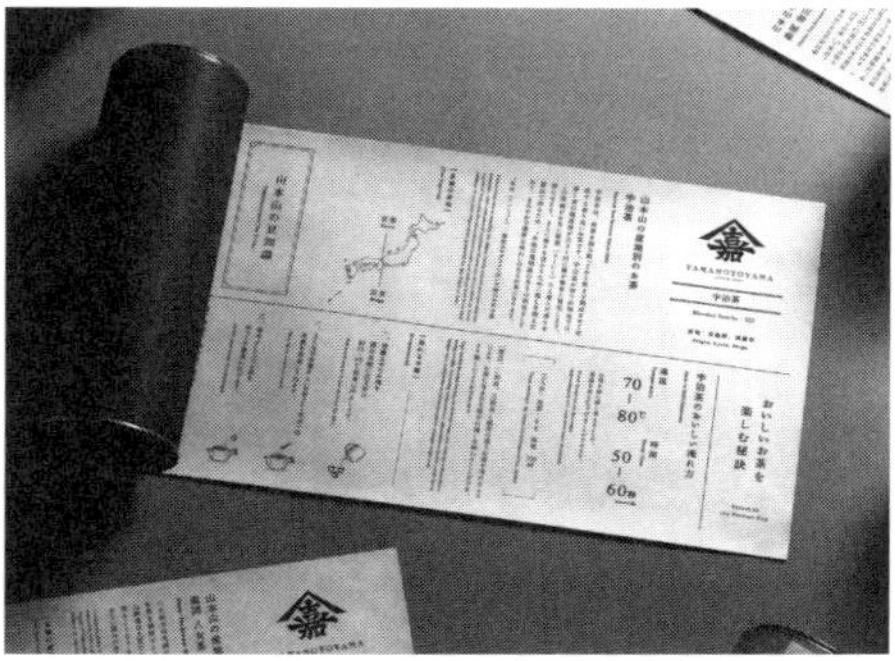

巻物のスタイルを採用したお茶のパッケージ

佐宗：それぞれの商品に固有の歴史がありますね。数字を見つつ、過去の経緯を知っている経営陣や現場の担当者にインタビューし、残すべき商品を選別して、最後に提案しました。個々の商品がもっているストーリーを残す領域と、数字で切らないといけない領域を区別することが重要だと思いました。

山本：新しいお茶の商品ラインとして、いちばん上が「天下一」、次が「上喜撰」、その次が「山本山」という3つのランクを設けました。天下一という、江戸で売られていたいちばんいいお茶という意味の商品名を今回のリブランディングで復活させました。上喜撰は、ペリーが来航したときに誰もが驚いた蒸気船とかけた狂歌で有名になりました。山本山といういまの社名も、当時のお茶のブランド名でした。

佐宗：昔にちなんだ名前を復活させるなど、プロジェクト全体として商品ラインを絞るだけではなく、歴史のフィールドワークをしたり、過去の商品台帳や江戸時代の浮世絵などの資料を見たりして、使えるストーリーや資産を掘り起こすこともしましたね。こうした背景をNOSIGNERが、ロゴ、パッケージ、商品説明などに反映させました。

山本：NOSIGNERさんは、ただデザインするのではなく、商品がつくられた背景を理解してデザインに落とし込んでいくことに長けていると思いました。

佐宗：のりについても3、4カ月かけて分析し、営業部門にヒアリングした内容をNOSIGNERと共有し、パッケージをデザインしました。この作業を進めていた2年目の時期はどうでしたか。

山本：この時期に、営業推進室という営業視点の企画を行っていく部署ができるなど、社内の体制がリブランディングのプロジェクトに沿って変わっていきました。

佐宗：営業会議でも利益率などの数字を見るようになったり、営業会議の一環で新しいターゲットになる30代のユーザーを招いたワークショップを実施し、ターゲット世代のトレンドを肌で感じてもらったり、それに合わせたお茶の提案の仕方を考えていただくなどの取り組みを行ったのもこの頃でしたね。

山本：そうですね。2017年1月の髙島屋京都店オープンで新商品をすべて並べることを目指して、営業などの現場の理解を得る必要がありました。

佐宗：京都店は、新生・山本山が初めて世の中に出た場でしたね。どのようなことを感じましたか。

山本：やっぱり、自分たちがつくってきた商品を見るのはうれしかったですね。

また、新しいパッケージデザインはとてもよくなりました。一産地物と山本山オリジナルの合組（ブレンド）などが、パッと見てどんな商品かがわかりやすい。商品名と商品の背景にある物語が巻物型の缶や祝儀袋のようなパッケージの裏に記載されているので、わかりやすさと商品の奥深さを伝えることを両立できています。

それから、日本語・英語のバイリンガル表記になったことも外国人向けの発信をするうえで大きいですね。インバウンドのお客様も読めますし、英文があると現場で、外国人にすぐに説明できます。

佐宗：次にチャレンジしていきたいことはありますか。

山本：パッケージなどのソフト面はある程度できてきたので、ハード面として、2018年9月に日本橋に新しい店舗をオープンしました。おいしいお茶を飲んで、のりを食べてみて、おいしかったら買ってもらう。おいしかったから、また人を連れてきてもらい、自分でもお茶をいれてみたくなるような体験型の店舗です。

STORY

老舗のDNAに立ち戻ったリブランディング

「変わらないために、変わり続ける」。海苔・お茶の老舗として有名な山本山のリブランディングに携わる機会を得て学んだ、300年以上も続く企業経営の智慧だ。山本山は創業300年を超える日本茶の老舗だが、実際には「上から読んでも下から読んでも山本山」のCMで知られるように、戦後は海苔のブランドとして認知され、ギャップがあった。また、メインのユーザー層が60歳以上になり、若返りを図らないと会社が次代に継承されない。変化のための変化ではなく、守るための変化には、原点となるDNAに立ち戻る必要があった。そこで、会社のDNAとしての日本茶の可能性に立ち戻り、その体験を若い世代や、外国人にどう受け入れてもらうかという視点でリブランディングを実施した。創業家の伝統や江戸時代に遡る歴史を掘り起こし、これからの時代に必要な価値を再定義。江戸の老舗茶屋・大店という社員にパワーを与えるDNAを凝縮した、新たなパッケージデザインをつくるとともに、ターゲット層である20～30代のユーザーのライフスタイルを理解し、日本茶のよさを現代風に伝え直すブランドづくりを行った。新生山本山のDNAを体現した新店舗が、日本橋髙島屋にある。ぜひ一度体験に訪れてもらいたい。

STEP 1
ビジョンに合わせたデザイナー選定
創業家のビジョンを聞き取り。ビジョンに合ったデザイナーを招き、コンペ実施

STEP 2
デザインリサーチ
ユーザーや社員へのインタビューや、人気店のトレンドリサーチを実施

STEP 3
新商品開発
デザインリサーチと並行して、新商品のコンセプトとパッケージのプロトタイプを製作

STEP 4
商品ラインアップの再整理
既存商品の売上、利益率を分析。リブランディングのコアとなる商品を選定

STEP 5
パッケージ・POPデザイン
統一デザインルールを作成し、コア商品のパッケージをデザイン

STEP6
組織変革
ワークショップを実施し、山本山のDNAについて議論

STEP 7
デジタルマーケティングの導入
外部人材とチームを結成。SNSを活用し、お茶のあるライフスタイルを発信

このインタビューは「日経デザイン」2017年12月号、2018年1月号掲載のものを再編集しました。内容、肩書は基本的に当時のものです。

モノづくり型からコトづくり型へ変革する人間中心デザイン

——コニカミノルタのケース

原口 淳（コニカミノルタジャパン社長）
小林泰紘（BIOTOPE クリエイティブカタリスト／共創ファシリテーター）

モノや情報があふれかえっているいま、価値はモノの所有から、利便性やサービスへと変わってきた。それは、複合機を扱うB to Bビジネスにおいても同じだ。複合機を主力の事業とするコニカミノルタジャパンは、複合機のIoT化したサービス、「Workplace Hub」を開発し、顧客の課題を解決するためのソリューション提案型ビジネスモデルへの進化を狙っていた。そのためには、ソリューション提案型で営業するというコト売りへの変革が求められ、デザイン思考、人間中心デザインは新たな文化変革の引き金となった。

原口：コニカミノルタジャパン（以下KMJ）は、コニカミノルタグループの国内新会社として2016年に設立されました。高度成長期にはモノの普及が社会貢献で、メーカーはよりよいモノを豊富に提供することが使命でしたが、これから人口が減少して需要が伸びない国では、それが成り立ちません。

グループの事業は、複合機や医療、計測機器など多岐にわたっています。それぞれの分野ごとに事業会社がありますが、そうした異なる分野の顧客接点を再編して多面的に活用しようと考えたことがKMJ誕生のきっかけです。

小林：今回、ビオトープでは2つの案件をご一緒しました。2017年3月末からのフェーズーでは、独自に開発したIoTプラットフォーム「Workplace Hub」の日本市場導入に向けて、共創型ワークショップを行いました。

原口：Workplace Hubを簡単に言うと複写機やスキャナ

ー、プリンターなどが一緒になった複合機の進化版です。複合機ビジネスは、ハードウェアの販売とサービスの両方で利益を得ることができるうえ、中古市場もあり、顧客と末長くお付き合いできます。しかも、複合機は世界中の多くの企業のオフィスの中心に設置されています。

ところが、ペーパーレス化や働き方の変化で複合機は不要になるともいわれ、そうなったら我々はどこに軸足を移すかという議論を社内でも長年してきました。ただ、これだけの規模と裾野があるビジネスはそうありません。だから、複合機を革新的に進化させるしかない。それが当社にとっても日本の産業界にとっても大事だと思っています。

小林：どのように進化させるのですか。

原口：いまは、多くの会社が多様なアプリを使ってサーバー上で仕事をしていますが、Workplace Hubではそれらを複合機の中に入れてしまいます。オフィスや現場に散在するすべてのデータのハブとして機能するプラットフォームシステムを想定しています。

小林：組織をサービスビジネス型に転換していくに当たり、どんな課題や変革の必要性を感じていましたか。

原口：親会社のコニカミノルタではイノベーションを起こし、新しい価値を顧客に提供する組織として、Business Innovation Center（BIC）を世界5拠点で展開しています。Workplace Hubはその欧州拠点から出てきた構想でした。国内販売会社からは見えづらい部分も多く、先行する欧米の様子を見ながらの国内展開となりました。我々の初期の発想は、やはり製品ありきのモノづくり思考でした。でも、ワークショップをやっていくうちに、やろうとしていることは顧客への価値提供であって、何を搭載して、お客様がどんなふうに使ったら価値が生まれるのかが大切だと気づかされました。

小林：なぜデザイン思考に興味をもったのですか。

原口：モノや情報があふれかえっている世の中で、いまの消費者はモノの所有に興味を失い、利便性やサービスを価値と認識しています。そんななか、メーカーが生き残るには、モノを否定せず、それを利用しながら新しい価値を生み出していくしかありません。

では、多様化した価値観にどう応えるのか。我々にはそれに応えるノウハウがありません。そこで、顧客とともに価値を共創するプロセスを学ぶ必要があると思い、今回の取り組みに至りました。

小林：組織の変革を進めるに当たって、最大の障壁は何でしたか。

原口：日本の企業は、高度成長期に規模の経済を是として効率化を追求した結果、仕事の分業と組織のサイロ化が進んでしまいました。サイロ化した組織では業務プロセスが縦割りで進行するため、自分の守備範囲をこなしていればよく、視野が狭くなります。

また、上下関係が明確なので、社員は「俺が社長だったら」という発想がもてず視座が低くなります。私は20年間ほど海外駐在をしていたこともあり、そういう視野や視座を失わずにきました。帰国してみると、一人ひとりの役割をもっとマルチにして、視野を横断的に広げるような仕掛けをつくらない限り、組織も社員も変わらないと感じました。

小林：実際にワークショップに参加してみて、どう感じましたか。

原口：Workplace Hub は複合機の将来を左右するほどの大きなプロジェクトです。さらに、これを発端にして我々の組織の変革も進めていきたい。こういう知見・経験を積みながらデザイン思考を実践できる人間をまずは、1割から2割にしたい。これが3割を占めるようになったら会社は変わると思います。

小林：御社のデザインセンターのデザイナーも参加して一緒に絵を描きましたが、そうした過程をどう見ていましたか。

原口：デザイン思考の魅力は、組織の壁を取り払うと同時に、縦割り組織で失ってきた能力を取り戻せることだと思います。縦割り組織にいると、全体を見なくなります。

多様なニーズに対応できる複合的な価値を提供するには、物事を多面的に観察する複眼力、全体像を描き出す構成力や、新しい試みへの柔軟な着想、協力者を巻き込む共創型リーダーシップなどの高いレベルの能力・行動力が求められます。

小林：社会や顧客ニーズが多様化し、商材やサービス形態が複合的かつ複雑化するなか、市場導入前に顧客との共創で製品価値を確認できるのは利点ですね。

原口：今後のサービスビジネスの原則になると思います。メーカーの場合、いままでは開発が上流で、技術ありきでモノをつくればその価値を市場に認めてもらえるという考え方でした。これからは顧客と一緒に新しい価値をデザインしていくプロセスが上流になるでしょう。

小林：顧客の課題を観察し、解決への道筋をデザインする能力が必要ですね。

原口：モノで差異化できないのなら、営業やサービスに関わる人材を差異化要因にしていくしかありません。また、そういう能力があれば、顧客のコンサルティングもできます。「君と話していると解決策が見つかるよ」と顧客が思うようになれば、弊社の営業やサービスの担当者がブランド価値になりうる。

2018年6月25日にローンチした「いいじかん設計」のサービス紹介サイト

小林：Workplace Hubのサービスコンセプトづくりを具体化するために、次のフェーズでは、そのサービスパッケージとして、働き方改革支援サービス「いいじかん設計」のブランドコンセプトをつくりました。元々は、2013年から、「働き方変革」プロジェクトを自社実践し、18年初頭に顧客向けのソリューションとして提供していくためのキャッチコピー・ネーミングを一緒につくらせていただきました。このサービスをつくり始めた背景について教えていただけますか。

原口：KMJでは、働き方変革を進めるため、働く時間を業務内容別に分けて、調査・分析することから始めました。残念ながら、現状はほとんどが作業系の単純業務時間で占められています。創造的な時間はごくわずかで、自己研さんのための時間はほぼゼロ。自分に投資していない人間がいきなりクリエイティブになれるわけもなく、作業に逃げ込みます。

だから作業時間を削って、その分を創造時間と自分時間に充てることが大切です。将来的に、それらを3等分にする時間設計ができれば、生産性・創造性を高める働き方につながるのではないか。そう考えたことが、このプロジェクトの発端になっています。

小林：働き方改革支援サービスは、どのような戦略的位置付けで考えていますか。

原口：イメージ的に働き方改革のほうがWorkplace Hubの上位にあります。これからの日本企業は、高度成長期の右肩上がりの時代の成功体験を一度忘れて、付加価値をもっと生み出せる働き方に変えていかなければなりません。それにはノウハウが必要です。我々は、そうしたノウハウを伝えながら、働き方改革を支援するサービスプロバイダーを目指します。

小林：今回のいいじかん設計のキャッチコピー・ネーミング開発では、KMJのプロジェクトメンバーと共創型ワークショップを開催しました。働き方改革に関しては、長時間労働の削減や業務の効率化といった議論が多いようです。そんななか、我々はその先にどんな時間が増えて、どんな未来がつくれるかに焦点を絞ったことで、多くの可能性を発見できました。

原口：いいじかん設計というサービスの考え方が、KMJ社員の行動規範になればいい。そういう姿勢で動く人間が増えると、人材の差異化につながるし、営業やサービスといった顧客との接点がブランド価値になる。このサービスを発表するに当たり、社員に伝えたメッセージがあります。その一部を紹介します。

「仕事は、効率よく量をこなす作業の連続ではなく、物事を多面的かつ柔軟に考え、チャレンジ行動を起こすことです。そのためには単純作業の自動化はもちろん、結論の出ない会議やそのための資料づくりを減らし、社会動向を観察し、社会課題解決に向けて考える時間をつくり出す必要があります。社員の皆さんが創造力を高める自己研さんの時間も必要でしょうし、介護や育児といった生活面の両立も切実な問題です。皆さんの人生のステージに合わせ、多様な価値観を大切に生きていくことが、いい時間の基本だと考えています」

小林：創造型組織へ転換していくうえでの難しさはどこにありますか。

原口：いくら理想論を語っても、現実的には我々はいまだ複合機主体の事業をしています。「それはやめて、新しいやり方にして」とは言えないところが難しい。そこは役割分担をして進めつつ、組織全体で目的意識を共有することに意味があると思っています。新しい価値にもとづく人事制度や組織設計、業績評価の在り方を具体的に提供できる会社にならないと完結しないでしょうね。

小林：ところで、デザイン思考のどんなところに可能性を感じたのですか。

原口：入社式でよく言うのですが、ほとんどの新入社員にとって会社のイメージは箱なんです。上司がいて、やることが指示されるような。でも、そうではなくて、本来はいろんな個性の集まった共同体であるべきですよね。とらえ方次第で、仕事の面白味が全く違ってくる。会社のなかで成長すると、やれるオプションが増えていきます。むしろ、会社を利用してやろう、というしたたかさがある人間のほうが伸びると思います。

わたしのデザイン思考のイメージは、紙1枚、鉛筆1本をもって自由に発想できるワクワク感。「会社は人材がすべて」とよく言いますが、私もその考えに賛成です。紙と鉛筆でワクワクする社員が増えたら、KMJも変わっていくと思います。

STORY

紙と鉛筆で、ひとりの顧客のために価値をつくるという原点

コニカミノルタジャパンの原口社長は、事業を超えた社会意義やビジョンを議論しながら、それをコニカミノルタという大きな組織のなかでいかに落とし込むかという、妄想と現実の行き来を最もお話しさせていただいた経営者のひとりだ。モノ売りをしている会社においては、一部だけを見ていればいいが、コト売りというのは要はひとりのユーザーと一対一で向き合うことで、相手全体を見て自分たちができることを構想しないといけない。「紙とペンで全体を考えるという、もともと僕たちの誰もができたことを取り戻す、人間化するために必要なのがデザイン思考なのだ」という指摘は、自分たちからは出てこなかった本質を逆に教えていただいた。限られた経営資源のなかで、現状のビジネスを回しつつ、新たなビジネスの種を並行して仕込む。その余力がない場合には、現状の当たり前をやめる決断をしたうえで、未来志向の取り組みを増やしていく。経営に必要なのは、このトランジションのバランスをとりつつ、現場に創造の機会をつくっていくリーダーシップだ。デザイン思考のような創造の場をつくるというのは、リーダーが仕込める変革のひとつのステップストーンになるのだろう。

STEP 1
事業を通じた変革ビジョン作成
事業を通じて実現していきたいビジョンを可視化し、チームを編成

STEP 2
サービスビジョンとコンセプト作成
顧客インサイトを起点にして、事業構想を顧客価値へと翻訳

STEP 3
現場観察とサービスデザイン
観察やインタビューで現場ニーズを把握。具体的な顧客体験を描き出す

STEP 4
サービスに関するビジョンづくり
サービスを通じて実現したい思いやビジョンを引き出す共創型ワークショップ

STEP 5
キャッチコピーの着眼点を探索
自社の強みの棚卸しをし、俯瞰（ふかん）しながらブラインドスポットを発見

STEP6
事業再定義のためのコンセプト合意
対話をベースに着眼点を深掘りし、実現したい未来価値を含めコピーの方向性を合意

STEP 7
ネーミング・キャッチコピー開発
共創と独創を組み合わせたストーリーづくりとコピー開発

STEP 8
共創ファシリテーション研修の実施
顧客のニーズを引き出し、課題解決を提案するソリューション提案型営業の訓練

このインタビューは「日経デザイン」2018年12月号、2019年1月号掲載のものを再編集しました。内容、肩書は基本的に当時のものです。

多摩川流域未来ビジョンをつくる参加型デザイン

――東京急行電鉄のケース

小林乙哉（東急 都市経営戦略室 戦略企画グループ 企画担当 課長補佐）

東京急行電鉄が約30年かけた再開発の末、東京・二子玉川で目にしたのは、都心にはない自然に近い環境で職住近接のライフスタイルを送る人たちの姿だった。今後、必要なのは都市一極集中を超えた自律分散型の都市のかたちをつくることだ――そう考えた同社の都市創造本部が取り組んだのは、既存のアプローチとは異なる参加型デザインによる街づくりの未来ビジョンの策定だった。従来のハード投資を中心とした街づくりとは異なり、地域の強みを生かした理想のビジョンを描き出し、住民や企業参加により自律的に実現する方法を採用した。

佐宗：僕は多摩川沿いに住んでいて、BIOTOPEも創業以来、二子玉川にオフィスを設けていました。その地域に次世代型の街づくりのビジョンをつくっていきたいというお話をいただいたときは、とてもワクワクしました。大規模な都市開発のイメージが強い東急さんが、なぜ多摩川流域というテーマを設定されたのですか。

小林：これまでの街づくりは、郊外に住み都心で働く生活が前提でしたが、今後は都市に働く機能もあれば、遊ぶ機能もあるといった、自律分散型の都市構造に変えていかなければなりません。

東京・二子玉川を「日本一働きたい街」にするというビジョンの下、再開発してきました。その結果、都心にない職住近接の環境が生まれ、そうしたライフスタイルを取り入れる人が増えました。その次のフォーカスとして、社会実験区プロジェクトの「TAMA X」を始めたいと思いました。

佐宗：なぜ、多摩川流域に注目しているのでしょうか。

小林：これまでは渋谷を起点に自社の田園都市線、東横線といった沿線エリアでとらえることが多く、多摩川を中心に見ることはしていませんでした。ところが将来、東京外環自動車道が羽田空港近くにまで延びる構想があり、そうなったら多摩川流域はどうなるのだろうと思い、マップをつくって周辺に散らばる地域資産を加えたら、すごく可能性があるエリアに思えてきたのです。

佐宗：東急は東西に延びる路線が多いですが、多摩川を軸に地域を南北に見ることになりますね。

小林：それで2017年7月に開催した円卓会議（研究会組織「クリエイティブ・シティ・コンソーシアム」が主催し、日本が今後取り組むべきテーマについて意見を出し合う会議）で議論したら、思った以上に大きな反響がありました。

佐宗：17年11月には多摩川河川敷でテントを張って「TAMAGAWA OPEN MEET-UP」も開催しました。

小林：円卓会議は有識者だけで議論する場でしたが、せっかくアクションを起こすのなら、多くの声を集めたいと思い、一般の人も参加できる場にしました。

街づくりは行政による都市マスタープランにのっとって進めるのが基本です。これまでは何もしなくても人が集まったので、それをコントロールしていれば十分でしたが、いまは「都市間競争」といわれるように、都市の需要を高める方法を考えなければなりません。つまり、従来の方法論が通用しなくなっています。

佐宗：それでデザイン思考に興味をもったのですね。

小林：デザイン思考はユーザーを理解して潜在的なファンにどんな価値を提供するかを考える手法で、既存の設計会社やコンサルタントとは異なる新鮮なアプローチだと思いました。

佐宗：今回、街づくりにおいてビジョンをデザインするプロジェクトを始めるうえで課題に思っていたのはどのあたりでしたか？

小林：賛同者を増やしながらビジョンをつくっていくことです。街づくりは一企業や行政の考えだけで成立する話ではなく、その地域の住民やそこで活動したいと思って集まる人をいかに増やしていくかがポイントです。そのとき重要なのは、ビジョンに共感できるかですが、共感してもらえるビジョンをつくるのは簡単ではありません。この地域の強みを考えて、どんな人に価値を感じてもらえるかを論理的に積み上げる必要があります。

佐宗：このお話を聞いたときに、住民、自治体、企業などさまざまなステークホルダーを巻き込みながら、自律的に動いていくコミュニティをつくっていく参加型デザインが適切なアプローチだと思いました。もともと東急さんがもっていた地元のネットワークに興味をもってもらえそうな多摩川流域のビジョンを初期の青写真として一枚の絵に落とし込みました。

小林：モヤモヤしていた内容がすぐに感覚的に表現されたことに驚きました。

それまで自分たちがこうしたいという考えはあっても、地域住民をはじめ、誰にとって有効な施策なのかという議論まで踏み込めていませんでした。それがヒアリングの実施や、カスタマージャーニーマップをつくることで、誰かの思い込みではない内容に変わりました。

佐宗：その後、子育て層、シニア、若者などの地域の方にインタビューをしたうえで、平日の昼から夜の時間帯の河川敷を有効に使うという戦略を定めました。

小林：従来の都市計画の発想は全員平等を目指すところがあり、マーケットという概念がないんです。そのため誰が喜ぶ街なのかが見えづらい。ターゲットを絞り、その後に続くインパクトや優先順位のために、まずこの層を取りにいくという戦略的な発想がありませんでした。

佐宗：今回は最大公約数ではなく、地域にある可能性を尖らせていくビジョンづくりという挑戦でしたね。

小林：潜在ニーズを掘り起こそうというのは、経営的には健全な判断です。

ビジネスパーソンを河川敷で働かせるというアイデアはインパクトがありましたね。あと、ドローン特区をつくるという案も興味深かったです。しかも、ドローンをただ飛ばすというレベルではなく、日本の基幹産業になりうるもので、かつ都心では研究開発が進まないという課題を抱える人たちに向けて、平日の日中にそうした環境を用意できるという発想は、すごく筋がいいですよね。

佐宗：デザイン思考はビジョンをつくるうえでどう機能しましたか。僕の経験上、自分の言葉になっていない、自分が関わった戦略じゃないと、何も残りません。

小林：こんな地域にしたいという考えは以前からありましたが、それを言語化したり、実現するためにクリアしなければならないハードルを洗い出す作業を我々はやってきませんでした。BIOTOPEからもらった宿題は、そういう部分を改めて考える機会になりました。そもそも、多摩川河川敷を有効活用するにはどんなハードルがあるのか、いちばん理解しなければいけないのは自分たちだったわけですから。

多摩川流域プロジェクトは、2018年5月にフェーズ2に入りました。開発ビジョンは定まっていたので、それをしっかりと発信して認知を広げていくことと、具体的なアクションを実施することに注力しました。

佐宗：ビジョンを実現するため、ウェブサイトのかたちでプロトタイプの具体化を進めました。ウェブのフォーマットによって、キーコンセプトと世界観、発信プランの具体化を目指しましたね。

小林：その後、コピーライティングやキービジュアルを策定しましたが、多くの人の共感を得るための大切な作業でした。そうした感覚を初期段階からチーム内で共有できたのは大きかったです。

BIOTOPEと一緒に、多摩川流域の価値を言葉にしていく過程で、自然とテクノロジー、あるいは自然と都市的な要素が同時に存在していることに価値がある、ということに我々自身も気づきました。結果的に「自然と働き、技術と暮らす」というコピーになりましたが、最も本質的に伝えないといけないことを言葉にしてもらった感じがします。

佐宗：ビジョンにはまだ曖昧な部分があったので、幅を持たせたコピーライティングをいくつか提案して、本質を議論することで、焦点を絞れました。

小林：最初は、誰に対してメッセージを伝えるかを議論しましたよね。そのとき、ターゲットは行政と企業、その他に地域のサービスと住民が挙がりました。

まずは法律などの制度を動かさないといけない。行政にも共感してもらわないと進めない。また、さまざまな社会実験や先進的な取り組みを進めるには、企業の中の感度の高い人たちを巻き込むことが重要です。最初にそこをターゲットに決めたことが、多くの関係者に注目される結果につながっていると思います。

佐宗：ビジョナリー層に共感者をつくるフェーズなので、一般向けのブランディングというより、自分たちのサポーターになってくれる人を増やすための戦略を練ろうと整理して、ウェブサイトをつくりました。

小林：ウェブはティザーサイトの位置付けで立ち上げたので、〝多摩川で何かが始まっている〟ことをアピールして、ビジョナリー層に食い付いてもらうのが狙いでした。実現したいライフスタイルや経済圏の姿を伝えることを目的に、生の声を集めるために奔走しました。

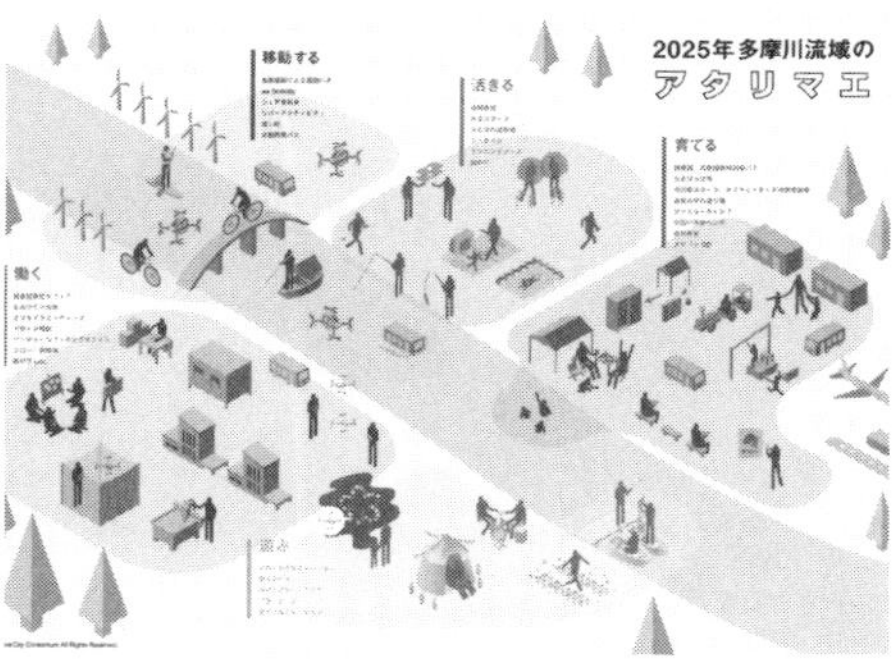

「2025年に多摩川で当たり前になっているといいな」と思うビジョンを、1枚の絵に描きチームで共有した

佐宗：有識者を巻き込んだ、多摩川との掛け合わせを提言する「TAMA X ○○」ですね。

小林：東京都市大学の涌井史郎特別教授や国交省の方などが登場して、それぞれの言葉で多摩川の可能性について語ってくださったことは大きな意味がありました。この構想自体に大義があるということを世の中に示せたと思います。

佐宗：その過程でデザインファームが協働するということは、どんな意味がありましたか。

小林：固まっていない砂を固めるというか、つながっていないもの同士をつなげてストーリーに組み立てる作業だと感じました。普通はこんなスピードでできることではないですよね。

地域に名前を与え、性格付けをしたことで、今となっては多摩川流域が意味のある場所のようになっていますが、これもデザイン思考の成果の一つだと思っています。

佐宗：ところで、この先の都市づくりの考え方はどう変わっていくのでしょうか。

小林：実は、白紙状態から都市をつくること自体は、そんなに難しいことではありません。一方で、いまある市街地に新たな個性を見いだす作業は、デザイン思考のようなプロセスを踏んで、地域資源を丁寧に拾い上げ、住民の声を聞きながら、性格を浮き彫りにしていかなければ難しいでしょうね。

東急は、もともと都市づくりから始まった会社で、利益の半分近くを不動産関係事業から上げています。そういった意味でも、これからの時代にふさわしい、新しい都市像を打ち出していくことが我々の使命でもあります。

佐宗：そのために必要なことは何でしょうか。

小林：都市で生活している人々に、より快適に過ごしていただくために何をするかを徹底的に考えることでしょうね。言い換えると、どういう人にどんな新しいライフスタイルやワークスタイルを提案していくかが重要なポイントになると思います。

今回は多摩川流域でしたが、この先、我々は多摩田園都市をはじめ、いろいろな場所に個性を見いだしていかなければなりません。多くの日本の都市計画は「にぎわいのある街」「静かな生活環境」「イノベーションが生まれる街」といった言葉で済まされがちですが、そこにはその地域に対する深い洞察がありません。こうした地域のビジョンを描くプロセスに、デザイン思考的なアプローチは今後不可欠になっていくでしょう。

STORY

次世代都市づくりのビジョンをコミュニティ参加型で進めるプロジェクト

東急の小林さんとの取り組みは、多摩川流域の未来の街づくりビジョンをどうデザインするかというお題だった。街づくりというのは、公共のプロジェクトであり多くの人の巻き込みが必要になる。一方で、全員の声を聞いていると尖った未来は生まれない。地域のなかにあるはずの可能性を、住人の方の想いやビジョンを聞くことによって引き出しながら、自治体、住人、企業を巻き込みながら前に進めていくファシリテーション力が必要になる。アクティブなコミュニティを巻き込み、地域の可能性をビジョンというかたちで提示しながら、その実行についてはコミュニティを巻き込みながらラボをつくって自律的に進めていくというアプローチは、創造性と公共性をバランスさせるうえで重要なポイントだ。ただ、このような公共性が強いプロジェクトが立ち上がるのは、「いまの街づくりのかたちはもう続かない、次世代の都市づくりの形を実験しながら試していくべきだ」、という強い公共的な課題意識をもった小林さんのようなThought Leaderがあってこそなのだと思っている。

STEP 1

青写真としてのビジョンスケッチの作成

住人参加イベントで得たアイデアからビジョンのラフスケッチを制作

STEP 2

ビジョンを実現する未来年表づくり

コアチームが空想を書き出し、未来年表を制作

STEP 3

機会抽出と課題定義

社会と技術の変化の視点からリサーチを行い、多摩川流域への影響を考察

STEP 4

全体コンセプトとビジョンマップ

ライフスタイルとそれを支える技術という視点によるコンセプトを策定

STEP 5

ティザーWebでプロジェクトを公開

Webサイトを制作し、次世代街づくりについての有識者対談を公開

STEP6

ネーミングの検討

コピーと世界観をもとにネーミングやロゴを制作

STEP 7

コミュニケーションプランニング

Webサイトのターゲットを明確にし、コミュニケーションの目的を設計

STEP 8

住人参加型の実験ラボ

住人参加のラボでコミュニティを巻き込みながら実験プロジェクトを展開

このインタビューは「日経デザイン」2018年10月号、11月号掲載のものを再編集しました。内容、肩書は基本的に当時のものです。

COLUMN

BIOTOPE流創造の型

僕が代表を務めているBIOTOPEは、ひとりのビジョナリーの妄想を起点に、それをかたちにすることで社会に接続をしていく「ビジョン・ドリブン・イノベーション」を行っている戦略デザインファームだ。創業してまだ4年目だが、社員、インターン、パートナーを含めて30人近いメンバーが、自律的につながる生態系のような会社を目指している。

僕らの仕事は、ビジョンパートナーとしてのクライアントの妄想を引き出すことから始まる。まずは組織内外の創造の場となるワークショップを実施しながら、アイデアを生み出して統合し、プロトタイプをつくってかたちにする。そして、それを検証しながら、問引きを行い、戦略をつくっていくという、妄想を引き出す↓アイデアを発想し、文脈化する↓未来構想を具現化する↓構造化し戦略化する、というサイクルを回しながら戦略デザインを実施している。

妄想を引き出すステップでは、心理学的アプローチを活用したカタリストやデザインリサーチャーがその役割を担い、アイデアを発想する。つなぎ合わせて新たな文脈をつくっていく過程ではファシリテーターやトレンドリサーチャー、編集者、歴史家が活躍。構想した未来を具現化していく過程ではデザイナーやテクノロジストが動き、最後に検証した内容をもとに戦略化し、市場導入していくところではストラテジストやビジネスデザイナー、マーケターが獅子奮迅の働きをする。これらは、いずれも専門家がひとりいるというより、ひとりが複数の顔をもつメンバーが多く、フェーズに合わせて強みを組み合わせながらアメーバ型で役割を変えながら動いていくチームだ。

僕らが使っている妄想を市場実装までつなげていくためのモデルには、ビジョンから始め、コンセプトをつくり、伝播をさせていくためのフレームワークがある。それが次のページで紹介する「トリプルダイヤモンド」モデルである。一般的にデザイン思考は、〝発散〟と〝収束〟を行き来する「ダブルダイヤモンド」というモデルがあるが、これはそれをアレンジしたものだ。まだまだ進化の途中であるが、少しだけ説明しよう。

この拡散と収束を、妄想を具現化し、自分たちのWHY（ミッション／ビジョン／バリュー＝MVV）にまとめる「ビジョンをつくる」、MVVにもとづき世の中の課題を発見し、解決の手段を考える「コンセプトをつくる」、プロトタイプの開発や市場導入の準備をして実装する「社会実装モデルをつくる」と大きく3つのフェーズで繰り返していく。ここでポイントになるのは、僕らの考える発散、収束は外を知る方法論と、内を掘る方法論のふたつの幅が必要だということだ。

市場リサーチやメガトレンド分析、エスノグラフィーなどの世の中の文脈を知るための外を知るツールキットと、「ポジティブインタビュー」や「ビジョン・プロトタイピング」、メタファーやブランドストーリーづくりなど、つくりたい妄想を掘り下げ、内面のビジョンを掘るツールキットを併用しながらプロジェクトを進めることで、独創と共創の

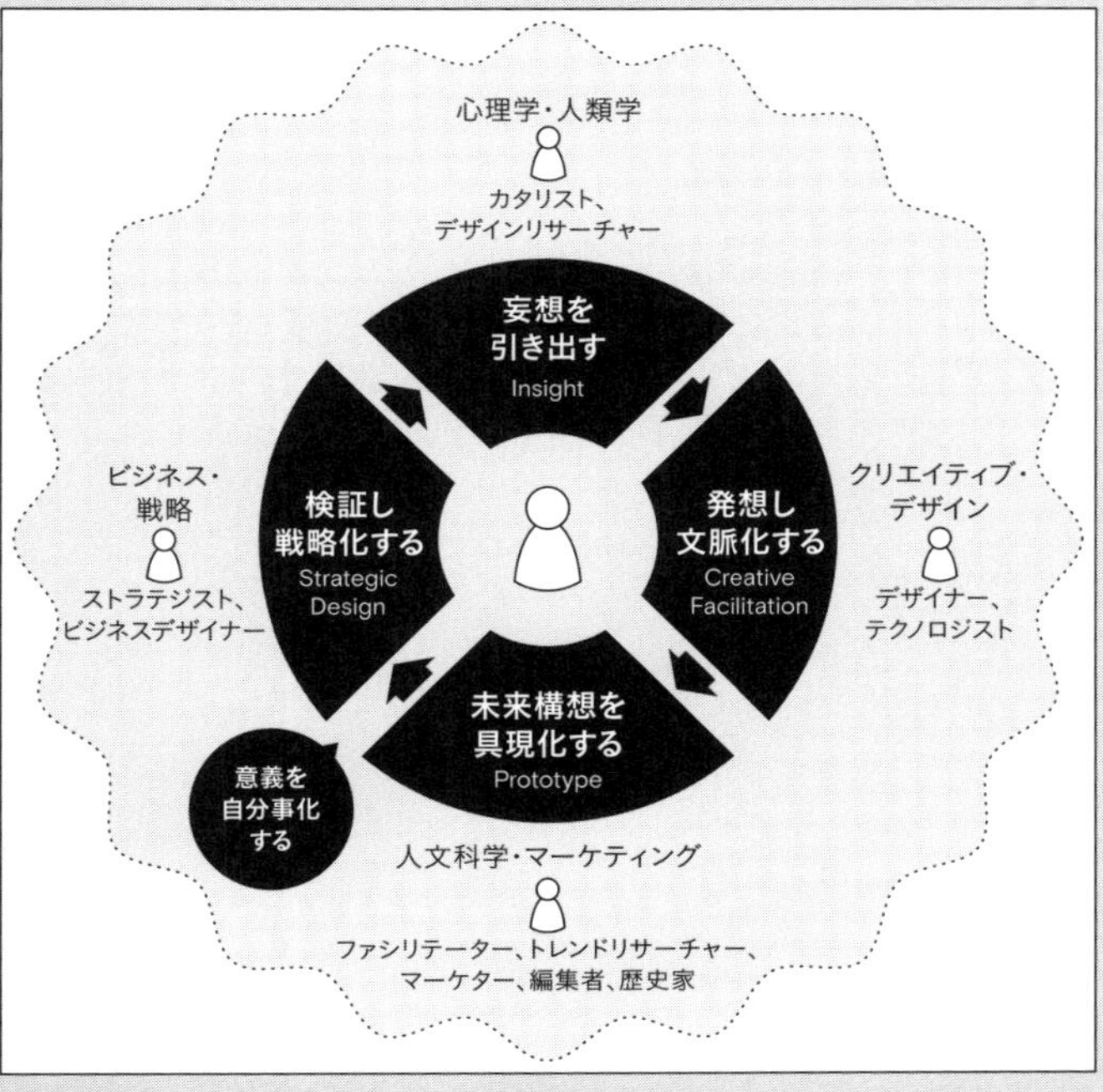

BIOTOPEのVision Driven Innovationの創造サイクル

バランスをとる。

ビジョンをつくるフェーズでは、時代分析や「シナリオ・プランニング」などで時代に対する理解を深めながら、同時にポジティブインタビューやビジョン・プロトタイプなどの手法を使って独自のビジョンをつくる。それらをミッション／ビジョン／バリューなどのブランドDNAのフォーマットにまとめて見ることで、結晶化させる。これは、ビジョン思考を実務で活用するときの方法論だ。

コンセプトをつくるフェーズでは、自分たちがほしいものを考えるアイデア出しや、ユーザーをチームに引き入れて一緒に発想する「ユーザー共創」とともに、トレンドリサーチやエスノグラフィーといった、市場や生活者のインサイト理解により外を知る手法を使い、解決策を創造してプロダクト、サービス、ブランドなど、プロジェクトに合わせたフォーマットに落とし込んでいく。これは、いわゆるデザイン思考的なツールを実務で使う段階だ。

社会実装モデルをつくるフェーズでは、「デザインスプリント」やアジャイル開発などの方法を使って、開発の解像度を高めながらストーリーづくりを起点にしたマーケティング戦略づくりや、社内のさまざまな

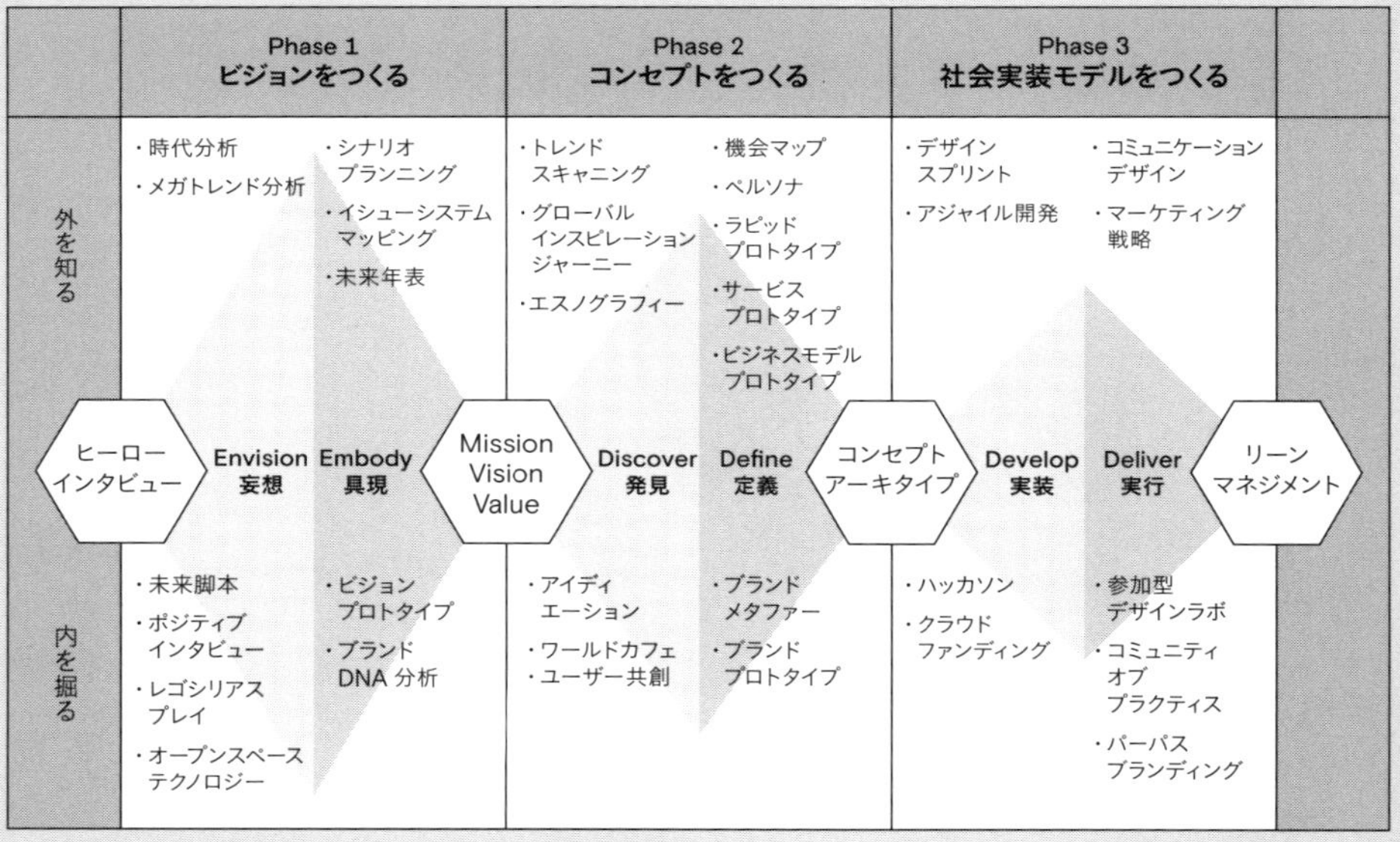

BIOTOPEのビジョンをかたちにするトリプルダイヤモンドフレームワーク

部署を巻き込んだサービスデザインなどに落とし込み、そのうえで戦略を素早く変化させていく「リーンマネジメントキャンバス」で、市場導入後の経営モデルづくりと戦略のチューニングをしていく。この方法論はまだ進化途上であるが、ビジョン起点でプロジェクトを具体化していくためマーケティング、デザイン、アート、心理学、組織開発などの方法論を横断的に融合したものだ。こうした独創と共創のバランスをとりながら、妄想起点で未来を描いていくことに興味をもった人は、ぜひ僕らのウェブサイトにアクセスしてみてほしい(www.biotope.co.jp)。

第6章

【革新】機械型組織のツボを突き、新たなモデルを接木せよ

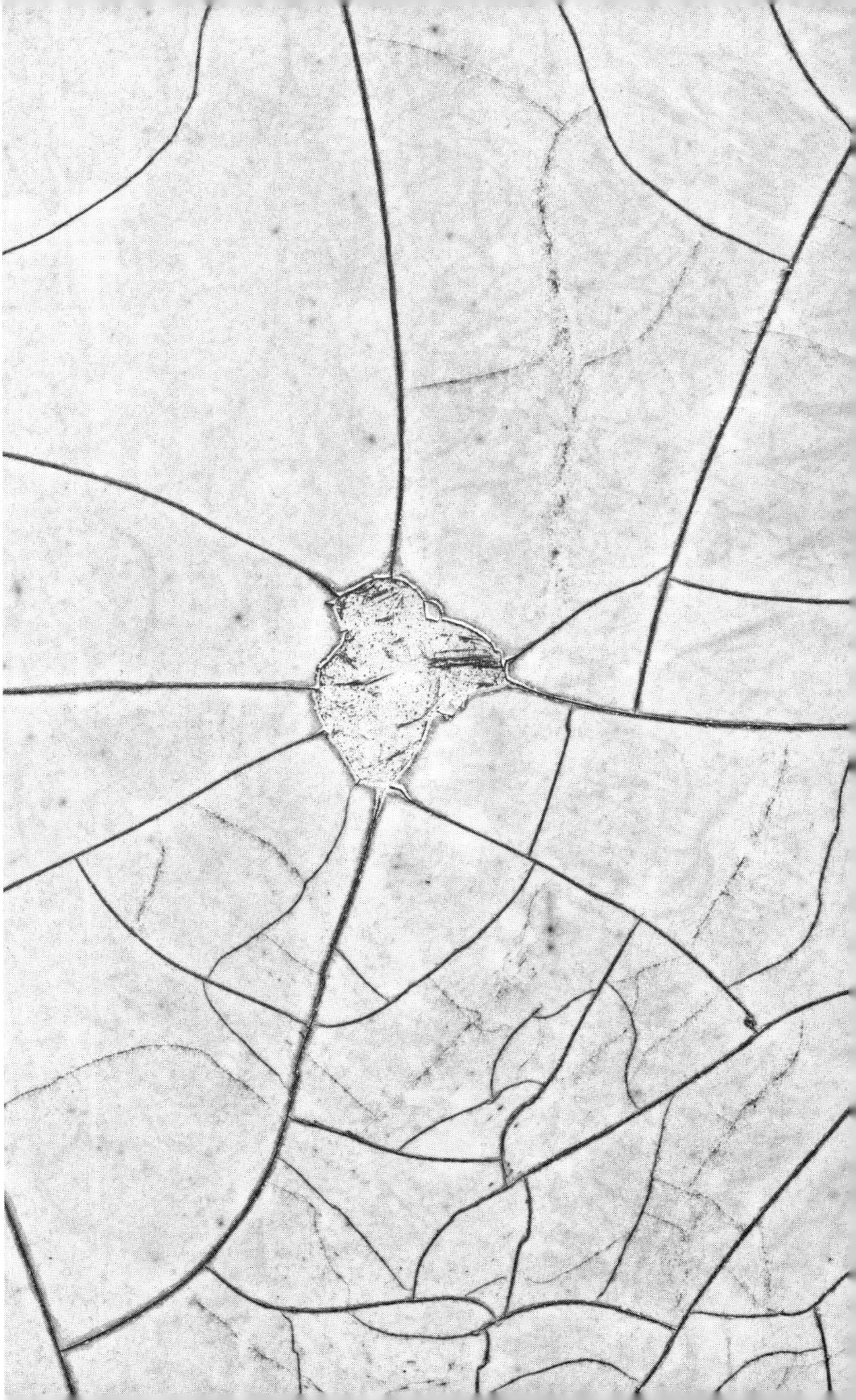

創造と革新を求められるイントレプレナーに必要な接木力

いままでにない新しいものをつくる創造の過程は、スタートアップの起業家であれ、社会起業家であれ、企業内イノベーター（いわゆるイントレプレナー）であれ、基本的にやることはそれほど変わらない。しかし、それをかたちにして実装していく過程では課題が異なる。スタートアップの場合は、これまでにない自分の組織を完全にゼロからつくることができるため、しがらみもなく新たなモデルの構築する破壊的創造のイノベーションが可能だ。アメリカのシリコンバレーの文化は、まさにこのゼロイチを創造することで、既存のプレイヤーを破壊し、新陳代謝を促進して社会を前に進めていこうという考え方がある。彼らが大きくなり社会的影響力を増していく過程で、商慣習や規制といった従来の社会システムと衝突するのは、一度世の中に出た製品やサービスが普及していく段階であり、変革が必要になるのは随分あとの話だ。

一方、企業内で新たな取り組みをするイントレプレナーはそうはいかない。すでに安定して価値を生み続けている、もしくは社会的責任から回し続けなければいけないビジネスがあるなかで、壊しすぎずに既存のモデルをアップデートしていく革新が求められる。その場合は、既存の組織の変化と新たな創造を同時に生み出す必要があり、社会起業家も組織自体はゼロからつくれるが、すでに回っている社会の仕組みを生かしたまま変化させることが求められるため、既存モデルとの付き合いという点で両者は似ている側面がある。いずれも、ただ新しいものをつくるのに比べると、調整コストが高く、政治力も必要だ。そして変化の摩擦係数が多く時間がかかる。特に立ち上げ初期、新たなモデルを創造するだけではなく、既存のシステムとうまく融合しながらプロジェクトを進めていくという追加コストがかかるのが、革新的イノベーターの課題だ。

このような種類のイノベーションは、まったく新しい場にゼロイチを生み出すシリコンバレー型と対比すると、伝統と革新という言葉ではヨーロッパ型のイノベーションだといえる。日本は長寿企業が世界一多く、ラディカルな革命も数少ない。伝統のうえに革新を積み重ねてきた日本の企業に必要なのは、新たなものを生み出しながら、それを既存の組織で生かしたり、組織自体を変化させていくイノベーションと創造したものをうまく"接木"する智慧ではないだろうか。そして、このテーマは世界的に研究が進んでおり、イントレプレナーカンファレンスなどの学会も生まれている。BIOTOPEでは小林泰紘を中心に、海外で開かれるカンファレンスなどに参加し、研究と実践を進めている。その知見によると、アントレプレナーとイントレプレナーは、成り立ち的に性質が異なる。アントレプレナーがゼロからビジョンをつくれるのに対し、イントレプレナーはすでに存在するビジョンを踏まえる必要がある。資金面でも、資本が十分ではないものの、外部調達に自由度があるアントレプレナーに対し、社内の事業が稼ぎ出した予算の一部を投資することをCFO（最高財務責任者）から認めてもらわなければならない。また、人材についても、自分のコネクションで自由に調達できるアントレプレナーに対し、イントレプレナーは、必ずしもベストとはいえない社内人材を使っていく必要がある。さらに意思決定についても、自由にできるアントレプレナーに対し、イントレプレナーは社内のコンプライアンスを遵守する必要がある。制約と調整コストがかかる代わりに、使えるリソースは多いというのがイントレプレナーの特徴だ。イントレプレナーにとって特に大事な要素は以下の3つである。

エビデンス・ベースド・アプローチ（顧客調査や実験データに基づくアプローチ）

これは、顧客エビデンス（現場で得られた顧客のニーズやインサイトなど）をよりどころとして、意思決定サイクルを高速で回していく事業開発アプローチとして普及しているが、実は組織を動かしていくための革新的手法としても海外の多くのイントレプレナーの共通言語となっている。それはMVP（初期段階の、最低限の試作品）での実験を繰り返しながら事業アイデアを顧客データに素早く置き換えることで、サービス開発の意思決定のスピードを速めるだけでなく、リアルな顧客のエビデンスをもって組織を歩き回ることで、そのアイデアの必要性を説得し、周囲を巻き込みやすくなるからだ。デザイン思考やリーンスタートアップのような方法論の活用は、大きな組織でも非常に効果的だ。

個人の想いや意義に昇華させる

大企業は理性だけでは動かない。大きな意思決定のほとんどに、役員やOBを含めた社内政治、昇進などの地位や名声に関わる感情的な動機が存在する組織では、理性と感情の両方に訴えかける必要がある。事業計画を理性的に伝えつつ、個人の想いやアイデア、どのような未来をつくっていきたいのかという意義のあるビジョンを語ることで、周囲の人たちがイントレプレナーの個人的な成功ではなく、ビジョン自体に共感することができる状況が生まれる。より多くの人が活動に関与・協力していく余白や理由を生み出していくことが必要である。

組織のビジョン・DNAに立ち戻る

イントレプレナーは真っさらなホワイトキャンバスにゼロから描き始める起業家ではない。成功しているイントレプレナーは必ずといっていいほど、組織のビジョンや戦略、存在意義に立ち戻り、自分のアイデアをそこに重ね合わせていくことで、時にしたたかに、組織としてその活動を推し進めていくべ

アントレプレナー		イントレプレナー
ホワイトキャンバス	**軌道**	組織のビジョン・戦略
知人やVCからお金を集める	**資金**	CFOからお金をもってくる
知人やコネで人材を集める	**人材**	HRから人材をもってくる
自らの意思決定のみ	**意思決定**	社内プロセス・ルールの対応 (＋組織の免疫システム)

アントレプレナーとイントレプレナーの違い

Source: Thierry Van Landegem氏の資料をもとに作成

き理由や文脈をつくっている。ＢＩＯＴＯＰＥでも、与えられたミッションを再解釈することで、組織横断で前例のないプロジェクトを立ち上げた経験があるが、会社のビジョンや経営課題をひもとき、「なぜ、いまその取り組みが自社で必要なのか？」というストーリーを丁寧に紡ぎ出すことは、組織を巻き込む何よりの駆動力となる。

僕は、イノベーションの分野においてイントレプレナーの役割は、これまで以上に大きくなると思う。「東京２０２０」以降、日本では景気が落ち込むことが予想され、これまでスタートアップに流れていた資金が停滞してしまう可能性が高い。そうなると、大企業や公共セクターがイノベーションの担い手となる流れをつくっていく必要がある。実際に、経済産業省とベンチャーキャピタルのＷｉＬが進めている起業家育成プロジェクト「始動 Next Innovator」や、大企業の若手有志による実践共同体「ＯＮＥ ＪＡＰＡＮ」など、大きな組織から革新のコミュニティが生まれてきており、そうした機運も高まっている。僕自身も多くの大企業の支援を行い、自らもそのなかにいたことがある経験上、このチャレンジが構造上、難しいのはよく理解しているつもりだ。長く存在する会社は、機械型組織であることが多く、部品として組み込まれた個人は、組織内のさまざまな滞りに直面し、身動きがとれなくなってしまうからだ。明治維新は、海外の知見を肌で感じた若い志士たちの志に、体制内の変革派が呼応するかたちで行われた静かなる革命だった。内から変える智慧は、日本には欠かせない。

そこで本章では、既存の仕組みの革新を内側から志すイントレプレナーが、すでに存在する機械型組織のなかで新たな取り組みをしていく際、よく起こる典型的な滞りパターンを紹介したうえで、新たな取り組みを成功させるための智慧を解説したいと思う。

滞り Ⅰ　内製の壁

まずは機械型組織の、その囲い込みによる〝生産〟というモデルから生まれる弱点が「内製の壁」だ。機械型組織では、自社と外を明確に区別することで、自社内での生産性を最大化する。したがって、機密情報へのガードが強固になる。特にR&Dやデザインなど未来志向の仕事をしている企業は、過去にアジア系企業などからの産業スパイなどのリスクがあったこともあり、機密情報を外に持ち出すこと自体にトップの決裁が必要な場合も多い。そのため、外部とのコラボレーションに時間がかかり、自社もしくは自社グループ内で完結させようとする。これは従業員と知財を〝囲い込む〟ためには有効な戦略だが、逆に人は内向きになり、だんだん外の世界に関心を失っていく部品化が進む理由にもなる。

滞り2　サイロの壁

次に、機械型組織において情報を効率的に伝えるために、漏れがなく、ダブりのないかたちで組織を設計するがゆえに生まれる弊害が「サイロの壁」だ。本来業務プロセスが縦割りで進行することにより、本来は他部門と連携して動いたほうがいいと頭ではわかっていても、現場レベルで調整したものをお互い2～3階層上の上司に報告し、合意を得ることが途方もなく遠いゴールに思えてしまう。これが結局、効果的な部門横断のコラボレーションを難しくする原因となっている。イノベーションを生むときは、商

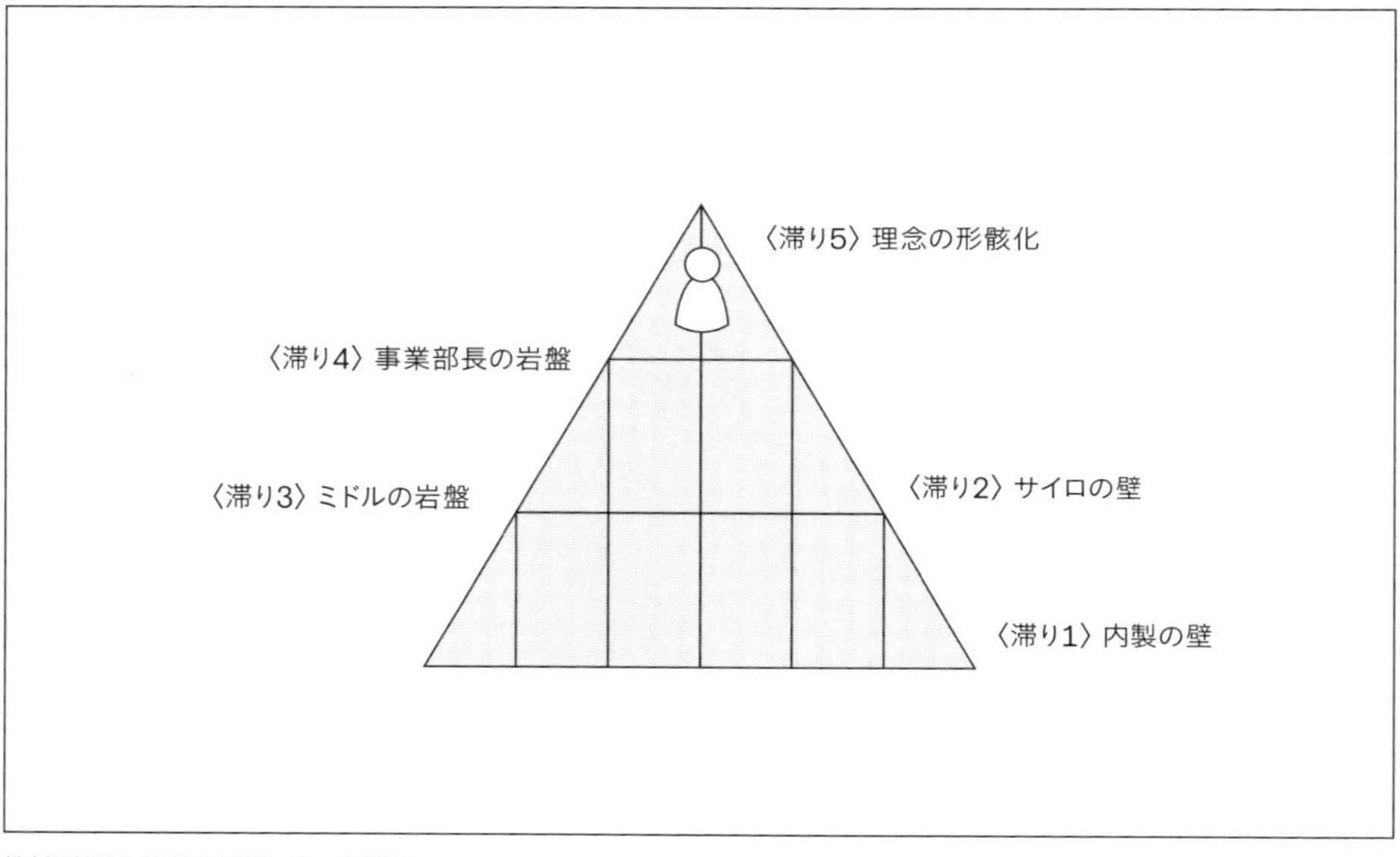

機械型組織が創造を阻む５つの滞り

品、チャネル、サービスなど複数のユーザー体験が同時に革新できるといいのだが、そうした構想はこのサイロの壁という現実に阻まれ、調整コストの大きさに現場では足が動かなくなることが多い。

滞り3　ミドルマネジメントの岩盤

大企業で仕事をするうえで、革新を阻む最も大きな要因――それが課長や部長レベルの中間管理職レイヤーで起こる「ミドルマネジメントの岩盤」だ。企業においては、平社員や係長レベルは、実働部隊としてクライアントやユーザーと接するため、比較的、外界の変化に気づきやすい。しかし現場で得た、そうしたインサイトや外部事例はミドルの岩盤でほぼ削ぎ落とされてしまう。ミドルは上からの突然下りてくる司令と、部下たちの突き上げや横との部門間調整で疲弊している。また、彼らはライフステージ的にも子育てや家庭で時間がとられるタイミングでもある。既存のオペレーションを回しながら、新たな情報をもとに新規モデルを構想して調整するのは到底ムリだ。その結果、惰性を変えられないという現状維持へと傾きやすい。だが、この層がうまく機能することで、革新の輪が広がっていく。最後の決定打となる層でもある。

滞り4　事業部長の岩盤

既存の組織は、既存の売上、利益を上げているプロフィットセンターとしての事業で成り立っており、必然的にこのＰＬ（損益計算書）を預かっている事業部長は多くの予算と政治的に強い力をもっている。また、ほとんどの企業は事業の性質に合わせて組織を分け、それぞれの事業部長を売上、シェア、利益率、粗利益などの指標によって競わせる。結果として、既存の事業モデルを超えた新たなビジネスモデルは、その強いＫＰＩ達成を優先するためにムダなものとして葬り去られてしまう。ＣＥＯレベルでは、事業部長のほうから破壊と創造による新規モデルを提案してほしいという気持ちもあるが、実際にはそんなリスクの高いことはできないというのが本音だ。普段から役員レベルとばかり話すＣＥＯは、たとえ社内に新たな事業のタネや可能性が眠っていても、事業部長の岩盤で、現実的なもの以外はスクリーニングされ、本人のところまで上がってくる可能性は極めて低い。

滞り5　理念の形骸化

多くの企業には、立派なミッション／ビジョン／バリューなどの理念が存在する。しかしそのほとんどは、長い時間をかけて積み重ねられた会社の歴史的資産ではあるものの、現役世代からすると日常の業務にはほぼ関係なく、時に〝〇〇らしさ〟が呪縛になっていることも多い。創業家出身ではない人間がサラリーマン経営者になると、この理念を刷新する正当性を説明できないため、どんなに時代が変わっても手を付けてはいけないことが不文律となっている。その一方で、現場では数十年前の文言に共感ができず、働いている意義を感じられずに辞めていく原因にもなる。魂が入っていないプロジェクトが立ち上がるのは、この形骸化した理念によるところが大きい。

機械型の組織は、その組織が最大化すべき生産性に合わせて再現可能性が高く、最も効率的なかたちで情報の流れを設計する。それが結果として、環境変化により必要な情報をスクリーンアウトしてしまうのだ。

経営学では、社会心理学者でハーバード大学教授のダニエル・ウェグナーが唱えた「トランザクティブ・メモリー」と呼ばれる理論があり、組織は事業に合わせて最適な情報の流れをつくり上げるとされるが、新たなモデルを生み出すためには、まずは新たなテーマを設定したうえで、既存の情報の流れをつなぎ直さないといけない。この情報をつなぎ直すという局面で〝共創〟が非常に生きてくる。前にも述べたが、脳のシステムは、脳内の複数箇所が同時発火することで新たな回路をつくる。社内で新たなものが生まれないのは、脳が滞りを起こしている状態とよく似ており、いまの情報の流れが効率的で楽だから、既存で処理している情報以外が流れなくなっていることを示している。

こうした事態を改善するには、既存の惰性によって回っている回路をつなぎ直し、新たな回路を生み出すことが必要となる。実際、他部門を巻き込んでアイデアを生み出す過程では、お互いの部門が何に関心があり、どんなことを考えているのかがよくわかる。IDEOでは「組織内で誰が何を知っているのか（Know Who）」を共有するためにブレインストーミングが有効だと分析しているが、組織が滞りを起こす原因の多くは、必要な組織同士がつながっていないことだ。また、つなぎ直した回路は、ある程度定期的にアップデートしないと成人病のように変化に対応できない組織になってしまうため、適度に新たなモデルを免疫のように一度入れて、必要なければ吐き出しながら内部に刺激を与えていくことも大切である。

BIOTOPEでは、この既存企業の組織における新たな回路をつくる革新のための共創を〝漢方薬〟にたとえている。滞りを起こしている組織間の断絶に共創の機会を与え、新たな関係性を生み出して血流をよくしながら新規モデルを構築し、創造OSを組織内に広げていく。そう考えると新規の取り組みは、それ単体で尖って自社のモデルを破壊する戦略になりうる一方、それを通じて既存組織に新たな変化を生むためにも活用することができるといえるだろう。

組織に新たな回路を発火させていく革新の智慧

前に説明した機械型組織に共通する滞りに対してうまく対処するには、取り組みのフェーズごとに効果のあるツボを突きながら、創造プロジェクトをマネジメントしていく必要がある。次は、BIOTOPEで多くの大企業と共創を行ってきたなかで見えてきた滞りを打開するための創造プロジェクトにおける変革の智慧を、第2章で紹介した「イノベータージャーニー」のフェーズごとに解説しよう。

【0→1】辺境でのアングラ活動ステージ

目的・妄想から仲間をつくり、新規プロジェクトを生み出すフェーズ

課題・既存の組織やルールのなかで、〝前例のない〟取り組みをそもそも実現することがとてつもなく難

しく感じる（内製の壁）

妄想家の視点からすると、自分の妄想から生まれた新たな取り組みは、既存の組織内においてほとんどの場合、前例がないチャレンジになる。正攻法でいくと、それを実現させる摩擦係数は非常に高く、社内で多くのできない理由のフィードバックを受け、やらないという結論になりがちだ。これを「学習性無力感」と呼ぶ。また、周囲に相談する際、相手を間違えると「過去に○○だったから難しい」という、もっともらしいが誰も見たことのない都市伝説により、さらにその機運は潰される。

こうした環境下では、組織の辺境にいるビジョナリーが優れたアイデアを温めていたとしても、そこを越えてまでその組織のなかで大きく踏み出す意義が感じられない。したがって、ビジョンがあっても、それを表に出そうとはせず、周囲からもそうしたことに興味がないように思われてしまう。しかし、それは社内に話せる空気や場がないから口に出さないだけで、現実を忘れて理想の世界を妄想できる環境さえ整っていれば、考えたいという人は一定の割合で存在する。そういう人たちが、理想を追いかけてもいいんだというお墨付きをもらい、自分を信じられる勇気がもてるようになると、潜在的にイノベーター的気質をもった人は動き始める。

この段階では、社外からゲストを招いての勉強会や研修がよく行われるが、その多くは愚痴のはけ口になったり、新たな知識を得るお勉強で終わってしまうことも多い。もし勉強会をするなら、外に認められて仲間とともに行動をする自信をつける場に変えるという目的意識をもつことが重要である。

〈組織を越えた仲間づくり〉

革新の智慧Ⅰ　空き時間を利用して外に出る

個人を表出しないことが合理的な組織のなかでは、自分の感度に近い妄想や可能性について話せる人が近くにいる可能性は極めて少ない。まずは、窒息しないように、外に出て自分の仲間を見つけることが大切である。勉強会や、ワークショップやカンファレンス（特に海外）は、テーマを選べば、自分の関心の共通の仲間が見つかる。大切なのは、自分の感覚が間違いでないことに確信をもつことだ。

革新の智慧2　勉強会や研修を仲間づくりの場にする

新たな取り組みをかたちにしていくためには、ビジョンを共有できる仲間を社内につくることも大事だ。コアな仲間が2〜3人いれば、プロジェクトは動きだす。ただ、こうした強い絆を社内で築くのは案外難しい。たとえ、ビジョンがあったとしても、〝社内では熱いことは言わないようにしている〟というTPOが、結果としてこういった会話を生むことを阻害するのだ。そういうときに研修や勉強会などの場を、単なる勉強に終わらせずワークショップ型にして、その刺激をもとにビジョンを語ったり、アイデアとアクションを発想する場にするといい。ゲストの視点から見て、外の立場から考えても「意義がある」と言ってもらえれば、大きな自信になるし、その自信を糧に非公式であっても活動するきっかけになる。

【I→10】部門横断の公式活動化ステージ

目的・既存の組織内に点在する仲間を巻き込んで場をつくる
課題・有志の活動からなかなか公式化しない（サイロの壁）
・若手の活動として、社内で本気で扱われない（事業部長の岩盤）

最初は点から始まった活動は、いずれその後の成長過程で面に広げていかなければならないタイミングがやってくる。その際にまず障壁になるのがサイロの壁だ。R&Dやマーケティングなど限られた部門における活動は、そこに所属するメンバーだけが行っていると矮小化され、その他多くの人にとっては〝関係ないもの〟と見なされてしまう。

新規の活動は、会社の利益や文脈とは違うボトムアップの動機でスタートするものも多いと思うが、そうした文脈を会社にとってもメリットがある大義に翻訳するプロセスが必要になる。またトップダウンで始まった場合は、そうした利益や文脈ありきでプロジェクトが組成されるため、魂が入っていないことが多い。ここでも、会社の目的と個人の目的とを擦り合わせる必要がある。部門を横断した取り組みをワークショップ形式で行うのは、個人の目的意識を、社会や企業の文脈と擦り合わせ、会社、個人双方に血の通ったストーリーをつくるために、非常に有効な手段だ。共創によるワークショップは、個別の利害を超えた文脈をつくり、サイロによって滞っていた情報の流れを正常化させる効果もある。より意義のある活動に昇華させていくために、まずはサイロを越えた部門横断の公式活動にすることを目標にしたい。ただ、部門横断の活動は、運営のコストだけでなく、ファシリテーションなどの難度も上がるため、自社人材だけで回らないケースも多い。しかし、外部のリソースを常にコストゼロで獲得するのは続かない場合が多く、社内で公式活動化して予算を得るための折衝を行うことが必要になってくる。この予算化の部分がうまくいかないと、せっかくの志のあるプロジェクトが立ち消えになってしまう。特に、部門横断プロジェクトは、役員のサポートがないとなかなか公式化されず、事業部長レベルで止まり、その上の社長まで届かないことが多い（事業部長の壁）。この構造を知ったうえで、うまく役員をスポンサーとして獲得して、直に社長に届けるという智慧も必要だ。

〈部門横断のコミュニティづくり〉

革新の智慧3　1・5歩先のテーマを戦略的に設定する

部門の枠を越えて人を集めるためには〝筋のいいテーマ〟が欠かせない。社内ではまだ公式化していないが、今後伸びる可能性の高い、少し先のテーマ設定ができれば、部門を越えたアーリーアダプターが集まってくる。タスクフォースにしろ、ワークショップにしろ、こうしたテーマ設定は、部門を越えて情報感度の高い人を集めるのに効果的なうえ、ここで世界の先進トレンドを共有することで社内に新たな文脈をつくることができる。

革新の智慧4　ハブ人材を開拓して社内のサイロを越えたコミュニティをつなげる

どの組織にも幅広い人脈をもち、それをつなげることに意義を感じているハブ人材が存在する。彼らは、社内で自主的に勉強会を主催したり、部門横断の活動にかかわっていることが多く、各部門で巻き込んだら価値になる人をピンポイントで紹介してくれる。また、こういうハブ人材は、いろいろな人と会うなかで、感度が磨かれているため、アンダーグラウンドであっても、筋のいいテーマを設定して活動していれば、結果的に出会える可能性は非常に高い。

変革の智慧5　マメな文脈共有と参加をうながす仕組みにより、冷ややかな目に対抗する

組織の常として、新しい取り組みを始めると、既存の花形部門やメインストリームに近いラインからは、冷ややかな目で見る人が必ず出てくる。ここで完全にクローズドのプロジェクトにしてしまうと、次第に嫉妬心が芽生えるため、セミオープンにして一部参加の余地を残すことで、社内の空気を共感に変えていく活動が必要になる。こうした場合、イベント内容や議論の過程を、全文記載の議事録やグラフィカルなレポートなどにして、転送可能で、共有しやすいフォーマットにして発信するといい。BIOTOPEでは、主なワークショップについては、その場で話し合われた内容をすべて雑誌風に記録していくグラフィカルな議事録「リアルタイムドキュメンテーション」によって、ワークショップで生まれた文脈や熱を共有しやすいように支援をしている。

〔予算獲得による公式活動化〕

革新の智慧6　社内の役員レベルで、少なくともスポンサーをひとり獲得する

ボトムアップの非連続的な活動が成功するかしないかの最大の分かれ目のひとつが、役員レベルのスポンサーを見つけられるかどうかだ。特に、大企業になると、役員会議が事前根回しの場になっている場合もあり、そうした環境に危機感を抱いている役員も少なくない。こういう役員は、外部への感度も高く、非公式で会ってみると共感してくれることも多い。また、仲間に経営企画などの戦略部門のスタッフがいる場合は、つないでもらえば早いのだが、案外直接メールをしてみても、テーマの筋がよければ何かしらの支援が期待できる。また、自社をスポンサーにする代わりに、国のプロジェクトや自治体などの公募案件に的を絞り、初期予算を獲得する手段もある。この場合は、行政に認められたという事実が、怪しく感じられる新規プロジェクトを社内で認めてもらうことの引き金となりやすい。

革新の智慧7　人事などの間接部門と一緒に予算化する

新たな創造の場づくりの動きは、ボトムアップで始まることも多い。そんなときにつまずくポイントが、これらの活動にどうやって予算をつけるかという点だ。ほとんどのボトムアップ活動は、仲間と非公式の勉強会を行い、その後、外部の人を巻き込んだ講演会やワークショップを行ったりするが、通常はここで止まってしまう。現場がやりたいと申し出たところで、成果が見えない、わからないものには、上司も簡単に首を縦に振れないだろう。よく「保守的な組織が、どうやってそういう予算を割いているのですか？」と聞かれるのだが、ボトムアップで予算が出ない場合は、研修半分、新規事業（マーケティング）半分といっ

ワークショップの内容は、アウトプットに加え、そのインプットや結論に至る背景をリアルタイムに雑誌風に記録する「リアルタイムドキュメンテーション」を活用すると、文脈の共有がしやすい

た抜け道を探すのもひとつの手だ。

ここで大事なのが、人事や経営企画、デジタル推進部などのスタッフ部門（間接部門）の巻き込みである。人事研修、もしくは戦略的テーマのリサーチとして、社内の場づくりや新規のプロトタイプ予算を獲得するのが、僕の経験上ではいちばん始めやすいと思う。現場は現場だけでやっていると弱く、スタッフ部門とつながった時点で、公式化の道が拓けることが珍しくない。最初は、ＫＰＩが説明しやすい人事の人材育成用の予算などをターゲットにするのがおすすめだ。スタッフ部門はそのニーズを満たすのが仕事だが、最先端のトレンドは押さえていない場合が多いため、そのニーズを理解してもらい、味方につけることはプロジェクトに予算をつける第一歩となる。

【10→100】変革の運動体をつくるステージ

目的・生み出した新たなモデルを組織のリソースを活用しながら、社内外に共感者を増やして、運動体に変えていくステージ

課題・社外パートナーやメディアを巻き込む際に、単なる新規の取り組みだけだと興味・共感をもってもらえない（理念の形骸化）

・企業のリソースを活用するなかで、関係部門の説得に時間がかかりスピードが落ちる（ミドルの岩盤）

・新規の取り組みを既存のＫＰＩで評価され、〝インパクトが小さい、遊んでいる〟などと冷淡な目で見られる（ミドルの岩盤）

社内で公式な取り組みになったら、次に必要なのは新しいモデルの文化となるミームを広げ、さまざまな現場で実践する、革新の運動体をつくることだ。このステージでは、既存事業、ミドル層、メディアや企業など多くのステークホルダーに共感してもらいながら進めていく必要が出てくる。特に、新たな取り組みは、既存のライン業務を汗をかいて回している人にとっては、自分が必死で会社を支えているなか「遊びやがって！」

というプライドを呼び起こし、嫉妬の対象になったりするから注意しなければならない。この時期は、いずれにしても社内外に味方を増やし、〝サポートしたい空気〟をいかにつくるかという内外への広報戦略が求められ、それを持続可能に回していくために組織づくりを行っていくことが不可欠である。

ここで大事なのが、〝感染力〟を高めるストーリーの活用だ。いまは多くのビジネスパーソンが、組織の論理と個人の感情をうまく折り合いをつけながら仕事をする時代である。そのなか、ビジネスライクな姿勢だけでは、人は動かなくなっている。もちろん、経済性は重要だが、その背景にある「なぜ、その企業がその取り組みをするのか？」「それは社会的にどんな意義があるか？」「実際にどのような価値が出るのか？」「それは人々の生活をどのように変えるのか？」といった点をストーリー化することで、社内外の共感を得ることができる。意義がその組織の歴史に根ざしていると、世代を超えた支援も得られやすい。

空気をつくるのと同時に、組織で動きやすくするための正当性を獲得することも重要だ。社内で公式に戦略部署化して、社長や影響力のある役員にみてもらったり、タスクフォース、兼務など、社内の各部門の人材のリソースを確保し、協働する座組みづくりをすることも、この時期に行っておくべきチャレンジだろう。

また、新規の取り組みが必ずぶつかるのが、既存の仕組みとのハレーションである。上場企業にはコンプライアンスコード遵守の強いプレッシャーがあり、大きな組織になればなるほど、管理・ファイナンス部門、人事・法務などのスタッフ部門は、リスクを回避するための制度運用を行っている傾向が強い。彼らは、部門横断で共通の運用をしていることが多く、新規の取り組みだけ特別扱いすることを嫌がる。結果的に、既存事業と同じような尺度で成果を測られたり、ミスを減らして効率を上げるための仕組みを適用されることでスピードが落ちてしまう場合がある。さらに、社内の複数部門を動かしていくなかで、現場のミドルには新しいことをやりたがらない層もいるため、うまく動いてもらう政治力も重要だ。

〔共感を呼ぶ空気づくり〕

革新の智慧8　大義をストーリー化して発信する

プロジェクトの大義を、会社や社会における意義や文脈と照らし合わせ、ストーリー化して発信することで、部門を越えて多くの共感が得られやすくなる。また、これらの物語を広げていく際は、多くのメディアを使い分けた社内外マーケティング戦略が重要になる。リーチを広げるためのビデオやSNS、ウェブサイト、PRリリース、興味をもってもらうための小冊子や名刺大のツールキット、エヴァンジェリスト（伝道者）を増やしていくためのワークショップなどをうまく使い分けて、社内外の共感者を増やしていくことが望ましい。

革新の智慧9　クラウドファンディングなど小規模の実験による成功の可視化

大企業がクラウドファンディングを活用するのも、もはや一般的といえるほどになっている。「Makuake（マクアケ）」や「READYFOR（レディーフォー）」などを使った取り組みは、気軽に外部に対して自分たちのアイデアの可能性を問えるとともに、その成果を可視化できるし、小さな成功を生み出すという意味では強力な武器となる。また、クラウドファンディングは目標金額を自分たちで設定できるため、案外、調達額そのものよりも250％達成というような比率がひとり歩きすることも多い。こうした特性を利用して、100億円規模のビジネスではないと意味がないという定量とは別の指標を設定することで、既存の事業と比較されないで済む効果もある。

革新の智慧10　外部メディアへの仕込み

メディアへの露出は、時に100回の社内プレゼンより投資対効果があり、社内で仲間の少ないイノベーターにとって大きな力になる。社内のすべての文脈を自分たちで変えていくより、こうした事実がプロジェクト全体に対する見方を変えてくれたりするのだ。最近は、フェイスブックやツイッターなどをビジネスマンが情報収集として活用していることも多く、「ワイアード」「フォーブス」「ニューズピックス」「テッククランチ」などのメディアへの露出は、感度の高い層を少ない労力で取り込むことができる。初期段階で役立つのは、ビジネス誌や書籍をはじめ、「ワールドビジネスサテライト」（テレビ東京系列）の「トレンドたまご」のコーナーや、「ガイアの夜明け」（テレビ東京系列）など、革新的取り組みと相性がいい一部テレビ番組が活用できる場合もある。しかし、大企業の広報は、ブランドイメージを守るためという名目で社員個人の露出を嫌がる場合が多い。プロジェクトの当事者が前面に出ることは、革新の智慧8の共感を生み出すために効果的な戦術なのだが、これが使えなそうなときは、広報を早めにチームに巻き込んだり、それが難しいときはPRに強い個人にチームに入ってもらうのもいいだろう。

（正当性を高める戦略組織化）

革新の智慧11　経営企画と動き、本社や社長にひも付く戦略部門型の部署として事業化を目指す（経営企画の役割の再定義）

社内で持続可能な取り組みにしていくためのもうひとつの突破口が、戦略組織化することだ。特に戦略スタッフ部門は、経営陣に近く、その先の組織づくりや人事の提案がしやすいため、彼らと組んで構想し、アウトプットの受け皿として社長や役員付きの戦略部門としての部署化・事業化していくと、社内を巻き込むうえで正当性を主張しやすい。

革新の智慧12　トップにイノベーション感度の高い人材をもってくる

本格的に社内を変えようとする場合は、役員レベルで既存事業以外の成功体験をもった人を連れてくることが、新規モデルを一気にスケールさせるきっかけになる。有名なイノベーション革新の事例であるSONYのSAPでは、起業経験がありベンチャー投資を知っていた十時裕樹氏が、パナソニックでは外資系企業のトップを歴任した樋口泰行氏やドイツのSAPの元幹部だった馬場渉氏の加入が、本格的な改革に着手するトリガーとなっている。人事と組んで、ヘッドハンティングを含めてトップ人材を動かすことを考えてみるのも選択肢のひとつである。

革新の智慧13　KPIをイノベーション型に設定しておく

既存事業では売上、利益、粗利益、資本利益率など〝稼ぐ力〟をKPIで測るのが一般的だ。しかし新規の取り組みは、大きなスケールのものほど時間をかけなければ黒字化が難しく、それと同じ指標ではすぐにダメだと判断されやすい。イノベーション文化をつくる過程では、結果指標としての売上・利益だけではなく、新規事業の失敗の数、成長率、ユーザー数など先行指標としてのKPIを合意して設定することが必要である。仮に結果指標を使うなら、初年度は売上・利益ではなく、NPV（Net Present Value：正味現在価値）で見ていくといった、既存のものとは違う指標を取り入れるといい。

【100→∞】変革のスケールアウトステージ

目的・新たなモデルを社会に実装し、インパクトを最大化するために育てていきつつ、既存の組織における新たなモデルを生み出す変化の引き金となる

課題・初期の成功をもとに、いかに事業投資を勝ち取るか
・大企業のコンサバなオペレーションフロー（広報、品質やブランド管理、知財、法務など）に対して、いかにリスクを取り、スピードを上げるか
・いかに、社内に閉じずに事業成長を加速できる事業創造型の人材を獲得するか

さまざまな滞りを乗り越えて、マーケットに投入するところまで進んだら、ようやく起業家と同じスタートラインに立って、商品やサービスを市場に投入しながら、事業を育てていくステージに突入する。このステージでは、大企業の資本やインフラを生かしながら事業への投資を得るという事業の成長の仕組みづくりに加え、

短期的には成功に見えにくい新規の取り組みの社内における意義をつくることが大きな課題になる。

事業成長の視点では、事業の成長を構想するための定量・定性のデータ活用をはじめ、ユーザー理解からのグロースと、事業の大きな飛躍のビジョンを同時に仕込んでいくことや、最適な販路、マーケティングモデルの開発など、いわゆる「グロースハック」（ユーザーから得た製品やサービスについてのデータを分析し、改善してマーケティングの課題を解決していく手法）が不可欠になる。大きく投資をしてもらうためには、会社の既存の成長戦略とのシナジーなども見せる必要が出てくるだろう。

もうひとつの大きな課題が、新規の取り組みにおける意義を語り続けることだ。数字が出てくると、それだけ社内投資家の目も比較対象が出てくるのでシビアになる。一方で、新規事業は必ずしも売上・利益だけが目的ではなく、社会意義やブランディング、社内の革新、採用などさまざまな価値がありえる。意義にあったKPIを設定し、売上・利益などを既存の事業や販売会社と擦り合わせなどをしつつ、新規の取り組みの意義やノウハウを社内に広く伝達することで、組織内でその意義が体現された活動が生まれ、自己組織化していく。会社が事業モデルの転換を求められている場合は、いろいろな部署で「××みたいに、新たなモデルでユーザーと接点をもたないといけないよね」や「○○みたいに、リカーリング型のビジネスが必要だよ」といった日常会話が生まれてくることを目指したい。

〈事業成長の仕組みづくり〉

革新の智慧14　〝Big Data〟と〝Thick Data〟による投資エビデンス

商品やサービスを市場に投入して、フィードバックをもらう段階では、ユーザーの深い理解（Thick Data）とビッグデータをうまく組み合わせて、マーケティングプランと成長戦略を描くことが不可欠だ。

ここでは初期の購入、非購入ユーザーのリサーチを活用し、初期ユーザーがどんな理由で買っていて、次にどんなことをしたいのかをインタビューしながら、マーケティングプランの改善ポイントと将来の戦略を同時に考えていくといい。

革新の智慧15　商品、チャネル戦略などのビジネスモデル革新に注力する

新たなモデルの取り組みは、新しいチャネル開拓やパートナー戦略とセットで実施するのが効果的だ。BIOTOPEがリブランディングを支援した山本山では、ECなどの売上を伸ばすことと営業組織の見直しが、それと同時に行われた。一事業だけではなく全社的なビジネスモデルの転換につないでいくことは革新のスケールを上げ、社内資源を投資するために大きなパワーとなる。BIOTOPEでは、新規事業はもちろん、企業における新たなビジネスモデルプロトタイプとして新規プロジェクトを実施することが多いが、僕たちはそれを「原型創造プロジェクト」と呼んでいる。

革新の智慧16　定期的に10Xの戦略を考えながら、既存の改善を行う

市場における数字が見えるようになってくると、ついすぐにできる改善を考えるほうに思考が働いてしまう。しかし、イノベーションの現場では「10X」と呼ぶ、いまのユーザー数や社会インパクトを10倍にするにはどうしたらいいだろうという妄想を大きくする問いを、定期的にもっておくことが重要だ。既存の改善を行いながらも、ビジョナリーや投資家からフィードバックをもらい、大きな視点でマーケットを拡大していく道筋を探っていくのを基本にしたい。

革新の智慧17　可能性が見えた段階で、集中投資する

いまは新規事業でも、社内のリソースと組み合わせたときに、スケールできるか可能性が見えたときは、単なる新規事業アイデアにするのではなく、既存事業とのシナジーを狙っていくことも重要だ。そのために、ある程度、市場のサイズ感が見えたタイミングで、新規事業単体とともに成長するか、既存事業のレバレッジとなるか、どちらの選択肢をとるか考えておいたほうがいい。

〔意義の伝道〕

革新の智慧18　事業部、販社共同での価値探索プロセスを共有する

グローバル企業において、事業会社と販売会社が分かれている場合、複数の既存組織との調整が必要になるため、難度はぐっと上がる。特にインターネット時代は、情報の流れはワールドワイドでもモノの流れは国によってオペレーションが異なることもあり、地域に合わせたフローをつくる必要性が出てくる。新規の取り組みは、現業と比べてはどうしても優先順位が低くなりがちだが、価値の探索プロセスに販売会社の人を巻き込むことで、通常のＫＰＩとは違っても「それは大事だからやるよ」と言わせることも大事になる。

革新の智慧19　トップによる新モデルの意義の啓発

新規事業は、売上や利益を期待するだけでなく、事業のモデルの革新をうながすために実施する場合も多い。そうしたときは、事業そのもの自体のほかに、背景となる事業革新のビジョンや新たな可能性について、その意義を社内でのメッセージやブログなどでしっかりと発信していくことが、既存の仕組みのなかで新たな変化を生むための土壌づくりになる。一度、新たなモデルがコアの戦略になる可能性があるという期待感が生まれると、放っておいても新規事業を各部署の戦略部門のなかで検討するような動きが生まれてくる。

革新の智慧20　新モデルのツールへのアクセスとノウハウの共有の場づくり

それ単体で大きな成果が出る新規事業は素晴らしいのだが、前例のない取り組みを行う過程で生まれた新たなネットワークやノウハウを共有化することは、特に大きな組織では、初期段階で価値を認めてもらうための大事なポイントになる。例えば、新たなビジネスモデルの組み立て方や、プログラムづくりのノウハウをツール化してウェブサイトなどで公開したり、社内向けトレーニングを行うような取り組みは、社内が自己組織化し、新たなモデルが自然発生的に生まれてくるための、目立たないが非常に効果的なアプローチだ。

すべての取り組みがこのようなステップを踏むわけではないが、ここまではそれぞれの時期に起こりがちな活動の滞りをブレークスルーするための智慧を紹介した。これらを進めていく際の時間の目安だが、新規事業の場合だと【0→1】が3カ月、【1→10】は6カ月、【10→100】は1年、【100→∞】は1〜3年くらいのイメージでとらえておけばいいだろう。また、ここでは会社組織を想定して説明したが、これを公的機関による仕組みや、業界の伝統などと言い換えてもかなりの部分で適用できる。

組織を変えるためには、その常道としてトップがリーダーシップをとって危機感を煽り、トップダウンで進めていくアプローチが一般的だ。危機感がない組織からは変化が生まれないので、それは正しい。しかし、僕が外資系企業と日本企業の両方を経験して感じるのは、日本企業はトップダウンで変化の必要性を訴え、ボトムアップでの取り組みが生まれ、それをトップが引き上げるという、トップダウンとボトムアップをうまく両立させるモデルが必要ではないかと思っている。

僕は過去、外資系企業と日本企業の両方で働いたが、外資系企業はトップダウンで設計された仕組みに全社員が従い、従わない者は退出するという、いわゆる「ゲゼルシャフト型」と呼ばれる組織がほとんどだ。これらは利益や機能を第一に追求し、ミッションを終えたら解散するといった特徴があるが、一方の日本企業の場合は、組織のために人を割り当てるより、人ありきで組織ができることも少なくない。こちらは「ゲマインシャフト型」と呼ばれ、共同体のようなコミュニティ型の組織を特徴としている。このような日本企業では、トップは正当性を担保し、現場が現場に合わせたかたちで価値をつくっていく。そのため、トップダウンでの変化を求めても、現場が巻き込まれていない戦略は、現場によって対策され骨抜きになる。現場が強く、現場がうまくトップの指令をやり過ごす術ももっているため、ボトムアップで生み出した新たなモデルをしっかりとトップが引っ張り上げたほうが、その後の現場での価値創造や実装が早くなる。

また、トップダウンで設計が可能なのは、ある程度事前に予測がつく戦略的な意思決定に限られる。新たなモデルを生み出す成長戦略（＝イノベーションや創造）は、基本的に個人の想いから生まれるため、トップが起業家的なビジョナリーな思考をもっていない限り、それが正解になる可能性は極めて低い。むしろ、多くのモデルを生み出して、そのなかから成功するモデルを救ったほうがうまくいきやすい。以上のふたつが、日本企業にトップダウンとボトムアップを両立させたモデルが必要だと、僕が考える理由である。

トップの視点からは、ボトムアップである程度盛り上がり、【1→10】くらいまでの活動が生まれているフェーズで、それを戦略プロジェクトとして活用するくらいがちょうどいい。

では、現場ではどのような心構えをしていけばいいのだろうか？　新たな営みを仕込んでいくうえで重要なこと——それは〝天の時〟〝地の利〟〝人の和〟である。まずは、仲間や人脈を増やして人の和をつくる。次に、社会のトレンドや自社の組織を動かして、地の利をつくる。ここまでは、個人の力でコントロールできることだ。しかし、イノベーターにとって本当に重要なのは、天の時だと思う。

天の時というのは、自社の変革期だ。言い換えるなら、乱世の時代と呼べるのかもしれない。新たな取り組みは、平時においては辺境や道楽で行われることが多い。しかし、事業環境が大きく変化し、自社が存続の危機に見舞われたとき、いままでのルールが１８０度変わる。その際、既存の仕組みでうまくやっていた人の足が止まり、逆にゼロから道をつくってきた人が縦横無尽に動けるようになる。周囲が止まって見えるようなゲームができる瞬間があるのだ。

ソフトバンクグループの孫正義氏のように常に創造的破壊を仕掛けている経営者の場合、常に乱世を自らつくることができるのだが、それは一部の例外でしかない。イノベーションの多くは、大きな赤字を出して構造改革が迫られたタイミングで、次世代のモデルの萌芽が社内に（幸いにも）存在し、それを次のリーダーが救えるかどうかに成否がかかっている。

現場レベルでは、大きな波に巡り合わない平時では、コストを減らして〝死なずに待つ〟ことをして当面をしのぐことも大切だ。新規の取り組みを続けていると、どこかのタイミングで必ず疲れが出て、当初のエネルギーが湧かなくなってくる。しかし、ここからが本当の勝負だ。実はそうした新たな活動は、スタート時と比べて時間が経てば経つほどスキルも期待も向上するため、体感的には成果実感が減ってくるものの、着実に成果は出ているものだ。待ちの期間は、外に何かしらの発信をしておき、勝負どころで動いてもらえる社内外のネットワークを構築しておく。そして、いざ天の時が来たときに動ける準備を整えておくといいだろう。

＊参考文献：
『フィールドブック 学習する組織「10の変革課題」――なぜ全社改革は失敗するのか？』（日本経済新聞社）
『なぜ人と組織は変われないのか――ハーバード流 自己変革の理論と実践』（英治出版）
『V字回復の経営――2年で会社を変えられますか』（日経ビジネス文庫）

革新の20のツボ

0→1　辺境でのアングラ活動

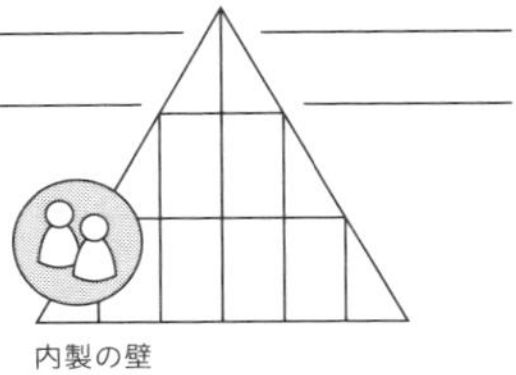

組織を越えた仲間づくり

1. 空き時間を利用して外に出る
2. 勉強会や研修を仲間づくりの場にする

1→10　部門横断の公式活動化

部門横断のコミュニティ

3. 1.5歩先の戦略的テーマ設定
4. ハブ人材の開拓
5. マメな文脈共有と参加を促す仕組み

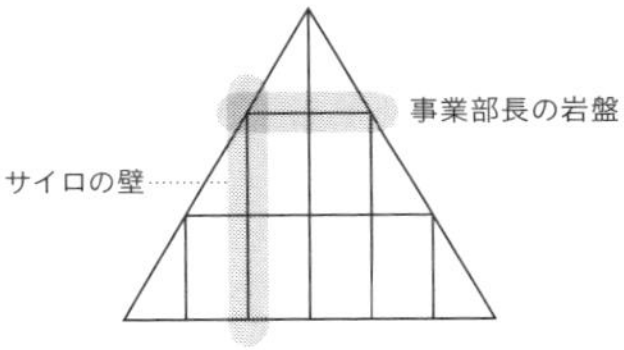

予算獲得による公式活動化

6. 役員レベルのスポンサー獲得
7. 人事などの間接部門と一緒に予算化

10→100　革新の運動体をつくる

共感を呼ぶ空気づくり

8. 大義をストーリー化して発信
9. 小規模の実践による成功の可視化
10. 外部メディアへの仕込み

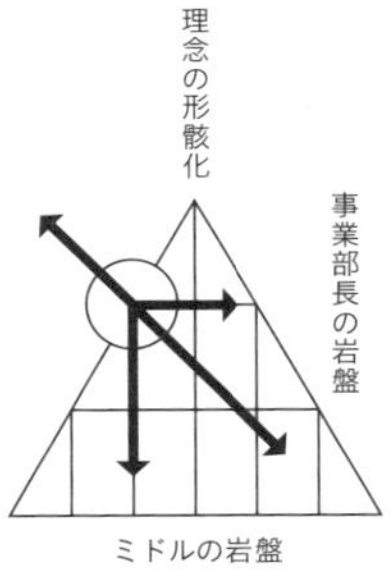

正当性を高める戦略組織化

11. 経営企画と動き、戦略部門化を目指す
12. イノベーション感度の高いトップを招聘
13. イノベーション型KPIの設定

100→∞　革新のスケールアウト

事業成長の仕組みづくり

14. Big DataとThick Dataによる投資エビデンス
15. ビジネスモデル革新に注力する
16. 10Xの戦略と改善の併用
17. 可能性が見えた段階で集中投資

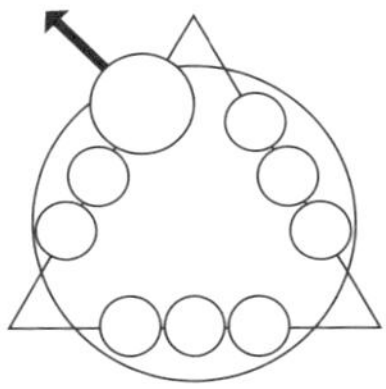

意義の伝道

18. 事業部、販社共同での価値探索
19. トップによる意義の啓発
20. ツールやノウハウの共有

COLUMN

変化を推進し続けるレジリエンスを獲得する「ストーリー型振り返りワークシート」

新たなモデルは、既存の社会に受け入れられるのには時間がかかる。取り組みの最初は、ゼロからのスタートのため成果実感を得やすいが、ある程度かたちになりだしてからが本当のチャレンジだと思ったほうがいい。リソースが増え、ネットワークもだんだん広がっていくが、物理的な変化は自分が想像していたほど簡単には訪れない。その結果、あまり進まない、壁に阻まれているように〝感じる〟時期が必ず訪れる。

しかし実際には、自分たちが〝慣れてきた〟ことにより、その成果を感じられていない場合も多い。そんなときは、チーム内で過去のストーリーを振り返り、次のストーリーを紡ぎ出すことで、その変化を定期的にアップデートしていくのがいい。脳科学的には、過去のマイナスもプラスもまとめて振り返ることで、マイナスな出来事をポジティブに解釈するレジリエンス（回復力）を高めることができるという。やり方は簡単なので、次のシートに沿ってメンバー同士で実施してみよう。

1 「ストーリー型振り返りワークシート」のいちばん上に、プロジェクトを始めた時期と、現在の年月を（20XX年X月）というように書く。そして、未来の時間はプロジェクトが成功するために必要な時間をイメージして記入する（たとえば、3年で成果を出したいプロジェクトなら3年後など）。

2 左半分に、プロジェクト開始時から現在まで、主観的にプロジェクトの達成度を波線で表現する。波線の頂点には、よかったとき、悪かったときのそれぞれの出来事や、そのときに考えていたことを吹き出しで記入する。

3　過去のプロジェクトで達成できたことや、そこで見つかった今後の課題を記入する。

4　右半分に、これからプロジェクトの成功までに、どんな変化が起こってほしいかを同じく波線で記入する（これはイメージで構わない）。波線の頂点には、それぞれ成功するうえで鍵となりそうな出来事や、大きな壁となりそうな出来事を吹き出しで記入する。

5　未来のプロットを描いてみて、今後のプロジェクトを行っていくうえで、事前に計画すべきことを箇条書きにする。

6　このプロセスは、プロジェクトメンバー（もしくは、客観性という意味では関係ないメンバーに聞いてもらうのでもいい）と一緒に行い、質問してもらったり、アドバイスをもらう。

ストーリー型振り返りワークシート

フェーズ

プロジェクト開始時	現在	プロジェクト成功予定
(　　年　　月)	(　　年　　月)	(　　年　　月)

(例)○○の新規事業開発に携わる

達成度グラフ

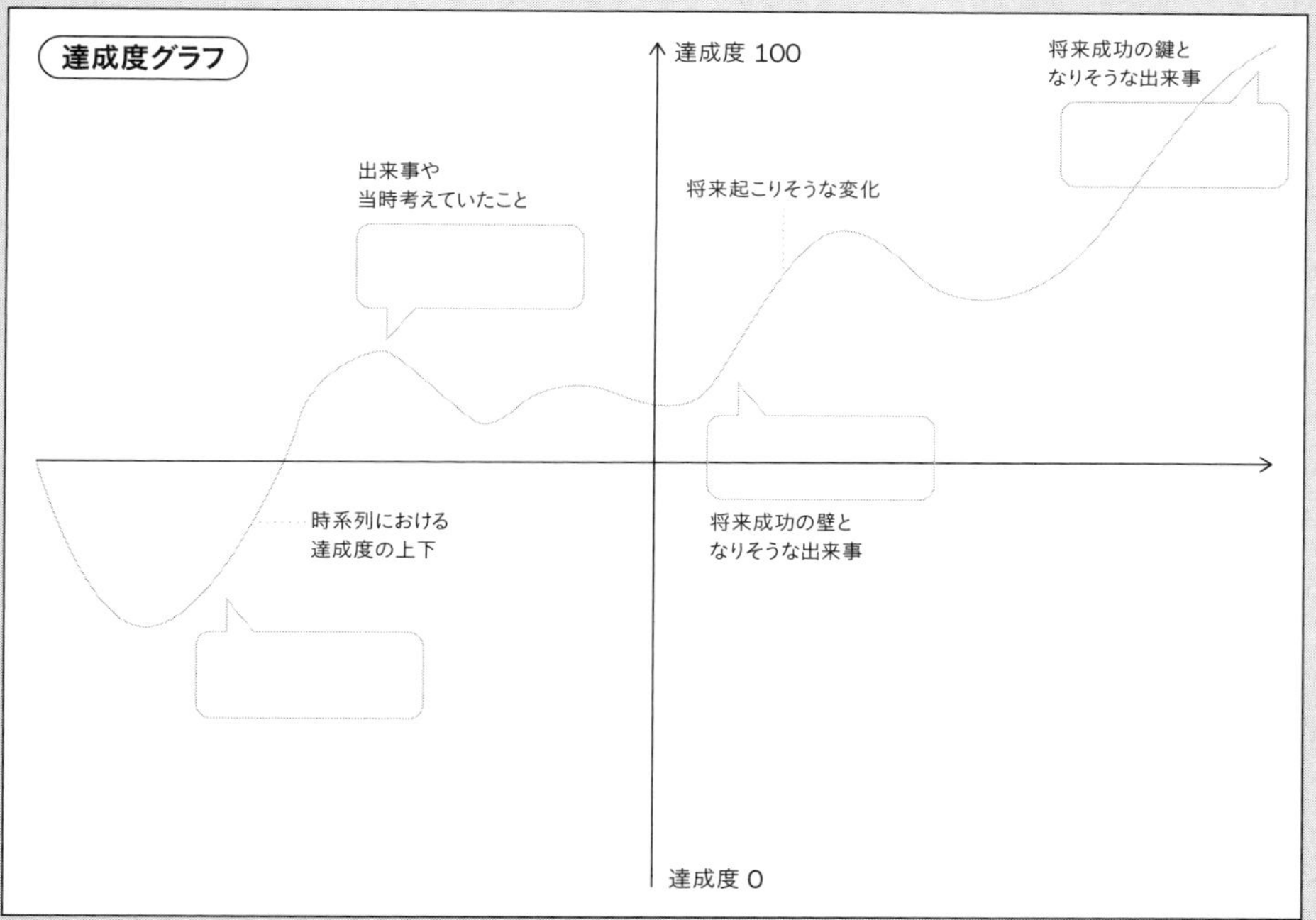

過去達成できたことや、今後の課題

未来に向けて計画すべきこと

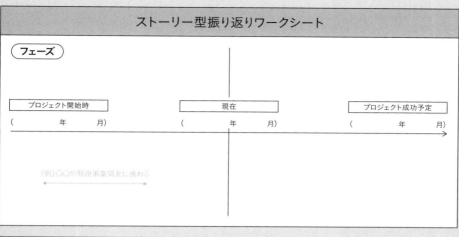

第7章 創造する組織

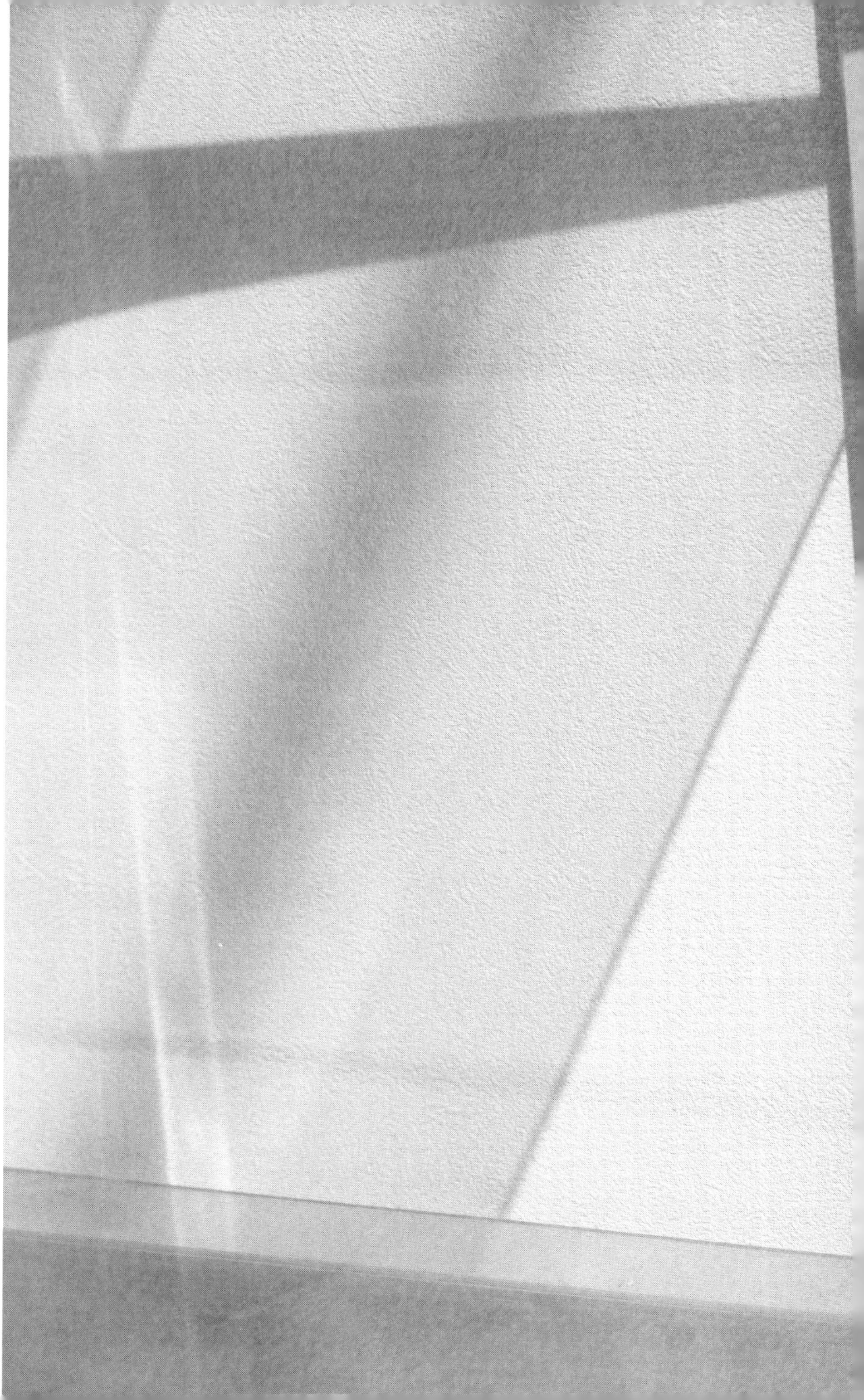

誰も答えをもたない時代の経営モデル

ここまでは、新たなものを生み出すために必要な4つの「創造のエッセンス」――人、場、意志、創造と、「革新のツボ」を、実践の智慧として紹介してきた。

2010年代から盛り上がってきたイノベーション活動は、現在のシステムに対する代わりのモデルをただ提示するだけではなく、いまや社会実装が必要な段階を迎えている。そのためには、〝一部の人のためではなく、社会の多くの人を巻き込めるインパクト〟を、〝持続可能なかたちで〟提供していくことが不可欠だ。経済産業省が2018年に提唱した（ブランドとイノベーションを通じて、企業の産業競争力の向上に寄与する）「デザイン経営」も、創造の営みを持続可能なビジネスの経営現場で実践する必要性が高まっている時代背景をとらえた提言だといえるだろう。そのためには、創造や変革が、持続可能な経営に進化していく必要があり、創造をOSにとらえた組織を経営する道が見えていなければならない。本章では、創造が日常の活動になった、「創造する組織」というモデルを提唱したいと思う。

本書で紹介してきた4つの創造のエッセンスは、組み合わせることによってアメーバ型の創造する組織の原型ができあがる。まず①創業者をはじめとしたフラットな仲間によって場が生まれる　②場に、ミッションやビジョンなどの意志が与えられることで、求心力が高まっていく　③場の共通の価値観をバリューとして定義し、具体的な行動を積み重ねると、それは組織文化に変わっていく　④外に開かれた組織文化に、AIやITなどの情報インフラによって外と共創できる環境ができあがると場はプラットフォームに進化する。外部との共創による創造は、空気のように日常的に行われているのが創造する組織の特徴だ。これは次ページの図のアメーバのようなかたちの会社モデルとなる。

創造する組織を、僕らが慣れ親しんだ「生産する組織」の経営モデルと比較して整理してみよう。現在、経営における常識として語られている理論の多くは、この生産する組織をマネジメントするために蓄積されてきたノウハウだという前提があり、経営の現場でもこのふたつの違うOSの経営論を時にごちゃ混ぜにして議論がされているように思うからだ。

まずはその足がかりとして、経営がどのような要素で成り立っているのかを考えてみよう。その要素を分解すると、組織の思想や価値観を表すミッション／ビジョン／バリューなどの組織の存在意義のレイヤーである〝WHY〟、価値創造の戦略やビジネスモデルなどの価値のコンセプトレイヤーである〝WHAT〟、ファイナンス、マーケティング、ユーザー体験デザイン、人事、テクノロジーなど、価値を組織として生み出す手段のレイヤーである〝HOW〟の3つによって成り立っている。

生産する組織は、産業革命によって生まれたモデルで、トヨタやSONYなどのいわゆるメーカーがその典型だ。こうした組織では〝人はモノを欲しがっており、競合と差異化された商品を市場に提供することで、ニーズを満たして価値を生み出す〟ことを前提に、事

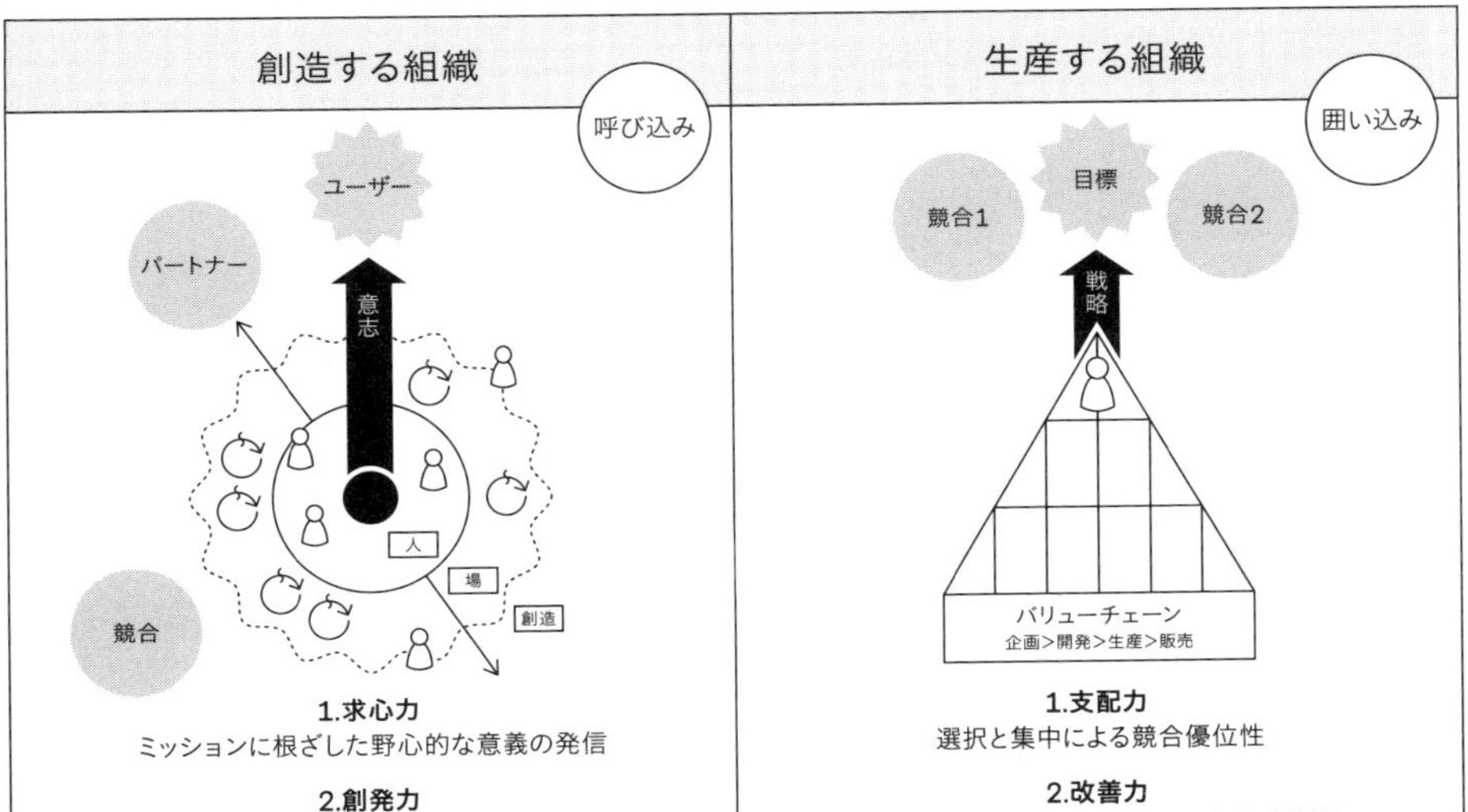

生産する組織と創造する組織の経営モデル

業や商品の「選択と集中」によって規模を最大化し、市場を支配した状態での生産を追求する。これは、WHATレイヤーの話だ。そして、商品を効率的に生産するために、社内では漏れなくダブらないかたちで事業部や、研究→開発→企画→生産→マーケティング→サポートなどの受け渡しによる分業で組織がつくられる。この効率性を高めるために、目標を設定し、それぞれの分業がムダなく進むワークフローの改善を行う。これが、HOWレイヤーの話である。組織は自社内のモノづくりの質を標準化し、費用のかかる設備投資を安定して回収するために、再現可能性を大事にする。囲い込みは、このモデルを回すためのコアの考え方だ。

このような世界におけるイノベーションとは、商品で差異化を図るための手段であり、デザインは商品の知覚品質（消費者が製品に対して認識する品質のこと。単に機能・性能だけでなく、信頼性やサービス、雰囲気などの価値も含まれる）を上げ、ブランド力を高めるために使われる。そうしてプレミアムな価値をつくることにより、利益を生み出す役割を負うため、デザイナーはトップダウンでエンジニアと組んで新たな技術をユーザー目線のプロダクトに翻訳したり、ブランドのCI（コーポレートアイデンティティ）やVI（ビジュアルアイデンティティ）を定義し、商品やサービスをブランディングする。アップルのジョナサン・アイブは、この領域のスターデザイナーだといえるだろう。

生産する組織では、WHATとHOWが重要だ。では、WHYはどうなるのだろうか？　ここでは、経営理念は存在するが、創業者が組織の同質性と一体性を担保するための法律＝ルールとして使われていることが多い。パナソニックの創業者、松下幸之助氏の有名な「水道哲学」も不況の時期に、パートナー会社と共存共栄をして生き残っていくために一体性を高める生き残りの智慧としてのちに生まれた発明であった。

一方、創造する組織は、情報革命によって生まれたモデルだ。グーグルやフェイスブックなどの知識創造の場（プラットフォーム）を提供するIT企業がその典型で、インターネットを活用した情報インフラをその土台としている。世界中がつながってしまうと、地理的な市場の意味は薄くなる。それを利用して、つながってしまった世界全体に向けて、あなたがいる場所から、自分たちの根っこに根ざした野心的なビジョン＝意志を発信することで、世界中の移動が自由になった〝人・モノ・金・情報〟を呼び込む。スタートアップが、シリコンバレー一極集中から、北欧、バルト諸国、インド、中国など分極化してきているのは、このモデルが主流になってきたからだ。呼び込みをするためには、自社の社員や、パートナーを含めたメンバー自身が、その会社のミッションやその価値観であるバリューを体現しながら広告塔となり、自分たちなりの意志を発信しながら、外部のユーザーをひきつけたり、パートナーと協業して求心力を高め、リソースを集める。最初は人の集まりから文化を生んだ場は、その知識創造を最大化していくための投資として、社内の情報共有や創造を加速させる社内ＩＴインフラや、外部の顧客のデータやそれを価値に変えるアルゴリズムであるＡＩインフラ、外部の開発者が自社のデータやアルゴリズムをつくりやすい開発者向けインターフェースなどの投資によってプラットフォームへと進化する。ソフト、ハード両面でより共創がしやすくなると、外部の開発者や企業との協業が進み、よりよいサービスが創発されていくという好循環が回るようになる。こうした組織は、呼び込みによる知識創造の持続可能な最大化を目指す。社外との共創をより促進するオープンな文化を大事にするのは、生き物の法則（遺伝子複製のエラーによる突然変異を生み出す）のと同じで、多様性のなかから生き残っていく種の保存の考え方に近い。

このような世界でのイノベーションは、自社のもつプラットフォーム上の人やデータ、その他資源を組み替えて、共創によって新たな事業やサービスなどの価値を創造し続ける。いわば日常のオペレーションのようなものだ。デザインの役割も、創造のノウハウを組織全体の文化として根付かせたり、創発をうながす媒介としての役割がより重要になる。ＩＢＭは１０００人以上のデザイナーを採用し、自社のもつ「IBM Cloud」サービスの開発を加速するために、デザイナーが創造ファシリテーターとなって、研究者、エンジニア、マーケティングなどの部署と、クライアントが共創する新しい組織モデルへの変革を進めているが、知識創造を最大化するための創造する組織への変革を目指している典型的な例といえるだろう。

創造する組織では、ＷＨＹが組織の求心力を高めるうえで起点となる。また、価値観や外部との共創による知識創造をしやすくするためには、価値観を表現する手段としての場やプラットフォームの文化＝ＨＯＷが重要だ。意義と、自分たちのスタイルが明確になっていれば、共創のなかで戦略は自然に創発されていくものである。

生産する組織から創造する組織へのシフトは、各論の前に既存の経営のＯＳをアップデートする必要がある。

そのシフトを考えるうえで、特に大事なポイントを挙げていこう。

導くリーダーから、支援するリーダーへ

機械型の生産する組織では、少数のトップがリスクを負って大きな設備投資をすることを起点にするため、トップの権限と責任が大きく、決断し、いらないものを切り捨てる父性型のリーダーシップが必要になる。一方で、創造する会社は、場の魅力を高め、クリエイティブな人が刺激を受けて面白いものをつくりたくなるような環境づくりを支援するリーダーシップが大切だ。自律的な組織として「ティール組織」などの考え方が提唱されているが、組織が自律的になればなるほど、リーダーシップの顔が見えにくくなる。自律分散型のOSシステム「Linux」の運営会社である米レッドハットなどはそのモデルで運営されている。

市場分析からの戦略立案ではなく、人の思想から生まれた意志と戦略の創発による方向性の決定へ

生産する組織では、対象となる市場分析と戦略立案は、設備投資という大きな投資の意思決定のリスクを最小化するために不可欠だった。一方で、創造する組織では、創業者をはじめとした人がもつ思想を意志として提示し、具体的なアイデアを羅針盤にしながら戦略は結果として創発されていく。このプロセスでは、ミッションやビジョンを生み出した背景となる哲学や思想を物語として語ることが強い経営資源となる。

目標とインセンティブだけでなく、自律的な文化創造の場づくりにより組織を動かす

生産する組織では、全体の目標に合わせて部署ごとに、漏れなく、ダブりのない分業体制をつくり、目標をそれぞれのKPIとして設定しながら、成果にはインセンティブを提供することで全体の組織を同じ方向に動かすが、創造する組織では、場の文化によって人をひきつけ、その組織らしい行動をつくっていく。その〝らしさ〟をつくるうえで、言語化された組織のバリューは、誰を仲間として誰を仲間にしないかという採用や、パートナー企業選びの意思決定の際に重要になる。また、オフィスやラボ・直営店などの物理的な場の環境・

デザインは、これら価値観の体現として必要であり、ウェブのAPI（Application Programming Interface：ソフトウェアの機能を共有する仕組み）、アプリなどの接点で、組織の文化が垣間見えるようになっていくと求心力が高まる。

業務フローの改善による効率性の向上ではなく、自社に合った創造フローにより創発の数を最大化する

生産する組織では、「選択と集中」における戦略と同じくらい、オペレーションフローを改善し、効率化することは、設備投資が高く、規模の経済で利ざやを確保しないといけないビジネスの構造上、利益を残すために重要な要素だった。それに対し、創造する組織では、すべてが安定して当たるより、多くを実験してその一部が大当たりすることで利益が出る。したがって、自分たちが常に創造しやすい環境をつくり、多様な人と交じって日常的に創造する数を増やせば結果的に創発の数も増え、大きく当たる割合も増える。

21世紀は、情報革命のインパクトが広がっていく時代だ。僕らがこの十数年で経験してきた変化は、まだ序章にすぎない。IoTをはじめとする先端技術の広がりは、情報革命によるインフラが社会全体に波及するということであり、実際にこの生産する組織と創造する組織の融合はすでに始まっている。グーグルやフェイスブックなどの巨大テック企業が、自動運転の研究開発により自動車業界に参入するという動きは、その一例といえる。デジタルのインフラ上に、実産業をつくり直すデジタルトランスフォーメーションは、今後あらゆる分野で加速度的に進んでいくだろう。デジタル業界ではIBMやドイツのSAPが、その流れに先立って創造する組織へと経営モデルを転換している。その一方、GEやフィリップス、日本では日立製作所などのメーカーも、ハードウェアの製造からイノベーションが常態化するデジタル時代のマネジメントへの移行を進めている最中だ。それでは、このような経営モデルの融合により、どんなマネジメントモデルが生まれるのだろうか？

経営学者でロンドン・ビジネススクールの客員教授であるゲイリー・ハメルは、「ハーバード・ビジネス・レビュー」２００９年4月号に寄稿した「マネジメント２・０ 新時代へ向けた25の課題」で、答えのない不確実な時代の経営に必要になってくる要素として、以下のような点を挙げている。その一部を紹介しよう。

・経営陣がより次元の高い目的を定義し、哲学的な土台を再構築していく
・階層制組織の弊害を取り除き、イノベーションとコラボレーションをうながす環境をつくる
・戦略立案プロセスを改め、多様性による創発をうながす
・参加型の手法を用いて組織の方向性を決める
・変革に前向きな人に権限を与え、後ろ向きの人からは権限を奪う
・信頼関係を深め、不安を和らげる

経営陣がすべての情報をもったうえで、正しい意思決定をするという時代はすでに終わったのだ。不確実な時代における経営には、〝会社の思想や哲学などの存在意義を常に巻き込みながら問い続ける〟〝多様な人が新たなものを生めるような環境をつくり、新たなチャレンジをする人を引き上げていく〟〝創発が生まれやすい環境づくりにコミットし、戦略や戦術は現場の創発に委ねる〟ということが求められ、それらが次世代型のリーダーの大きな資質になっていくだろう。

それに対して現場側は、歯車ではなく、生身の妄想と感情をもった人として、自分の心に正直に、直感で面白いと思ったことをやり続けることが、結果的に新しいものを生むことにつながっていく。そういうワクワクするライフスタイルをつくることが、必要とされているのだと思う。ひとりではできなくても、信頼できる仲間を巻き込むことができれば、不可能が可能になるかもしれない。まずは、会社の存在意義や思想などのDNAに刺激を受け、自らの妄想した事業やサービスをかたちにしてみる。つくってみたら、それが案外、会社のこれからの方向性を定めるビジョンやストーリーになることもあるのだ。

もしいま、先が見えずに不安を感じていたとしても、それはあなた自身がこれから描き出すまっさらなキャンバスなのだと信じて、仲間と一緒に少しでも前に進んでほしいと思う。未来は、あなたの一歩踏み出す勇気から

つくられるのだから。

＊参考文献：
『経営の未来』（日本経済新聞出版社）
「マネジメント2・0――新時代へ向けた25の課題」（『ハーバード・ビジネス・レビュー』）
『ティール組織』（英治出版）

ミッションを動力にした創造するプラットフォームへの革新
——クックパッドのケース

小竹貴子（クックパッド ブランディング・編集担当VP）

クックパッドは創業以来、順調に事業を拡大し、数あるレシピサイトのトップに上り詰めた。海外にもサービスを展開するなど、国内外で社員が増加。一方、2017年3月には、事業の多角化を進める当時の社長と、料理を中心とした企業理念に立ち戻るという創業者とが経営方針を巡って対立し、社長が交代するに至った。毎日の料理を楽しみにするというミッションを事業経営の起点に据え、ミッション達成時には会社を解散すると定款に記したクックパッドが、ミッションドリブンな経営モデルに転換していくうえではどんな変化が必要だったのか。

佐宗：クックパッドさんとのお仕事をするようになった最初のきっかけは、創業者の壮大なビジョンと、現業とのギャップをいかに埋めていくかという現場の方からのご相談でした。ご紹介いただいて、小竹さんにお会いし、料理のことを心から愛していること、そして、料理という活動を広げていくことが、心から世の中をよくすると信じている人たちなのをみて、燃えましたね。まずは、毎日の料理を楽しみにするという壮大なミッションを具体化する道筋をつくるために、料理で解決できる社会課題を可視化したいという相談をいただきました。それに対し、それぞれの役員が考えている「社会課題のシステムの可視化」と、それを解決する「未来ビジョンデザイン」をするという提案から取り組みを始めました。当初、どのような問題意識を感じていましたか。

小竹：創業当初から変わらないのが「毎日の料理を楽しみにする」というミッションです。2016年からは、「料理を通して社会の課題を解決する会社になる」というビジョンを掲げるようになりました。

この20年でやってきたことは主に、レシピ投稿サービスとレシピ検索サービスの2つです。料理することはクリエイティブな行為なのに、普通の人が料理をしても評価されない傾向があります。ユーザーが考案したレシピを投稿し、それに対する評価を受けられるサービスは、そうした課題を解決する目的がありました。もうひとつのレシピ検索サービスは、毎日の献立で悩む、生活者の課題を解決する目的から生まれました。

「料理を楽しみにする」ためのサービスはさまざまに考えられるはずなのに、これらふたつしか実現できていません。次に、事業としてそれに取り組む際に何ができるのかも整理できていませんでした。

こうした問題については、創業者の佐野陽光も認識しており、「やりたいことの1%しかできていない」と話していました。また、佐野自身も残りの99%を明確に言語化できていませんでした。

レシピの投稿・検索サービスでは、日本では圧倒的なナンバーワンになったという自負があります。その一方で、世の中ではレシピサイトとしての成長には限界があると指摘され、社員自身もチャレンジ精神を失っていました。

できることはいくらでもあるとわたしは思っています。しかし、その可能性や道筋を社員に伝えきれないもどかしさがあり、伝えるためのツールが欲しいと思いました。同時に、今後社員の採用を増やす際に、我々が目指す方向と社会の課題を解決する企業というビジョンを外部に伝えていくためのツールも必要でした。

料理に関する悩みを解決するレシピサイトの運営企業から「毎日の料理を楽しみにする」企業へと一歩踏み出すとき、クックパッドとはそもそも何かをゼロベースで考え直す必要があると感じていました。「毎日の料理を……」というミッションは、感覚的なものです。これを深掘りするには、理屈で考えるよりも、直感的に表現したり、絵にしたりする手法が適していると考えていました。そうしたタイミングで、佐宗さんが提案するデザイン思考を知り、我々と相性がいいと思い、サポートを依頼しました。

佐宗：相談を受けて、まず料理によって解決できる課題を可視化するためのワークショップを実施しました。最初は現場に近い数人でやると思っていたのですが、岩田林平社長をはじめ経営陣の一部が参加されたので驚きました。参加者はどのように選ばれたのですか。

小竹：料理に対する価値観は、人によって大きく違うので、立場の異なる人が集まって課題を出したほうが、広がりが出ます。実際、わたしは料理ができることで、子育てにも、人とのコミュニケーションにも役立っています。一方で、岩田は、日本だけではなく海外そして料理と地球環境問題のつながりを考えています。こうした多様な価値観を包んでくれるのが料理だと思います。

佐宗：ワークショップでは、まず、参加者が抱いている食に対する価値観や料理に対する想いを話し合いました。このとき、どんなことを考えましたか。

小竹：経営陣やパートタイムの従業員、契約社員、社歴の異なるメンバーが参加しました。立場や考え方の違う人たちが、語り合うことがすごく新鮮で、料理に対する価値観が広がりました。

佐宗：その後、各人が料理とのつながりで解決したい課題を持ち寄って整理し、相互の関係を線で結んで、課題の悪循環を可視化したマップを作成しました。

例えば、食育が不足していて、子供が食について知る機会が減っているサイクルだとか、家庭で料理をする機会が減り、外食が増えたことで、料理の文化が下の世代に継承されないサイクルです。これらは料理のスキルが減少するサイクルとつながり合っていました。この課題マップを見てどう感じましたか。

小竹：料理が大切なことは誰もがわかっています。そのなかでも、料理をつくる人を増やすことの重要性に改めて気づきました。料理に対する興味は国内外で拡大しています。例えば、グルメ番組やSNSで料理について見たり、話したりする機会は増えているように思います。

しかし、受け身の興味に留まっていて、自分で料理をつくることにつながっていません。だからこそ我々が料理のつくり手を増やすことで、いくつもの課題を解決できると確信しました。

佐宗：ワークショップから得られた課題マップなどの成果は、社内でどのような効果をもたらしたのですか。

小竹：成果を社内で共有すると、すぐに海外のコミュニティマネージャーから反応がありました。「つくりたい世界に共感した。改めてクックパッドと一緒に世界を変えていきたい」という言葉が届いてうれしかったです。

各人がミッションを自分事化できたことも大きな効果です。料理が好きで入社した社員でも、「料理を楽しみにする」というミッションとは、まだ距離がありました。この会社で頑張る動機や自分の抱えている料理に対する課題が見えてきて、自社が成長することで、自分の課題も解決し、なおかつ社会の課題も解決できることを理解してくれたと思います。

佐宗：最初にご相談を受けたとき、社内のコミュニケーションに課題があると感じました。創業者の佐野陽光さんをはじめとした経営陣が抱く大きなビジョンと現業とのギャップが原因のようでした。日々の料理の悩み解決だけでなく、食の流通問題の解決にも及ぶような「料理を通して生活者の課題解決のプラットフォームになる」というビジョンが、レシピサービス事業とどのようにつながるのかは、一見明らかではないですよね。

ワークショップで、「毎日の料理を楽しみにする」というミッションを社会課題マップという1枚の絵で表現したのはそのためです。このマップは、クックパッドの本業である料理レシピサービスを起点に、社会に広げていける価値を社員が理解し、道筋を話し合う素材として作成しました。ワークショップを行い、ビジョンや課題

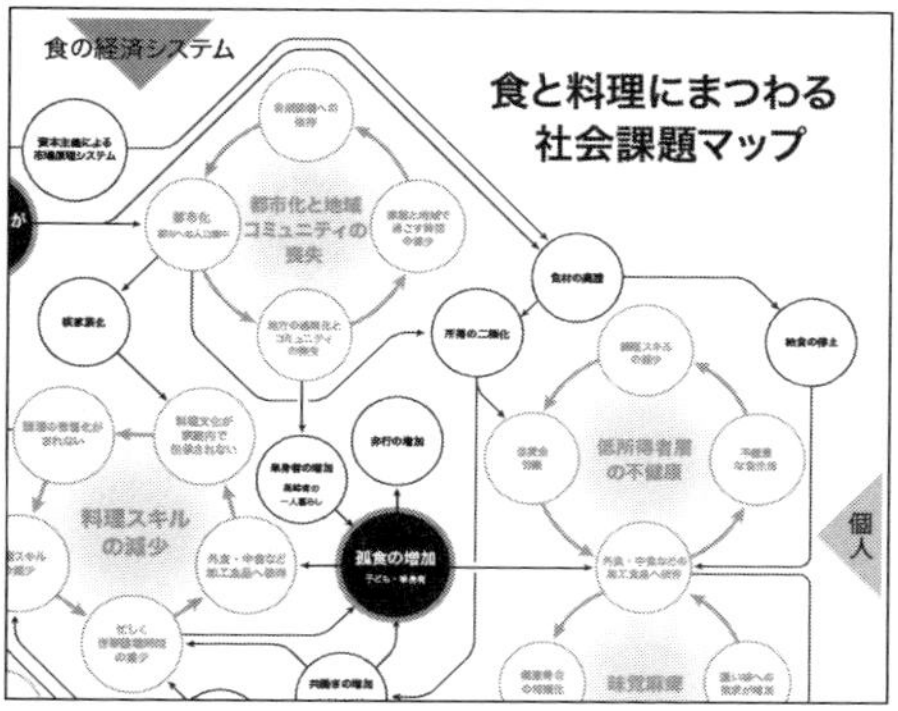

課題マップの一部（作成：Bowlgraphics）

について議論したことでどんな効果がありましたか。

小竹：対面で話し合うことで、社員同士の理解が深まりました。実は、クックパッド社内には、社員同士の対話が多くないという課題がありました。これはIT企業に一般的な傾向かもしれませんが、パソコンのチャットツールを使って会話する文化が定着しています。そのため、料理の価値観について深く語り合ったことはありませんでした。

ワークショップに参加した社員からは、ほかの社員の考えを理解できて、自社のポテンシャルを再確認したという内容のメールが送られてきました。私自身も対面で会話することの大切さを改めて認識しました。

佐宗：食や料理の価値観について話し合い、共有することは企業にとってどのような意味がありましたか。

小竹：社員のモチベーションが上がりました。個人のモチベーションの根底にあるのが価値観です。これから「毎日の料理を楽しみにする」と社内外に発信していくときに、一人ひとりのモチベーションが大切になると考えています。

社員が会社から指示されたから働くのではなく、「自分がやりたい」と思う気持ちから自律的に行動することが大切です。個人の気持ちと会社が目指す方向が強く結びついたとき、組織として大きな力を発揮できると思い

ます。

佐宗：ワークショップを終えてから社内にどのような変化がありましたか。

小竹：わたしのチームでは、会話の質がまず変わりました。具体的には、料理で解決できる課題について話す機会が増えたのです。さらにメンバーが書くレポートの質が上がりました。わたし自身は、課題解決型企業として、解決し得る課題の優先順位を示せるようになりました。

　ワークショップのあと、社会課題マップを共有するため、ポスターサイズに印刷して社内のさまざまな場所に貼りました。その効果もあり、ワークショップを受けたいと申し出る社員や、クックパッドという場を使った課題解決の取り組みを経営陣に直談判して新たな取り組みを立ち上げる社員も出てきました。

佐宗：そうした要望を受けて、課題解決を考えていくために、ワークショップを「ゆめらぼ」というオリジナルの研修プログラムに落とし込んでいきましたね。このときはどのようなことを意図していたのでしょうか。

小竹：このワークショップを受けると、料理についての見方が変わるので、できるだけ多くの社員に体験してもらうことを考えていました。

　ただ、ワークショップの進行を毎回佐宗さんに任せると、全社に展開する際に時間がかかってしまいます。そこで、社内研修として自社で運営できる仕組みを整える必要がありました。

　まず、わたしがワークショップのファシリテーターになり、次に、一般社員をファシリテーターにしていきました。それによって、新卒社員と毎月入社する中途採用の社員の両方に、新人研修として実施できるようになりました。

佐宗：「料理を通して生活者の社会課題を解決するプラットフォームになる」というビジョンを実現するには何が必要でしょうか。

小竹：自社だけでは大きな課題を解決できません。他の企業や、さまざまな人たちと協力する必要があります。周囲の協力を得つつ、弊社はリーディングカンパニーとしての役割を果たしていきたい。

佐宗：次に解決すべき課題は何ですか。

小竹：組織づくりという課題に直面しています。いままでは、創業者の佐野が、強いリーダーシップで社員を牽引してきました。これからは佐野だけではなく、ほかの経営陣や社員たちが主体性をもって事業を立ち上げたり、サービスを開発していく必要があります。

STORY

事業の意義によって淘汰されるこれからの時代の先進的なモデル

クックパッドとのお付き合いは長くなってきた。このインタビューを実施したあとも、クックパッド大学という地域料理の継承、食文化の喪失、フードロスなど、このプロジェクトでつくった食と料理にまつわる社会課題マップを使い、多方面の分野の人々を巻き込んで課題解決を進めるコミュニティづくりなど、さまざまな取り組みを継続して行っていった。その目指す姿は、「毎日の料理を楽しみにする」というミッションの仲間を探しながら、内外問わずに新たな事業創造を行っていくという「創造するプラットフォーム」へ進化する経営だったのではないかと感じている。クックパッドが見ているのは、短期の売上、利益ではない。料理は新たな文化にもなりえる。社会課題解決によって料理文化を世界中に広げていこうとするクックパッドの経営は、事業の意義によって淘汰されるこれからの時代の先進的なモデルのひとつなのではないか。著者自身も、クックパッドと一緒に働くことで料理の楽しさに目覚めたひとりでもあり、今後も料理に目覚めたユーザーのひとりとして、そして志を共有する同志として、そのミッション達成の一助となっていきたいと思っている。

STEP 1
価値観共有と潮流整理
経営陣のビジョンをもとに価値観を共有。トレンドリサーチで課題を抽出

STEP 2
食や料理にまつわる社会課題の抽出
課題間のつながりや悪循環の構造をシステムマップとして可視化

STEP 3
未来ミッションのストーリー化
料理による社会課題解決と、その解決の可能性の道筋をビジョンストーリー化

STEP 4
社内コミュニケーションデザイン
リアルタイムドキュメンテーションの共有。ポスターや物語形式の冊子の制作

STEP 5
組織変革戦略づくり
コアチーム編成と社内ステークホルダーマップ。優先順位づけと巻き込み戦略

STEP6
研修プログラム作成と研修の実施
個人の価値観の振り返りとビジョン共有に特化した研修プログラム作成、実施

STEP 7
クックパッド大学など共創の場づくり
全6回のクックパッド大学、スタートアップへのインキュベーションの実施

STEP 8
社内新規事業づくりとビジョンづくり
新規事業プロトタイプを仕組み化。各新規事業のビジョンを統合しストーリー化

このインタビューは「日経デザイン」2017年9月号、10月号掲載のものを再編集しました。内容、肩書は基本的に当時のものです。

COLUMN

経営者のための創造する組織への進化の道

クラウド型のプラットフォームへの転換を遂げ、組織変革を行ったIBMやドイツのSAPなどの企業は、民主化された創造ツールであるデザイン思考やリーンスタートアップといった創造の方法論を使って、独自の文化を創造する組織へと変貌を遂げている。

本書で紹介した企業の多くが、21世紀の〝改善〟ともいえるデザイン思考を取り入れて組織をアップデートし、2〜3年かけて段階的に進化させている。ここまでは便宜上、機械型組織と創造型組織のOSの違いを際立たせて説明したきたが、うまくいっている大企業は機械型組織のなかに、生き物が生息するスペースをつくってバランスをとっているケースも少なくない。そこで最後に、既存の機械型の企業を経営する視点に立って、どのようなステップで変革を進めていくかの進化モデルを共有しておきたい。すべての企業がこの道をたどるとは限らないが、頻出するパターンであることは経験則上、確かである。

第1段階　生産する組織における「顧客起点イノベーション」

生産する組織は、プロダクトアウトと規模の経済を前提としているため、市場の拡大が止まると、個性のない商品をつくっているメーカーは淘汰の圧力にさらされるようになる。そういう会社はまず、いままでは生産の最大化のために目をつむってきた顧客視点で見るという変革から始める。企画やR&Dなど、既存の組織内でも比較的、新規のものを考えるミッションをもった部署のなかで、デザイン思考などの新たな企画の方法論を使い、顧客起点のイノベーションによって、プロダクトアウトの商品や技術シーズを、顧客の価値に翻訳しようといったスローガンが語られる。この時期は、社内に生き物的な生息域が生まれることで、いままで歯車として動いていた個人が自分のやりたいことを考え始めるという覚醒が起こる一方で、機械型OSのなかで進めるためスピードが上がらず、成果は出にくい傾向がある。

第2段階　〝出島〟によるオープンイノベーション

社内だけでやっていても、なかなか成果が出ないことに気づいたら、次は企業の周縁に創造する場をつくる〝出島〟によるオープンイノベーションの取り組みが始まる。社外のアイデアを取り込んで、新たなものを生み出す場を会社として投資し、逆にその場によって社内の文化を創造的なものに変革していく段階だ。新規事業部門やCVCなどがラボをつくり、出島組織で活動しながら、アイデアソン・ハッカソンなどのイベントや、ビジネスコンテスト、ピッチイベントが頻発する。このフェーズでは、会社の複数の部署が外部とフラットな立場で接する機会が増え、スタートアップかぶれが増える。一方、社内でこの場やコミュニティにかかわっている人は、外部の人脈や知見を蓄え、最初は自ら生むことに興

	第1段階 顧客起点 イノベーション	第2段階 出島による オープンイノベーション	第3段階 アジャイルな 創造文化	第4段階 創造する組織への 進化
目的	顧客目線の商品・サービスを開発する 	外部の知恵を取り込んだ非連動的な事業創造 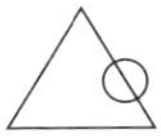	デジタル時代に対応した迅速な顧客体験の提供 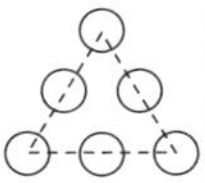	社会的意義を生み出し続ける企業に進化 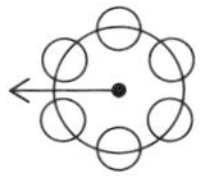
デザイン思考の役割	シーズの 顧客価値への翻訳	異分野共創の際の 共通言語	顧客体験創造の 共通プロトコル	新たな意義を 創発し続ける 組織のOS
主導する部署	企画 R&D デザイン	新規事業 サービス開発	IT／IoT事業界初 UX開発／デザイン マーケテイング セールス	経営企画 ブランド 経営者
主要なテーマ	人間中心商品開発 インブランド開発 UI／UX開発	アイデアソン・ ハッカソン 新規事業創造	CxO 創造文化の醸成 全社導入	中長期ビジョンづくり パーパス作り 自律型組織

創造する組織への進化の道

味がなくても、それをしたいと思うようになり、ピッチに自ら出ていく人が増える。

第3段階　組織的なアジャイルな創造文化づくり

出島でつくっていたモデルは、どこかのタイミングで外に切り出すか、新たなモデルとして社内に取り込まれるかという分かれ道が来る。IBMやGEが、買収したソフトウェア会社を全社のデジタル戦略のコアに据えたように、温めていたものが突然、次の時代の戦略的位置付けで、変革アジェンダのモデルケースとして引き上げられ、新たなモデルの伝道師としての役割を負うようになる。IBMの例でいうと、自社のデザイン部門や戦略的デジタル部門が価値共創のファシリテーターとなり、そのノウハウや創造文化を広げていった。

一方、スタートアップなど創造を当たり前としてた会社は、ここからのスタートだ。個人でバラバラにやっていた取り組みを、場の共通言語として、組織的な創造文化をつくっていく。経営トップへのCxO（Chief eXperience Officer：最高エクスペリエンス責任者）などの導入や、自社流のUXづくりの方法論づくりを行う。創造文化をつくる共創ファシリテーターとして、デザイナーの役割が非常に大事になり、生産する組織におけるトヨタ自動車の「カイゼン活動」や、GEが導入した「シックスシグマ」（品質管理手法のひとつ）のように、自社流デザイン思考が顧客価値の創造が日常業務となる、創造する組織における〝カイゼン〟となっていく。この段階で、仕込んでいた事業をうまく次の会社のアジェンダに翻訳できた人は、機械型組織において突然脚光を浴びるポジションに躍り出る。一方で、会社のなかに取り込まれない人は、独立して自らスタートアップをつくっていく。

第4段階　創造する組織への進化

最後は、創造文化のある場を土台に、情報やAIなどのインフラに投資することで、知識創造のスケールを最大化させていくモデルだ。このモデルはスタートアップに多く、大企業では出島から新しくつくった社内ディスラプター（破壊的イノベーター）的組織や、非公式なインフォーマル・ネットワークにおいて育っていくのだが、大義やビジョンを創造・発信することで、大きな事業プランを描いて資金調達を実現したり、新しく生み出した意義を世の中に問いかけることでファンやパートナーを増やすケースが多い。こうした物語創造型のPR活動を起こしていく過程で、骨太なミッション／ビジョンと、インフラの双方が時代の文脈と重なったときに大きなインパクトが生まれる。そうすると尖ったミッション／ビジョンを発信し、その体現者である事業リーダーや、事業やそのものが次のリソースを集めていくことが可能になる。

特にD to Cと呼ばれるユーザーと直接つながる新たなスタートアップや、将来性が大きく期待されるAIやロボティクスなどディープテック領域の企業は、このモデルの考え方で初めから運営されていることが多い。さらに、SDGsなどで企業にも社会意義が必要とされる時代に、自社の意義を再定義する必要に迫られた会社や、社会貢献を目的とする公益法人などでも、このような意義を起点にして外部と価値を共創する組織への変化を目指すところは増えてくるだろう。このような組織を運営しようとすると、強いトップダウンのリーダーは、場の自律性や創造性の狙害要因となることが多いため、リーダーがうまく存在感を消して、場の自律性が自然に上がっていくようなマネジメントへの転換が必要になる。サイボウズやガイアックス、クックパッドといった、リーダー自身が率先してマインドセットを「ティール組織」などの自律型組織の考え方へとシフトさせていく取り組みは、創造する組織モデルへの進化において大きなヒントとなると思う。

エピローグ――僕らの静かな創造革命論

僕らが生きる令和は、どんな時代になるのだろうか？　そして、僕らはどう生きていくべきだろうか？

歴史を振り返ってみると、どの時代にも、既存の社会の秩序を安定的に保つことを大事にする保守層と、次世代の理想の未来を描き、変革を仕掛けていくリベラル層が存在していた。この保守とリベラルは、突き詰めると、過去から現在に続く〝現実〟からスタートする人と、実現したい未来の人間の姿を描く〝理想〟からスタートする人の違いだと思う。

創造やイノベーションは、常に一部の理想主義者によって生み出されてきた。その代表が、ベトナム戦争で燃え広がったヒッピー文化の影響を、青年時代にモロに受けたスティーブ・ジョブズだろう。彼は、自らの思想を体現するアップルという会社と、その製品群によって大成功を収め、デジタル創造文化を世の中に広めることにより、人の生き方を、そして世界を変えてきた。理想主義者のほとんどは、現体制へのカウンターとして自分のアイデンティティを見出す天邪鬼だ。しかし、これはまず既存の体制が巨大なものであり、それに対抗すること自体に意味があることが大前提となる。

僕は、人間の可能性を信じているし、「ビジョン・ドリブン」（VISION DRIVEN）という言葉を使っているくらいだから、理想を追い続けていたいという意味では、リベラルな視点をもった理想主義者だと思う。そんな人間が、現場で〝未来創造〟をしながら常日頃感じているのは、イノベーションの実践を志す辺境の人にとって〝仮想敵〟とされてきた体制は、一見強固な存在のように思えて、実は砂上の楼閣なのではないか。そして、そう遠くないうちにガラガラとくずれ落ちていくのではないかということだ。

２０２０年以降、少子化が急激に進み、都市と地方の関係や社会保障、安全保障など、戦後の日本を支えてきた、いままでのシステムは見直さざるをえないだろう。世界を見渡しても、第二次世界大戦後、その圧倒的な軍事力と経済力によって維持してきた「パクスアメリカーナ」（アメリカ的平和）も、トランプ大統領の登場によって終焉へと動いているように見える。そして近い将来、欧州圏、中国圏、インド圏、イスラム圏、アメリカ＋海洋国連合という分極型の地域連合型の並存モデルに移行していくのは間違いないだろう。

いずれにせよ、これまでの体制で正しいとされてきた仕組みを主導してきたリーダーや経営者、戦略家らは、新たな正解を提示できなくなってきている。こうした体制が崩壊すると、ボトムアップの力は急速に強まる。アメリカはその動きを加速させているし、レバノンなどの国家が崩壊に瀕している地域では骨太なイノベーターが育っているという。草の根で見ると、次世代モデルの創造が、中国で、北欧で、ドイツやオランダで、そしてインドやトルコでも、独自の文化の特色を生かして胎動を始めている。

これらの新しい動きは、現在の体制を破壊するカウンターとしてのイノベーションではなく、地に足をつけ、自分たちの周りから始めて、徐々に新たな生態系をつくっていく革新——さらにいうと、再生という言葉がしっくりくる。

僕は、いまの世界は、本書第6章の革新の4段階でいうと、【1→10】のフェーズに入ったあたりにいるのではないかと思っている。【0→1】のインターネットが個人に力を与え、多くの草の根モデルを生み出したのは2000年から2010年あたりまでで、それはグローバルな体制のなかで、アングラ活動のようにして個人が活躍できるニッチ領域を格段に増やす結果となった。それが10年代に入ると、インターネットがインフラ化し、30代を中心としたスタートアップの起業家や社会起業家が増加。彼ら変革者同士がつながって、集合的に動き始め、最近では業界のリーダーとなるような人も出現してきている。行政の分野でも、経済産業省の若手有志による官僚ペーパー「不安な個人、立ちすくむ国家」などは、国を開くという意味でまさにこうした動きと同じと見ていいだろう。

一方で、辺境や外で新たなモデルを生んでいた小さなプレイヤーたちが、壊れつつある秩序のなかに入り、それを変革したり、協働したりするような動きが生まれている。ヤフーの元社長である宮坂学氏が、デジタル変革のミッションをもって東京都の副知事に任命されたのは、その象徴的な出来事だろう。これは既存の仕組みでは解決できない課題に対して、ボトムアップで生まれたモデルが社会の公式活動化していく一例といえる。公式活動とは、社会的責任を追うということでもある。体制に対するカウンターとして始めたモデルを、社会的に責任を取れるかたちに進化させていくのが、いま必要とされている取り組みなのではないか。

もしそうだとしたら、僕らが次にやるべきは【10→100】の段階、革新の運動体をつくることだと思う。既存の仕組みの代替モデルとして、次の戦略を担える準備をしておきながら、実際に危機が起こったときに、それぞれの点の変化が共鳴し、つながり、面的に波及するネットワーク型の運動体をつくっておくことが必要になる。

SONY在籍時代にお世話になった天才型マーケティングヘッドの横田泰英さんに昔、言われた言葉がある。「この変革プロジェクトで、あなたのチームは、潜っていていい。これから組織が立ち行かなくなったときに生き残って、新たな方向性を指し示す集団が必要なんだ」。イノベーション活動は、短期的な成果として見るだけではなく、長い目で見てバランスをとるという視点が大切だ。変革チームは、常に必要とされるわけではない。ただ、新しい次世代のモデルを実践していた人は、突然、否応なしにリーダーになることがある。

団塊の世代が退場し、社会の世代交代が起こったとき、これまで述べたあらゆる問題は深刻化し、大きな変革が迫られる時がくる。天の時が訪れるまでの猶予の時間は、おそらくあと5年だろう。いままでアウトローでしかなかったイノベーターたちは、世代や環境の持続可能性という既存のシステムでは解決のしようのない大義をもつことで、一気に次代の主流をつくるリーダーになる可能性を秘めていると思う。僕らは、そこまでに十分な準備をしておかなければならない。

今後、日本の至るところで変革の智慧が必要になるなかで、あらゆる産業、地域でまずは一歩前に踏み出す人が増え、仲間と一緒に次世代のビジョンが体現された商品、サービス、会社が増えていく必要がある。僕らがBIOTOPEの仕事を通じて学んだり、失敗したりしたことを共有することで、次の世代のためのモデルが新しい常識として育っていく支援となってくれたらと思う。そして願わくば、天の時が訪れたときに、次代を担う新たな創造する組織が、企業に、官庁に、地域に、ソーシャルセクターに、あちこちで起こっていた動きを運動体にして、面に広げていく準備をしていけたらと考えている。

ＢＩＯＴＯＰＥは創業以来、「創造性の解放」をテーマにして、数多くの現場のイノベーターやビジョナリーな経営者と、未来のビジョンを話し合ってきた。そうした過程で得た、妄想を起点にビジョンを描き、かたちにするという思考法を、前作の『直感と論理をつなぐ思考法』として上梓した。それに対して、本書は、ゼロから生み出した妄想から新たな創造の生態系をつくるための実践編であり、この5年間でぼんやりと見えてきた実践現場の智慧である。

僕らにとって、次の5年は新たなフェーズに入る時期となる。ＢＩＯＴＯＰＥが培ってきたビジネスの場におけるクリエイティビティを、今後はもっとライフスタイルデザインや、ビジネスモデルを循環型に変革していくことに向けていきたい。具体的には、次世代のモデルをつくる意志をもったビジョナリーとの共創（ビジョン・ドリブン・イノベーション）だ。企業の現場で、循環型のライフスタイルをつくっていく意思のある妄想家と組んで、ミッションやビジョンづくりを起点とした新たなモデルを創造・革新し、そしてブランドデザインによって文化運動化する取り組みを行っていきたい。そのために最近、世界中の潮流や次の時代のライフスタイルの兆しを集め、共有するトレンドメディア『BIOTOPE TIDE』を立ち上げた。まずはこれを通じて、分散化する世界における日本のデザインインテリジェンスを蓄積し、アクションを自律的に創造していけるような場やラボに進化させていくつもりだ。

この本はこれから来る時代にモヤモヤしながらも、よりよい未来を信じて仲間と一緒に一歩を踏み出そうと思っている人の背中を少しでも押せたらと考え、執筆することにした。まずは仲間と一緒に読んで、どう創造と革新を進めるかの作戦会議をしてみてほしい。3人いれば、巨象が動くかもしれない。また、もし、皆さん一人ひとりの旅路のなかで、意志が共鳴し、どこかでご一緒できる機会があればこれ以上の幸せはない。

最後に、本書はイノベーションの現場に立ち続けたこの10年の僕や、ＢＩＯＴＯＰＥと共創の場をご一緒していただいたすべての人の集合知でできあがったものだと思っている。Ｐ＆ＧやＳＯＮＹでお世話になった人からいただいた学びの機会のおかげで、たったひとりで新たな業態のデザインファームをつくるという挑戦をする勇気をもらうことができた。また、BIOTOPEを創業して以来、お付き合いいただいているクライアント＝ビジョンパートナーの皆さま、特にこの本でインタビューにお力添えをいただいたNHKエデュケーショナルの成見由紀子さん、丸紅の早坂和樹さん、ALEの岡島礼奈さん、NTTドコモの笹原優子さん、山本山の山本奈未さん、コニカミノルタジャパンの原口淳さん、東急の小林乙哉さん、クックパッドの岩田林平さんと小竹貴子さんや、JFAの谷島大知さんと、元職員の林鉄朗さんは、僕のなかでは戦友のような存在となっている。皆さまのストーリーは何としても、世の中に紹介したかった。また、この本では残念ながら紹介できなかったものの、企みをともにし、忘れられない物語を一緒につくってきたクライアントの方々や同僚も数えきれない。心から感謝するとともに、次の物語をまた紡いでいく機会をつくりたい。

　そして何より、BIOTOPEで旅路を一緒にしてくれている仲間たち――小林泰紘は自ら湧き出るリーダーシップ（Authentic Leadership）やイントレプレナーシップ、生態系デザインなどの先進的な思想を、常に一緒に探求させてもらっている尊敬するパートナーだ。金安塁生は、類稀なるデータ分析とインサイト理解を両立させているビジネスデザイナーで、トレンドメディア『BIOTOPE TIDE』の立ち上げは、彼なくしてできなかった。池之上智子は、常に献身的にデザイナーとしてプロトタイピングをサポートしながら、自らも実践するインクルーシブデザインという考え方の本質を教えてくれた。松浦桃子は、BIOTOPEがつくった新たなビジョンやアイデアを絵にすることで、そこに命を吹き込んでくれる。雪野瞭治は、テクノロジー思想家ともいえる広範囲の技術の目利き力と、その進化の本質を探求し、それに伴う人間の行動を深く考える洞察にいつも驚かされる。中村さつきは、華道家として、そしてコミュニティや場に彩りや息吹を与える存在だ。また、宮尾園子は、BIOTOPEのツールキットやコミュニケーションにグラフィックデザインの魔法をかけ、これまで見たことのないような感動を呼び覚ましてくれる。さらにBIOTOPEから卒業していった多くのメンバーや、インターンメンバー一人ひとりにもこの場を借りてお礼の言葉を送りたい。あなたがた一人ひとりの物語の積み重ねなくして、この本は完成しなかったと思う。

また、この本の制作過程は、「日経デザイン」の連載「経営者のためのデザイン思考」をベースに、約半年でほぼすべてを新しく書き下ろすという生みの苦しみがあった。最後までつくり手のこだわりを温かく見守っていただいた日経デザインの花澤裕二編集長、連載の担当をしていただいた太田憲一郎さん、日経ＢＰの阿部有希さん、そして、デザイナーの藤田裕美さんの存在なくして生まれなかった。最後に、今回の企画を連載企画からご一緒していただき、デザイナー、ＢＩＯＴＯＰＥの外部パートナーとして書籍編集として命を与えていただいた石井俊昭さんに最大限の感謝を伝えるとともに、本書を、２０１９年4月に惜しくも急逝したＢＩＯＴＯＰＥ創業前からの大事な戦友・竹内大さんに捧げたいと思う。

２０１９年12月

次の時代を前を向いて歩む決意とともに。

佐宗邦威

株式会社BIOTOPE代表／
チーフ・ストラテジック・デザイナー
大学院大学至善館准教授

東京大学法学部卒業、イリノイ工科大学デザイン研究科（Master of Design Methods）修了。P&Gマーケティング部で「ファブリーズ」「レノア」などのヒット商品を担当後、「ジレット」のブランドマネージャーを務める。その後、ソニーに入社。同クリエイティブセンターにて全社の新規事業創出プログラム立ち上げなどに携わる。ソニー退社後、戦略デザインファーム「BIOTOPE」を起業。企業のミッションやビジョンのデザイン、ブランドデザインなど、ビジョナリーの妄想を起点にした企業の存在意義の再構築による未来創造プロジェクト全般を得意としている。山本山、ぺんてる、NHKエデュケーショナル、クックパッド、NTTドコモ、東京急行電鉄、日本サッカー協会、ALEなど、バラエティ豊かな企業・組織のイノベーション支援を行っており、個人のビジョンを原動力にした創造の方法論にも詳しい。著書に『21世紀のビジネスにデザイン思考が必要な理由』（クロスメディアパブリッシング）、『直感と論理をつなぐ思考法――VISION DRIVEN』（ダイヤモンド社）がある。

ひとりの妄想で未来は変わる
VISION DRIVEN INNOVATION

２０１９年12月23日　第１版第１刷発行

著者　佐宗邦威
編集　石井俊昭（リヴァー）　花澤裕二
発行者　杉本昭彦
発行　日経ＢＰ
発売　日経ＢＰマーケティング
〒１０５・８３０８　東京都港区虎ノ門４・３・12
https://www.nikkeibp.co.jp/books/

ブックデザイン　藤田裕美
制作　アーティザンカンパニー
印刷・製本　大日本印刷株式会社

本書の一部は「日経デザイン」掲載の内容を再編集、再構成したものです。
肩書や内容は基本的に掲載時のものです。

本書に関するお問い合わせ、ご連絡は下記にて承ります。https://nkbp.jp/booksQA

Printed in Japan

ISBN 978-4-296-10384-3